KREIS
DÜREN
SEEN & ENTDECKEN

Wissenswertes zu diesem Buch:

Die Städte und Gemeinden sind in willkürlicher Reihenfolge aufgeführt. Die Themen orientieren sich räumlich an den Städten und Gemeinden.
Die in diesem Buch genannten Personen wurden nach dem derzeitigen Wissensstand ausgewählt, die Erwähnung stellt keine Wertung dar. Bei allen Themen besteht kein Anspruch auf Vollständigkeit.

Die erläuternden Bildtexte gehen, sofern es nicht anderes angegeben ist, von der ersten Abbildung auf einer Seite oben links aus. Sie setzen sich dann im Uhrzeigersinn spiralförmig nach innen fort.

Aus Gründen der besseren Lesbarkeit wird auf die gleichzeitige Verwendung männlicher und weiblicher Sprachformen verzichtet. Sämtliche Personenbezeichnungen gelten gleichermaßen für beiderlei Geschlecht, inklusive Diverser.

Things to know about this book:

The towns and municipalities are listed in arbitrary order. The topics are spatially oriented to the towns and municipalities.
The persons mentioned in this book were selected according to the current state of knowledge, mentioning them does not constitute a valuation. There is no claim to completeness for all topics.

Unless otherwise stated, the explanatory picture texts always refer to the first picture at the top left of a page in a clockwise spiral inwards.

For reasons of better readability, the simultaneous use of masculine and feminine forms of language has been dispensed with. All references to persons apply equally to both genders. Including miscellaneous.

KREIS DÜREN

50 Jahre jung

All in all, the district of Düren presents itself as an area that combines tradition with progress, be it in the economic or cultural field. In terms of landscape it is, as a whole,

neither a low mountain range nor a plain. Economically it is neither an industrial nor an agricultural district, nor is it a typical tourism district. None of these characteristics predominates or shapes the image of the district; rather, a balance takes place between these characteristics in that the district has a share in each. Its location between the Euregio, the Lower Rhine and the Rhine region with Bonn, Cologne and Düsseldorf makes it a natural link between these areas.

From „Chronik Kreis Düren", May 1970

Insgesamt zeigt sich der Kreis Düren als ein Raum, der Tradition, sei es auf wirtschaftlichem oder kulturellem Gebiet, mit Fortschritt verbindet. Landschaftlich gesehen ist er als Ganzes weder dem Mittelgebirge noch der Ebene zuzuordnen. Wirtschaftlich ist er weder ein Industrie- und ein Landwirtschaftskreis, noch ein typischer Kreis des Fremdenverkehrs. Keine dieser Eigenschaften ist überwiegend oder prägt das Bild des Kreises, vielmehr vollzieht sich ein Ausgleich zwischen diesen Eigenschaften, indem der Kreis jeweils Anteil an allem hat. Seine Lage zwischen der Euregio sowie dem Niederrhein und der Rheinschiene mit Bonn, Köln und Düsseldorf macht ihn zum natürlichen Bindeglied dieser Räume.

Aus „Chronik Kreis Düren", Mai 1970

Das Jahr 1972 war das längste Jahr des gregorianischen Kalenders. Es war als Schaltjahr um einen Tag und zwei Schaltsekunden länger als üblich.

Gustav Heinemann war Bundespräsident, Willy Brandt war Bundeskanzler, Richard Nixon der Präsident der Vereinigten Staaten und Leonid Breschnew hatte im Kreml das Sagen.

Deutschland wurde 1972 in Brüssel Europameister, der FC Bayern München wurde Deutscher Meister und der FC Schalke 04 DFB-Pokalsieger. Emerson Fittipaldi wurde mit Lotus-Ford Formel 1 Weltmeister.

Vicky Leandros gewann für Luxemburg und mit dem Titel „Après toi" den ESC und Juliane Werding erinnerte an den Tag als Conny Kramer starb...

„Aufmüpfig" war Wort des Jahres 1972.

Ein Liter Normalbenzin kostete 57 Pfennig, den Diesel gab es für 59 Pfennig. Der Preis für einen Liter Heizöl betrug 19 Pfennig.

250 Gramm Butter waren mit 2,01 DM ausgezeichnet, ein Ei mit 0,22 DM, das Kilo Schweinefleisch mit 8,75 DM. Die Unze Feingold wurde mit 50,20 Dollar gehandelt.

Für den BMW 1602 mit 85 PS zahlte man 12 490 DM und ein VW Käfer mit 34 PS kostete 6 600 DM.

Das Durchschnittseinkommen in Westdeutschland betrug 16.335 DM im Jahr.

In Niedersachsen nahm im Januar das Kernkraftwerk Stade als erstes rein kommerziell betriebenes atomares Großkraftwerk in Westdeutschland den Betrieb auf.

Heinrich Böll bekam den Nobelpreis für Literatur verliehen.

Andreas Baader und andere Mitglieder der Rote Armee Fraktion wurden in Frankfurt am Main nach einer Schießerei verhaftet.

In den USA nahm die Watergate-Affäre, die zum Rücktritt Nixons führte, an Fahrt auf.

Das sportliche Ereignis des Jahres waren die XX. Olympischen Spiele, die in München stattfanden. Sie wurden von einem Attentat überschattet. Elf Sportler der israelischen Mannschaft wurden von der palästinensischen Terror-Organisation „Schwarzer September" als Geiseln genommen. Die Befreiungsaktion durch deutsche Behörden scheiterte. Alle Geiseln, fünf Terroristen und ein deutscher Polizist starben. Die Spiele wurden einen Tag vorzeitig beendet.

Ein Transitabkommen und ein sogenannter Grundlagenvertrag mit der DDR wurden unterzeichnet. Die neue Ostpolitik, die während der Ära des Bundeskanzlers Willy Brandt realisiert wurde, ließ allerdings die Hoffnung auf ein vereintes Deutschland in weite Ferne rücken, wobei dieser Kurswechsel auf lange Sicht eine Grundlage zur deutsch-deutschen Wiedervereinigung legte.

Die Deutschen sahen sich die erste Folge der Science-Fiction-Serie „Star Trek – Raumschiff Enterprise" an.

The year 1972 was the longest year of the Gregorian calendar. As a leap year, it was one day and two leap seconds longer than usual.

Gustav Heinemann was Federal President, Willy Brandt was our Chancellor, Richard Nixon was President of the United States and Leonid Brezhnev was in charge in the Kremlin.

Germany became European Champion in Brussels in 1972 and FC Bayern München became German Champion and FC Schalke 04 DFB Cup Winner. Emerson Fittipaldi became Formula 1 World Champion with Lotus-Ford.

Vicky Leandros won the ESC for Luxembourg and with the song „Après toi" and Juliane Werding remembered the day Conny Kramer died...

„Aufmüpfig" (rebellious) was the word of the year in 1972.

A litre of regular petrol cost 57 pfennigs, diesel was available for 59 pfennigs. A litre of heating oil cost 19 pfennigs.

250 grams of butter were priced at DM 2.01, an egg at DM 0.22 or a kilo of pork at DM 8.75. An ounce of fine gold was traded at 50.20 dollars.

A BMW 1602 with 85 hp cost DM 12,490 and a VW Beetle with 34 hp cost only DM 6, 600.

The average income in West Germany is 16,335 DM per year.

In Lower Saxony, the Stade nuclear power plant goes into operation in January as the first purely commercially operated largescale nuclear power plant in West Germany.

Heinrich Böll is awarded the Nobel Prize for Literature.

Andreas Baader and other members of the Red Army Faction are arrested in Frankfurt am Main after a shootout.

In the USA, the Watergate affair, which leads to Nixon's resignation, picks up speed.

The sporting event of the year, the XX. Olympic Games, held in Munich, turned into a political massacre. Eleven athletes of the Israeli team were taken hostage by the Palestinian terrorist organisation „Black September".

The rescue operation by German authorities failed. All hostages, five terrorists and a German policeman died.

Due to this, the games were ended a day early.

A transit agreement and a socalled Basic Treaty were signed with the GDR. However, the new Ostpolitik (politics with the east), which came about during the era of Chancellor Willy Brandt, made the hope of a united Germany a distant prospect.

Germans watch the first episode of the science fiction series „Star Trek - Starship Enterprise".

Das Wappen des Kreises Düren wurde 1972 vom alten Landkreis Düren übernommen, da die historisch gewachsene Beziehung zum einstigen Herzogtum Jülich darin manifestiert war.

In der oberen Hälfte bäumt sich ein Löwe auf, der aus dem Wappen der Herzöge von Jülich stammt, in deren Besitz die Stadt Düren einst war. Die untere Hälfte des Wappens ist blau. Sie zeigt ein weißes Blatt Papier, das auf die lange Tradition der Papierherstellung in Düren zurückgeht. Darauf ist der Buchstabe „D" abgebildet, der für Düren steht.

The coat of arms of the district of Düren was adopted from the old district of Düren in 1972, as the historically grown relationship to the former duchy of Jülich was manifested in it.

In the upper half a lion rears up, which was taken from the coat of arms of the Dukes of Jülich, who once coruled the city of Düren. The lower half of the coat of arms is blue. It shows a white sheet of paper, which goes back to the long tradition of paper making in Düren. The letter „D", which stands for Düren, is depicted on it.

50 Jahre Kreis Düren – ein Grund zu feiern, zurückzuschau- en und ein Anlass, nach vorne zu blicken. Die Vergangenheit kennen, in der Gegenwart leben, die Zukunft gestalten: Das war und ist unsere Richtschnur im Kreis Düren.

Dass wir in einem wunderschönen und interessanten Kreis leben, zeigt dieses Buch eindrucksvoll mit seinen Fotos und Texten. Als der Kreis 1972 mit der Kommunalen Neuglie- derung gegründet wurde, war klar, welches Potenzial in der Region liegt. Es ist seitdem entwickelt und ausgebaut worden und so sagen wir heute: Wir leben in einem der spannendsten Gebiete in ganz Europa. Warum? Weil jetzt die Chance besteht, den Kreis Düren völlig neu zu gestalten: mit dem Wissen von heute und den Erfahrungen aus den vergangenen 50 Jahren.

Das Ende der Tagebaue lässt im Kreis Düren eine Seenplatte entstehen, die ihres Gleichen sucht. Dieses attraktive Umfeld wird viele neue Einwohner anziehen, Arbeitsplätze und neue Lebensräume schaffen. Das gilt für den gesamten Kreis, für alle, die seit langem schon hier leben und sich noch an die Anfänge vor 50 Jahren erinnern, sowie für die junge Generation, die für die Zukunft steht.

Wenn ich mir etwas wünschen darf, dann ist der Kreis Düren in 50 Jahren eine Region, die – wie heute schon – viele Chancen und Möglichkeiten bietet und die sich weiter positiv entwickelt. Ich wünsche mir, dass die Menschen sich weiterhin mit dem Kreis identifizieren und auf Gemeinsamkeiten setzen. Vergangenheit, Gegenwart und Zukunft hängen und gehören zusammen im Kreis Düren.

Dazu ein Beispiel: Wir waren Energiestandort, wir sind es und wir werden es bleiben – künftig klimaneutral. Das aber nicht erst in einem halben Jahrhundert, sondern schon bis 2035.

50 Jahre Kreis Düren – sie werden in diesem Buch ein- drucksvoll gezeigt und beschrieben. Viel Spaß und Freude beim Schauen und Lesen, es lohnt sich.

Herzlichst,
Ihr Landrat Wolfgang Spelthahn

50 years of ´Kreis Düren` - a reason to celebrate, to look back and an occasion to look forward. Know the past, live in the pre- sent, design the future: That was and is our guiding principle in the Düren district.

The fact that we live in a beautiful and interesting district is impressively shown in this book with its photos and texts. When the district was founded in 1972 with the municipal reorganisation, it was clear what potential lies in the region.

It has been developed and expanded since then, and so we say today: We live in one of the most exciting areas in all of Eu- rope. Why? Because now is the chance to completely reshape the district of Düren: with

the knowledge of today and the experience of the past 50 years.

The end of the open-cast mines will cre- ate a lake district in the Düren district that is second to none. This attractive environment will attract many new residents and create jobs and new living spaces. This is true for the entire district, for all those who have lived here for a long time and still remember the beginnings 50 years ago, as well as for the younger generation who stand for the future.

If I may wish for something, then in 50 years the district of Düren will be a region that - as it already is today - offers many op- portunities and possibilities and that conti- nues to develop positively. I wish that people will continue to identify with the district and

focus on common interests. Past, present and future hang together and belong together in the district of Düren.

Here is an example: We were an energy location, we are and we will remain so - cli- mate neutral in the future. But not just in half a century, but already by 2035.

50 years of the Düren district - they are impressively shown and described in this book. Have fun and enjoy looking and rea- ding, it's worth it.

Yours sincerely,
District Administrator
Wolfgang Spelthahn

BLICK AUF DAS HEUTE

Wo man lautlos abhebt

Where you take off silently

Vorherige Seite: Die alte römische Fernstraße „Via Belgica" durchschneidet den Kreis Düren von Aldenhoven über Jülich nach Niederzier.

Previous page: The old Roman trunk road „Via Belgica" cuts through the district of Düren from Aldenhoven via Jülich to Niederzier.

Beginnen Sie Ihre Reise durch den Kreis Düren als Passagier in einem Segelflugzeug. Nach dem Start auf der Höhe zwischen Brandenberg und Bergstein öffnet sich ein grandioser Blick über die nördliche Eifel sowie bis nach Belgien, hinab zu den Niederlanden und dem Unterlauf der Rur in die rheinische Tiefebene und bis ins Siebengebirge.

Start your journey through the Düren district as a passenger in a glider. After take-off at the altitude between Brandenberg and Bergstein, a grandiose view opens up over the northern Eifel and as far as Belgium, down to the Netherlands and the lower course of the Rur into the Rhenish lowlands and as far as the Siebengebirge mountains.

Der Flug geht zunächst nach Norden: Der Spannungsbogen im Kreis Düren ist nicht nur durch die Topografie, von der Ebene bis in die bergigen Ausläufer der Eifel, gegeben. Markante Landmarken mit historischen Ensembles wie der mächtigen Mauer der Zitadelle Jülich mit der Christuskirche oder dem Turm der trutzigen Burg Hengebach in Heimbach bilden Kontraste zu den intensiv genutzten landwirtschaftlichen Flächen oder der mächtigen Sophienhöhe, der Abraumhalde des Tagebaus Hambach. Von dem künstlichen Berg aus ist der Blick in eines der größten von Menschenhand geschaffenen Löcher dieser Erde möglich. Dort, 400 Meter unter Niveau, glänzt das schwarze Gold, die Kohle, die noch eine breite Basis der Energieversorgung darstellt.

The flight initially heads north: The arc of tension in the district of Düren is not only given by the topography, from the plain to the mountainous foothills of the Eifel. Striking landmarks with historical ensembles such as the mighty wall of the Jülich citadel with the Christ Church or the tower of the defiant Hengebach Castle in Heimbach form contrasts to the intensively used agricultural areas or the mighty Sophienhöhe, the spoil heap of the Hambach open-cast mine.

From the artificial mountain, it is possible to look into one of the largest man-made holes on earth. There, 400 metres below level, shines the black gold, the coal, which still represents a broad basis of energy supply.

—

Beim Flug Richtung Norden führt die Route über den Barmener See. Besonders im Winter bietet das gleich neben der Rur gelegene Gewässer mit seiner markanten Insel hunderten Vögeln den nötigen Raum, um über die kalte Jahreszeit zu kommen.

—

When flying north, the route leads over the Barmen lake. Especially in winter, this body of water, located right next to the Rur, with its distinctive island, offers hundreds of birds the space they need to survive the cold season.

Streuobstwiesen haben in den letzten Jahren wieder an Bedeutung gewonnen und sich zu wertvollen Flecken entwickelt.

Der Kreis soll wachsen. 300 000 Einwohner will man in den nächsten Jahren zählen. Ein Grund, warum in fast allen Gemeinden Neubaugebiete erschlossen werden und der Bau von privatem Wohnungsbau gefördert wird.

Schloss Nörvenich, einst Gymnicher Burg genannt, stammt aus dem Anfang des 15. Jahrhunderts und ist heute in Privatbesitz.

Der Indemann wacht auf spektakuläre Art über den benachbarten Tagebau Inden. Der 36 Meter hohe Aussichtsturm wird bei Dunkelheit von 40 655 Leuchtdioden in ständig wechselnden Farben beleuchtet.

In Bronze gegossene Sagengestalten, der Wolf und die Gans, flankieren den Schwanenteich in Jülich und bewachen den beschaulichen Ort in der akademischen Stadt.

Orchard meadows have regained importance in recent years and have developed into valuable fruit patches.

The district is to grow. The aim is to have 300,000 inhabitants in the next few years. This is one reason why new housing estates are being developed in almost all municipalities and the construction of private housing is being promoted.

Nörvenich Castle, once called Gymnich Castle, dates from the beginning of the 15th century and is now privately owned.

The Indemann keeps a spectacular watch over the neighbouring Inden opencast mine. The 36-metre-high observation tower is illuminated in the dark by 40,655 light-emitting diodes in constantly changing colours.

Legendary figures cast in bronze, the wolf and the goose, flank the Swan Pond in Jülich and guard the tranquil spot in the academic town.

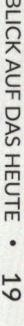

Beim Blick aus dem Segler gibt sich der Südkreis fast mystisch: Noch ragt der Bergfried der Burg Nideggen zaghaft aus dem Morgennebel, in dem die Burg gefangen scheint. Wenig später wird die Sonne, die gerade über die ersten Eifelhöhen aufsteigt, das „Wattemeer" auflösen und die Burg befreien.

Looking out of the glider, the southern district appears almost mystical: the battlements of Nideggen Castle still rise timidly out of the morning mist in which the castle seems trapped. A little later, the sun, which is just rising over the first Eifel heights, will dissolve the „sea of cotton wool" and free the castle.

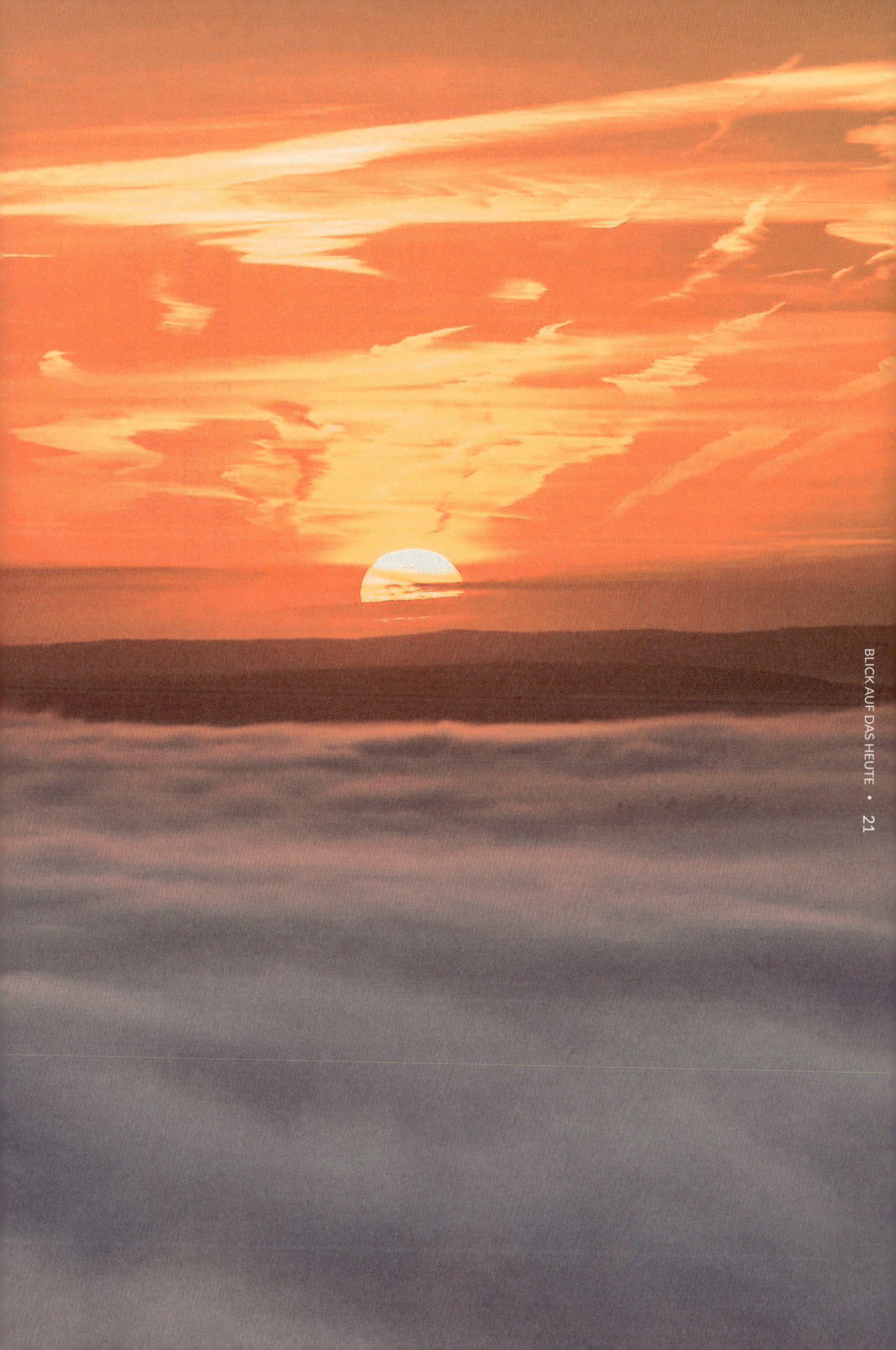

Das Wasser der Rur ist das Lebenselixier des Kreises Düren. Gestaut, wie in Obermaubach, dient es als Fläche zur Entspannung und ebenfalls als Reservoir für Trinkwasser.

Traditionelle Handwerksberufe sind noch allgegenwärtig. Das Wasser ist dabei wichtiges Hilfsmittel. So nutzen es seit Jahrhunderten die Korbmacher im Norden des Kreises, um ihre Weiden geschmeidig zu machen.

Erst mit Wasser entfalten die fruchtbaren Böden rund um Titz ihre Qualität und machen den Pflanzen die Nährstoffe verfügbar. Die richtige Dosis Wasser verschafft der eisenarmen, feuerfesten Tonerde die nötige Konsistenz, damit die „Döppesbäcker" in Langerwehe ihre Gefäße formen können.

Allgegenwärtig ist Wasser im „Algen Science Center" des Forschungszentrums Jülich. Dort wird mit der Entwicklung von nachhaltigen Rohstoffen aus Algen ein wichtiger Schritt in Richtung Zukunft gemacht.

The water of the Rur is the elixir of life in the district of Düren. Dammed as it is in Obermaubach, it serves as an area for relaxation and also as a reservoir for drinking water.

Traditional crafts are still omnipresent. Water is an important tool in these trades. For centuries, basket makers in the north of the district have used it to make their willows supple.

Only with water do the fertile soils around Titz develop their strength and make nutrients available to the plants.

The right dose of water gives the low-iron, refractory clay the necessary consistency so that the „Döppesbäcker" in Langerwehe can shape their vessels.

Water is omnipresent in the „Algae Science Center" of the Jülich Research Centre. There, an important step is being taken towards the future with the development of sustainable raw materials from algae.

„ZUKUNFT UND TRADITION: ENG NEBEN- UND MITEINANDER"

FUTURE AND TRADITION: CLOSELY LINKED, SIDE BY SIDE AND TOGETHER

Eine unübersehbare Landmarke ist der Wasserturm bei Stetternich. Das Bauwerk dient heute ebenfalls als Knotenstelle diverser Kommunikationskanäle, wie sie auch für mobile Telefone genutzt werden. Die Wasserdampffahne des Kraftwerks Weisweiler scheint dem Solarturm der DLR zu entspringen. Gleich links neben dem Turm ist die Jülicher Zuckerfabrik zu erkennen.

The water tower near Stetternich is a landmark that cannot be overlooked. Today, the structure also serves as a node for various communication channels, such as those used for mobile telephones. The water vapour plume of the Weisweiler power plant seems to spring from the DLR solar tower. The Jülich sugar factory can be seen immediately to the left of the tower.

1972 wurde das alte Kreishaus in Jülich zum „neuen" Rathaus der Stadt.

Beim Dürener Stadtteil Echtz wird deutlich, wie sich regenerative Energie über der sterbenden fossilen Energiequelle erhebt.

Auf das Jahr 1470 geht die im Süden gelegene Abtei Mariawald zurück. 2018 gaben die Trappisten die Abtei auf.

Ein architektonischer Höhepunkt in Aldenhoven ist die Pfarrkirche St. Martin mit ihren beiden 42,5 Meter hohen Türmen aus dem Jahr 1953.

Burg Birgel aus dem 13. Jahrhundert beheimatet heute eine Grundschule.

In 1972, the old district hall in Jülich became the city's „new" town hall.
At the Echtz district of Düren, it becomes clear how regenerative energy rises above the dying fossil energy source.

Mariawald Abbey, located in the south, dates back to 1470. In 2018, the Trappists abandoned the abbey.

An architectural highlight in Aldenhoven is the parish church of St. Martin with its two 42.5 metre high towers built in 1953.

Birgel Castle from the 13th century is now home to a primary school.

Unweit der Dörfer und Straßen sind hunderte idyllische Flecken zu finden, an denen man Natur pur erlebt. Deshalb zieht der Kreis Düren zunehmend Menschen an, die auf der Suche nach Ruhe und Erholung sind. Hier bietet sich der Blick von Nideggen-Rath über das Rurtal hinweg auf den Burgberg bei Hürtgenwald-Bergstein, eine der höchsten Erhebungen im Kreisgebiet.

Not far from the villages and roads are hundreds of idyllic spots where you can experience pure nature. The secret why the district of Düren is increasingly visited by people seeking peace and relaxation. Here it is the view from Nideggen-Rath across the Rur valley to the Burgberg near Hürtgenwald-Bergstein. One of the highest elevations in the district.

"TÜRME FÜR GOTT, WASSER, ALLAH UND DIE NÖTIGE KOHLE
TOWERS FOR GOD, WATER, ALLAH AND THE NECESSARY COAL"

Schloss Merode: So viele Türme, wie das Jahr Monate hat, so viele Fenster, wie das Jahr Tage hat. Wegen mehrmaliger Zerstörung trifft dieser Spruch heute nicht mehr zu, doch ist das Anwesen der „de Merode" in Langerwehe eines der imposantesten Renaissance-Ensembles in NRW und beschert jährlich den schönsten und romantischsten Weihnachtsmarkt weit und breit.

In Privatbesitz speichert der Wasserturm in Wissersheim kein Wasser mehr, sondern spendet Wohnraum. Das „Muttergotteshäuschen" in Düren ist alljährlich im Mai Ziel vieler Pilger. Das „Ühledömsche" ist das älteste erhaltene Bauwerk des Mittelalters in Düren und wird auf das 11./12. Jahrhundert datiert. St. Cäcilia in Niederzier ist der Mittelpunkt des Ortes und die Fatih-Moschee in Düren symbolisiert mit ihrem Minarett für den Kreis Düren neues Gedanken- und Kulturgut. Auf dem Rymelsberg steht St. Martin und kündet von den Anfängen in Langerwehe.

Merode Castle: As many towers as there are months in a year, as many windows as there are days in a year. Due to repeated destruction, this saying no longer applies today, but the „de Merode" estate in Langerwehe is one of the most imposing Renaissance ensembles in NRW and every year it brings the most beautiful Christmas market far and wide.

In private hands, the water tower in Wissersheim no longer stores water, but provides living space. The „Muttergotteshäuschen" in Düren is the destination of many pilgrims in May.

The „Ühledömsche" in Düren is the oldest preserved medieval building in Düren and is dated to the 11th/12th century.

St. Cäcilia in Niederzier is the centre of the village and the Fatih Mosque in Düren with its minaret symbolises new thought and culture for the district of Düren. St. Martin stands on the Rymelsberg and tells of the beginnings in Langerwehe.

Die Wiege des Stahlkonzerns Hoesch im Ruhrgebiet steht an der Rur. Einst waren es die Köhlerbuben, die den Eisenschmelzern mit ihren Meilern die Holzkohle aus den Buchenwäldern der Eifel lieferten. Heute agieren die Köhler, um Grillholzkohle zu gewinnen und zu Schauzwecken.

The cradle of the Hoesch steel group in the Ruhr region lies on the Rur. Once it was the charcoal burners who supplied the iron smelters with charcoal from the beech forests of the Eifel. Today, the charcoal burners work to produce charcoal for barbecues and for show.

Von oben betrachtet wird deutlich, warum man Jülich ebenfalls als Festungsstadt bezeichnet. Die Zitadelle, sie beherbergt heute ein Museum und ein Gymnasium, ist eine imposante und wehrhafte Anlage von Alessandro Pasqualini aus dem 16. Jahrhundert.

Viewed from above, it becomes clear why Jülich is also called a fortress town. The citadel, it now houses a museum and a grammar school, is an imposing and fortified complex designed by Alessandro Pasqualini in the 16th century.

BLICK AUF DAS HEUTE · 33

Mitten durch die Kreisstadt führt eine der wichtigsten Bahnverbindungen Europas. Früher war es der Paris-Moskau-Express, der zweimal täglich durch Düren rauschte.

Heute ist der Bahnhof Düren eine wichtige Schnittstelle und Umsteigepunkt für den südlich gelegenen Bereich der Eifel und die Verbindung zum Forschungszentrum Jülich, dem größten Arbeitgeber an der Rur.

Intensiv genutzt wird die Bahntrasse, die fast mittig den Kreis Düren durchschneidet, für den Güterverkehr. So werden die Rheinschiene und das Ruhrgebiet mit den Häfen Rotterdam und Antwerpen verbunden.

One of the most important railway connections in Europe runs right through the centre of the district town. In the past, it was the Paris-Moscow Express that rushed through Düren twice a day.

Today, Düren station is an important interface and transfer point for the southern area of the Eifel and the connection to the Jülich Research Centre, the largest employer on the Rur.

The railway line, which cuts almost centrally through the district of Düren, is used intensively for freight transport. This connects the Rhine and the Ruhr area with the ports of Rotterdam and Antwerp.

Der Friedrich-Ebert-Platz in Düren verteilt den Straßenverkehr in alle Himmelsrichtungen. Er ist Kreuzungspunkt von zwei Bundesstraßen: Die B56 und die B264 binden die Stadt ans Fernstraßennetz.

Die BAB 4 verläuft parallel zur Schiene in Ost-West-Richtung. Im Nordkreis sind es die BAB 44 und die BAB 61, die den Kreis kreuzen und tangieren. Sie ermöglichen ideale Verbindungen in die Ballungszentren.

Friedrich-Ebert-Platz in Düren distributes road traffic in all directions. It is the intersection of two federal roads: The B56 and the B264 link the city to the trunk road network.

The BAB 4 runs virtually parallel to the railway in an east-west direction. In the northern part of the district, the BAB 44 and the BAB 61 cross and tangent the district, providing ideal connections to the conurbations.

Die Nordbastion im Jülicher Brückenkopfpark ist das ideale Sinnbild dafür, wie Historie und Neuzeit im Kreis Düren verschmelzen. Jeweils im Herbst leuchtet der Park rund um die aus napoleonischer Zeit stammenden Bollwerke im Schein von vielen tausend LED-Lichtern und verzaubert die Besucher.

The North Bastion in the Jülich Bridgehead Park is the ideal symbol of how history and modern times merge in the district of Düren. Every autumn, the park around the bastions dating back to the Napoleonic era lights up and glows in the light of many thousands of LED lights and enchants visitors.

1972
WURDE
GEORDNET

1972 was ordered

„Die Jülicher glauben immer noch, ihr Altkreis sei in den Kreis Düren eingegliedert worden. Das stimmt so nicht. Der ehemalige Landkreis Jülich wurde aufgelöst. Genauso wie der Kreis Düren. Dann wurde aus diesen aufgelösten Verwaltungseinheiten ein neuer Kreis Düren gebildet." Josef Hüttemann, Oberkreisdirektor des Kreises Düren von 1981 bis 1997 erinnert sich an die „Geburt" des Kreises Düren.

155 Jahre hatte die von den Preußen geschaffene Verwaltungsstruktur ihre Dienste getan, doch mit zunehmend steigenden Anforderungen wurde die alte Gliederung hinfällig. In den beiden Kreisen an der Rur existierten 129 Gemeinden, die mit Aus-

„The people of Jülich still believe that their old district was incorporated into the district of Düren. That is not true. The district of Jülich was dissolved. Just like the district of Düren. Then the district of Düren was formed as a completely new administrative unit." Josef Hüttemann, head of the district of Düren from 1981 to 1997, remembers the „birth" of the district of Düren.

For 155 years, the administrative structure created by the Prussians had done its job, but with increasingly growing demands, the old structure became obsolete. There were 129 municipalities in the two districts on the Rur, which, with the exception of the two towns of Düren and Jülich,

Josef Hüttemann

nahme der beiden Städte Düren und Jülich in 20 Ämtern organisiert waren. Jeweils mit eigenem Gemeinderat und Bürgermeister...

Um diese Gefüge zu straffen und effektive Verwaltungseinheiten zu bilden, setzte das Land Anforderungen: Die Gemeinden im ländlichen Raum sollten zwischen 5 000 und 8 000 Einwohner haben. In verdichteten Gebieten forderte man erheblich mehr Bewohner. Bei den Kreisen und den kreisfreien Städten hatte man mindestens

were organised into 20 offices. Each with its own municipal council and a mayor...
In order to streamline these structures and create effective administrative units, the state set requirements: Municipalities in rural areas were to have between 5,000 and 8,000 inhabitants. In dense areas, considerably more inhabitants were required. In the case of districts and independent towns, a minimum of 150,000 inhabitants was specified and the respective area should not be less than 500 square kilometres.

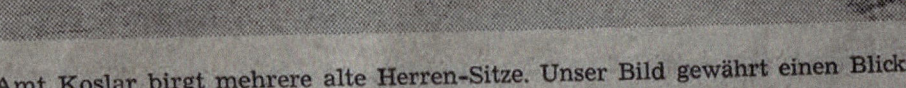

Das Amt Koslar birgt mehrere alte Herren-Sitze. Unser Bild gewährt einen Blick von Haus Broich durch den Haupteingang.

Wo die Bürgermeister noch Bauern sind

Der Amtsbezirk Titz hält fest zum Landkreis Jülich – Von Constantin Frantzen

Der Amtsbezirk Titz ist der nordöstliche Bezirk des Landkreises Jülich. Flächenmäßig hat er eine Größe von 6347 Hektar. Die 5110 Einwohner verteilen sich auf 14 Ortsc... ...bezirk mit 112 ... ... am ... Krei... alte... gen... Ger...

Die... sch... leg...

nisierung der Landwirtschaft frei wurden, finden viele ihre Beschäftigung in der hiesigen Industrie.

Konsequenz aus den Nachkriegsjahren

Bevölkerung in ...

Die Landwirtschaft lebt in, mit und aus dem Kreis

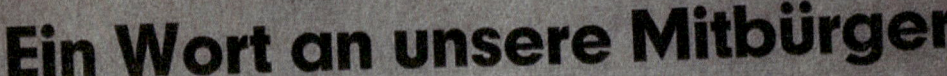

Auch die Landwirtschaft fordert mit Nachdruck die Erhaltung des Landkreises Jülich. Es kann nicht der Sinn einer Verwaltungsreform sein, einen Kreis zu zerschlagen, der in vielfacher Hinsicht eine Einheit darstellt.

Wohl selten ...

größeren Produktionseinheiten. Bei zu geringen Nutzflächen wird für manchen bäuerlichen Betrieb die Umwandlung in einen Neben- oder zuerwerbs... oder auch die ...

maligen Schüleri... ständisch...

Ein Wort an unsere Mitbürger

Nach der Vorlage des „Rietdorf-Gutachtens", das die Auflösung des Landkreises Jülich und seine Angliederung an den Kreis Düren empfiehlt, haben sich in der Bevölkerung unseres Gebietes Unruhe und Sorge vor der Zukunft ausgebreitet.

Aus allen Teilen des Kreisgebietes, aus allen Bevölkerungsgruppen war die Kritik an den beabsichtigten einschneidenden Maßnahmen zu hören. In den letzten Monaten sind uns zahlreiche Äußerungen zugegangen, die sich ausnahmslos für die Erhaltung unseres Landkreises Jülich einsetzten.

Für Reformen, für Fortschritt auf allen Lebensgebieten sind und bleiben wir aufgeschlossen. Wir werden und dürfen aber nur solchen Veränderungen unsere Zustimmung geben, die dem Nutzen unserer Mitbürger dienen.

Das genaue Gegenteil wird aber erreicht, wenn eine Institution zerschlagen wird, die gerade in den schweren Jahren der jüngsten Vergangenheit ihre Leistungskraft und Funktionsfähigkeit bewiesen hat. Der zu 65 Prozent kriegszerstörte Landkreis Jülich und die zu 97 Prozent zerstörte Stadt Jülich konnten nur deshalb so schnell wieder aufgebaut werden, weil die Bevölkerung sich unverzagt ans Werk machte und weil sie dabei von ortsnahen Behörden mit allen Kräften unterstützt wurde. Das Erreichte kann nur gehalten und ausgebaut werden, wenn dieser Kontakt und diese Verbundenheit erhalten bleiben.

Damit dieses Ziel erreicht wird, richten wir unsere dringende Bitte an alle Frauen und Männer unseres Heimatkreises:

Schließen Sie sich mit uns in Einigkeit zusammen, in dem starken Willen:

Unser Landkreis bleibt Jülich!

Johnen,
Landrat

Dr. Innecken,
Oberkreisdirektor

150 000 Einwohner vorgegeben und das jeweilige Gebiet sollte nicht weniger als 500 Quadratkilometer groß sein.

Schon in den 60er Jahren hatte der NRW-Innenminister zu einer freiwilligen Lösung aufgerufen, was im Gebiet des heutigen Kreises Düren die Zahl der Gemeinden von 129 auf 75 verringerte.

As early as the 1960s, the NRW Minister of the Interior had called for a solution, which reduced the number of municipalities in the area of today's Düren district from 129 to 75. All of today's Düren city districts had thus been, against their will, assigned to the city of Düren. This way, the town had grown from about 50,000 inhabitants to about 90,000 inhabitants. But now

Dr. Peter Nievele·

Freiwilliges Handeln gab es rund um die Stadt Düren nicht. So wurden die heutigen Dürener Stadtteile alle - gegen ihren Willen - der Stadt Düren zugeschlagen. Die Stadt wuchs so von rund 50 000 auf etwa 90 000 Einwohner an. Mit dieser Einwohnerzahl stellte Düren bei der Neuordnung

the city of Düren posed a problem in the reorganisation because in the old district of Düren the core town was too dominant and did not fulfil a balancing function to its surroundings.

For in a district area, the ratio of 40 per cent core town and 60 per cent for the

Anfang der 70er Jahre ein Problem dar, weil im bisherigen Kreis Düren dieser Kernort zu dominant erschien und zu seinem Umfeld keine Ausgleichsfunktion erfüllte. In einem Kreisgebiet wurde das Verhältnis 40 Prozent Kernort und 60 Prozent für das Umland als ideal angesehen. Räumlich hätte der alte Kreis Düren die Vorgaben erfüllt, hinsichtlich der Relation der Einwohner musste die Zahl der Gemeinden allerdings nun erhöht werden. In einem Gutachten wurde deshalb die Zusammenfassung der Kreise Düren und Jülich angeregt.

„Mein Landkreis bleibt Jülich", war natürlich eine sich schnell bildende Parole im Jülicher Raum, der mit 77 000 Einwohnern und 327 Quadratkilometern Fläche in die Diskussion einstieg und mit einem eigenen Gutachten konterte. Als Lösung sah man die radiale Erweiterung des Kreises Jülich um zehn bis 15 Kilometer an. Im Süden, Richtung Düren, sollte die BAB 4 die Grenze bilden, rundum wollte man aus den Nachbarkreisen Geilenkirchen, Erkelenz, Bergheim und Grevenbroich rund 20 Gemeinden gewinnen, um auf 530 Quadratkilometer und 130 000 Einwohner zu kommen.

Im Herbst 1970 signalisierte der Kreistag Düren, dass man sich einer „großräumigen Lösung nicht verschließen könne". Einem Zusammenschluss der Kreise Düren und Jülich stehe man „aufgeschlossen" gegenüber. Entgegen dem Ministervorschlag wollte man Weisweiler im Kreis behalten. Man begrüßte die neue Gemeinde Hürtgenwald mit Vossenack und stimmte für die Zusammenlegung von Nideggen, Heimbach und Schmidt. Füssenich und Bürvenich sollten selbst entscheiden, ob sie im Kreis blieben oder sich lieber nach Zülpich orientieren wollten. Die Gemeinden Buir, Manheim und Blatzheim sah man optimal im Kreis Düren angesiedelt, ebenso Schevenhütte, statt den Ort Stolberg zuzuschlagen. Wünsche, die nicht erfüllt wurden: Doch für den Weggang des wirtschaftlich starken Ortes Weisweiler gab es mit dem Verbleib von Siersdorf im neuen Kreis Düren vor 50 Jahren mit der Grube Emil-Mayrisch einen Ausgleich.

Im Frühjahr 1971 fanden schließlich konstruktive Gespräche zwischen dem Jülicher Landrat Wilhelm Johnen, Oberkreisdirektor Dr. Gustav Innecken und auf Dürener Seite Landrat Johannes Kaptain und Oberkreisdirektor Dr. Elmar Dünschede statt, bei denen die Jülicher den Zusammenschluss der beiden Kreise ebenfalls als unabwendbar ansahen.

„Das war damals eine wilde Zeit", er-

surrounding area was considered ideal. Spatially, the Altkreis Düren would have met the requirements, but in terms of the ratio of inhabitants, the number of municipalities had to be increased. An expert opinion suggested merging the districts of Düren and Jülich.

„My district remains Jülich" was then naturally a quickly forming slogan in the Jülich area, which with 77,000 inhabitants and 327 square kilometres entered the discussion and countered with its own expert opinion. The solution was seen as the radial expansion of the Jülich district by ten to 15 kilometres. In the south, in the direction of Düren, the A 4 motorway was to form the border, and all around, about 20 municipalities were to be won from the neighbouring districts of Geilenkirchen, Erkelenz, Bergheim and Grevenbroich in order to come to 530 square kilometres and 130,000 inhabitants.

In autumn 1970, the Düren district council signalled that it could not „close its mind to a largescale solution". They were „openminded" about a merger of the districts of Düren and Jülich. Contrary to the minister's proposal, they wanted to keep Weisweiler in the district. The new municipality Hürtgenwald with Vossenack was welcomed and the people voted for the amalgamation of Nideggen, Heimbach and Schmidt. Füssenich and Bürvenich were to decide for themselves whether they wanted to remain in the district or prefer to go to Zülpich, the municipalities of Buir, Manheim and Blatzheim were seen as optimally located in the district of Düren, as was Schevenhütte, instead of adding the village to Stolberg. Wishes that were not fulfilled: But there was compensation for the departure of the economically strong town of Weisweiler with the incorporation of Siersdorf, 50 years ago with the Emil-Mayrisch mine.

In the spring of 1971 there were constructive talks between Jülich District Administrator Wilhelm Johnen, District Director Dr. Gustav Innecken and on the Düren side District Administrator Johannes Kaptain and District Director Dr. Elmar Dünschede, in which the Jülich district administrators also saw the merger of the two districts as inevitable.

„It was a wild time back then," Dr. Peter Nieveler remembers, looking back at the preparations for the founding of the Düren district, but of course also at the 1968 movement. At the time, Nieveler himself

innert sich Dr. Peter Nieveler und blickt dabei auf die Vorbereitung der Gründung des Kreises Düren, aber natürlich auch auf die 68er-Bewegung. Nieveler selbst, war damals noch als relativ frischgebackener Lehrer am Mädchengymnasium Jülich mit seiner Frau Elfriede gerade nach Selgersdorf ins Eigenheim gezogen, begann sich für die Kommunalpolitik zu interessieren – und beobachtete aufmerksam die Diskussionen und die Gründungsphase des neuen Kreises Düren. „Das wurde hier im Bereich Jülich sehr argwöhnisch gesehen. Insbesondere auf den Dörfern, dort gibt es ja teilweise heute noch große Vorbehalte", erzählt Nieveler. Er war Jülichs letzter ehrenamtlicher Bürgermeister.

„Die Kommunalreform war dringend nötig", erinnert sich Dr. Nieveler, auch wenn gerade im Jülicher Raum viele Menschen nicht damit einverstanden waren, bald zum Kreis Düren zu gehören. Denn nahezu jedes Dorf sei eine eigene Gemeinde mit eigenem Gemeinderat gewesen. Die Sitzungen der Gremien fanden meist in der örtlichen Kneipe statt.

So gab es Widerstand gegen die Neu-Organisation der Verwaltungsstrukturen, schließlich ging es auf den Dörfern ebenfalls um die „Pöstchen". Die kommunale Neugliederung funktionierte schließlich „an der Oberfläche" recht gut. Darunter brodelte es allerdings weiter.

„Einige Menschen sind heute noch - in der dritten Generation - verärgert", so Dr. Peter Nieveler lächelnd. „Damals schimpfte

was still a relatively fresh teacher at the girls' grammar school in Jülich, had just moved into his own home in Selgersdorf with his wife Elfriede, and was beginning to take an interest in local politics - and was closely observing the discussions and the founding phase of the new Düren district.

„That was viewed very suspiciously here in the Jülich area. Especially in the villages, where some people still have great reservations," Nieveler says. Besides, he was also Jülich's last honorary mayor

and for four years from 1999 as honorary managing director of the Bridgehead Park, was instrumental in the redesign for the 1998 State Garden Show, which is still a very popular recreational facility today.

„The municipal reform was urgently needed," recalls Dr Nieveler, even though many people in the Jülich area in particular did not agree to soon being part of the Düren district. This was because almost every village was a separate municipality with its own municipal council. The meetings of the committees usually took place in the local pub. But there was resistance to the reorganisation of the administrative structures; after all, it was also about the „little posts" in the villages. The municipal reorganisation then worked well „on the surface", but underneath it continued to seethe.

„Some people are still angry today in the third generation," says Dr Peter Nieveler with a smile. „Back then, people in the villages grumbled that they were no longer

Heimbach klagte
Heimbach sued

man auf den Dörfern, dass man nicht mehr selbstständig sei, aber man sah natürlich ein, dass vieles besser wurde. Besonders mit Blick auf die Infrastruktur, wie Kanalisation oder Straßen und der Anschluss an das Gasnetz", erinnert sich Dr. Nieveler.

„Als wir nach Selgersdorf zogen, hatte ich einen halben Telefonanschluss – als einer der ganz wenigen im Dorf", so Nieveler. Er teilte sich den Anschluss mit einem anderen Selgersdorfer Lehrer – heute nicht vorstellbar.

Nieveler schildert, was in vielen Menschen vor sich ging: „Die meisten Leute fühlten sich gut aufgehoben. Und dann sollte auf einmal alles ganz anders werden." Aus heutiger Sicht blickt er so auf die kommunale Neugliederung: „Was heute davon bleibt, ist positiv. Meiner Meinung nach geht der Trend zu größeren Verwaltungseinheiten noch weiter, weil man ja inzwischen sehr viele Verwaltungsdinge online erledigen kann."

In den Gesprächen der Spitzenvertreter der beiden Altkreise einigte man sich einvernehmlich auf den Namen „Rurkreis Düren-Jülich". Das Land hat diesen Namen jedoch nicht akzeptiert und manifestierte im Gesetz nur den „Kreis Düren".

Josef Hüttemann führt aus, dass der lange Name das „emotionale" Zusammenwachsen gefördert hätte. Lediglich den Betriff „Rurkreis" sah er skeptisch, da viele den Kreis dann ins Ruhrgebiet verortet hätten.

Als Wappen wurde das des Kreises Düren übernommen, da in der oberen Hälfte der Jülicher Löwe sehr dominant präsent ist.

Der neue Kreis, der dann am 1. Januar 1972 Rechtsform erlangte, umfasste 235 500 Einwohner in 14 Gemeinden auf 927 Quadratkilometern. 1972 kam dann die 15. Gemeinde hinzu: Heimbach.

Die Heimbacher hatten beim Verfassungsgerichtgerichtshof NRW Münster gegen die Zusammenlegung mit Nideggen geklagt und Recht bekommen. Die kleinste Stadt in NRW wurde wieder selbstständig. 1975 dann erneut eine Änderung: Der Kreis wuchs um 1 400 Menschen und 13 Quadratkilometer, da die Orte Dorweiler, Pingsheim und Wissersheim im Rahmen der Neugliederung des Raums Köln der Gemeinde Nörvenich zugeschlagen wurden.

independent, but of course they also saw that many things were getting better, for example with regard to infrastructure, such as sewage systems or roads," Dr Nieveler recalls. For example, the villages were also connected to the gas network. „When we moved to Selgersdorf, I had half a telephone connection - as one of the very few in the village," says Nieveler. He shared the connection with another Selgersdorf teacher - hardly imaginable today.

Nieveler describes what went on in many people's minds: „Most people felt they were in good hands. And then suddenly everything was to change completely."

From today's perspective, this is how he looks at the municipal restructuring: „What remains of it today is positive. In my opinion, the trend towards larger administrative units is continuing, because you can now do a lot of administrative things online."

In the talks between the leaders of the two old districts, the name „Rurkreis Düren-Jülich" was mutually agreed upon. However, the state did not accept this name and manifested only „Kreis Düren" in the law.

Josef Hüttemann explains that the long name would have promoted the „emotional" growing together. The coat of arms of the Düren district was adopted as the coat of arms, as the Jülich lion is very dominant in the upper half.

The new district, which acquired legal status on 1 January 1972, had 235,500 inhabitants in 14 municipalities over 927 square kilometres. In 1972, the 15th municipality was created: Heimbach. The people of Heimbach had filed a complaint with the administrative court against the amalgamation with Nideggen and won their case.

The smallest town in NRW became independent again. In 1975 there was another change. The district grew by 1,400 people and 13 square kilometres, as the villages of Dorweiler, Pingsheim and Wissersheim were added to the municipality of Nörvenich as part of the reorganisation of the Cologne area.

DÜREN

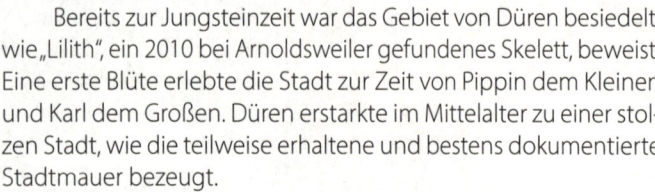

Bereits zur Jungsteinzeit war das Gebiet von Düren besiedelt, wie „Lilith", ein 2010 bei Arnoldsweiler gefundenes Skelett, beweist. Eine erste Blüte erlebte die Stadt zur Zeit von Pippin dem Kleinen und Karl dem Großen. Düren erstarkte im Mittelalter zu einer stolzen Stadt, wie die teilweise erhaltene und bestens dokumentierte Stadtmauer bezeugt.

Dreimal fiel Düren in Schutt und Asche: Karl V. wütete 1543 mit seinem Heer und brandschatzte, das Erdbeben von 1756 zerstörte Düren stark und nicht zuletzt der alliierte Angriff vom 16. November 1944 löschte das Leben aus. Doch die Dürener haben immer neu begonnen. Nicht zuletzt hat Papier der Stadt, besonders im frühen 20. Jahrhundert, einen enormen Schub gegeben und Reichtum beschert, wie heute noch etliche Einrichtungen von einem beachtlichen Mäzenatentum zeugen. Jüngstes Beispiel ist das futuristische Papiermuseum im Schatten der Stadtmauer.

The area of Düren was already settled in the Neolithic Age, as reported by „Lilith", a skeleton found near Arnoldsweiler in 2010. The town experienced its first heyday in the time of Pippin the Less and Charlemagne, and in the Middle Ages Düren grew into a proud town, as the well-documented and partially preserved town wall testifies.

Three times Düren fell into ruins: Charles V raged with his army and plundered, the earthquake of 1756 flattened Düren and, last but not least, the allied attack of 16 November 1944 wiped out life. But the people of Düren have always started anew.

Last but not least, paper gave the town an enormous boost and wealth, especially in the early 20th century, as quite a few institutions still testify today to a remarkable patronage. The most recent example is the futuristic paper museum in the shadow of the city wall.

Das Bismarck-Quartier rundet den Theodor-Heuss-Park ab. Die Annakirche ist Mittelpunkt der Stadt. Chemie- und Papierindustrie schmiegen sich an die Trasse der Rurtalbahn. Die Fassade des Papiermuseums sorgt für Spannung zwischen der historischen Stadtmauer und dem Leopold-Hoesch-Museum. Die Kreisverwaltung mit den Häusern „B" und „C" spiegelt sich im Bassin des Bismarck-Quartiers.

The Bismarck Quarter rounds off the Theodor Heuss Park. The Annakirche is the centre of the city. The chemical and paper industries nestle along the route of the Rurtal railway. The façade of the paper museum creates tension between the historic city wall and the Leopold Hoesch Museum. The district administration with the houses „B" and „C" is reflected in the basin of the Bismarck Quarter.

Rund 93 000 Einwohner zählt Düren mit seinen im Jahr 1969 bereits eingegliederten Stadtteilen. Neben der Papierindustrie sind es der Automobil- und Maschinenbau, die Metall- und Chemieindustrie, die Arbeitsplätze bieten.

Verstärkt dehnt sich der Kölner „Speckgürtel" in den letzten Jahren bis an die Rur aus und fördert das Leben junger Familien in einer Stadt, die vom Kindergarten bis zu den Gymnasien bestens aufgestellt ist.

Düren ist die Stadt der Märkte. Neben dem Wochenmarkt und einigen einmal jährlich stattfindenden Spezialmärkten ist es die bekannte Annakirmes, die jeweils Ende Juli rund eine Million Besucher in die Stadt lockt.

Düren and its districts, which were incorporated in 1969, have a population of around 93,000. In addition to the paper industry, jobs are provided by the automotive and mechanical engineering industries, as well as the metal and chemical industries.

In recent years, Cologne's „Speckgürtel" has increasingly spilled over into the Rur area, promoting the lives of young families in a city that is well positioned from kindergarten to grammar school.

Düren is the city of markets. In addition to the weekly market and some special markets that take place once a year, it is the wellknown Annakirmes that attracts around a million visitors to the city every year at the end of July.

Das 1905 eröffnete Leopold-Hoesch-Museum beherbergt Gemälde der Klassischen Moderne und des Expressionismus. Emil Nolde, Oskar Kokoschka, Max Beckmann, Max Pechstein oder Wassily Kandinsky sind nur einige Beispiele, drei Stiftungen runden die Sammlung ab.

Früher war die Zugstrecke Paris-Moskau eine wichtige Verbindung innerhalb Europas. Die zweigleisige Dreigurtbrücke führte dabei über die Rur. Die Brücke ist eine technische Meisterleistung und ein 80 Jahre altes Einzelstück. Die Brücke steht unter Denkmalschutz.

Das Dorint-Hotel mit angeschlossenem Kongresszentrum ist noch neu in der Stadt. Der Flammenengel vor dem Rathaus erinnert an den schwärzesten Tag im November 1944, die Krankenanstalten sind medizinisch auf der Höhe der Zeit.

Die Arena Kreis Düren ist Spielort der Volleyball-Bundesliga und Schauplatz für Konzerte und Veranstaltungen. Über allem wacht das markante Stadtwappen an der Rathausfront und die zentrale Uhr sagt, was den Dürenern die Stunde geschlagen hat.

Der Badesee, ein ausgekohlter Tagebau, bietet Action, allerdings ebenfalls Erholung in den Sommermonaten.

Justitia spricht Recht im Amtsgericht Düren.

The Leopold Hoesch Museum, opened in 1905, houses paintings from the Classical Modern and Expressionist periods. Emil Nolde, Oskar Kokoschka, Max Beckmann, Max Pechstein or Wassily Kandinsky are just a few examples, three foundations round off the collection.

The threegirder bridge for the Paris-Moscow connection over the Rur is a technical masterpiece and an 80-year-old unique piece of construction.

The Dorint Hotel with attached congress centre is still new in town. The flaming angel in front of the town hall is a reminder of the dark hour in November 1944; the hospitals are medically up to date.

The Arena Kreis Düren is the venue for the national volleyball league and concerts. The St. Augustinus Hospital rises boldly on the banks of the Rur. Justitia pronounces justice in the Düren district court.

The bathing lake, a depleted open-cast mine, offers action, but also recreation in the summer months. The distinctive city coat of arms on the front of the town hall watches over everything and the central clock tells the people of Düren what time it is.

"DAS LEOPOLD-HOESCH-MUSEUM IST DIE SCHATZTRUHE DER REGION"

THE LEOPOLD HOESCH MUSEUM IS THE TREASURE CHEST OF THE REGION"

Herbstlicher Sonnenuntergang im Stadtteil Birgel. Die chinesische Partnerstadt Jinhua schenkte der Stadt einen Glückstempel, der heute am Stadtpark steht.

Blick vom Stadtrand gegen Osten zu den Hochhäusern am Miesheimer Weg.

Im Schillingspark verabschiedet sich der Tag.

1501 wurde eine Reliquie der Hl. Anna in Mainz gestohlen und nach Düren überführt. Es entwickelte sich an der Rur die bis heute anhaltende Annaverehrung, die jährlich Ende Juli in der Annaoktav ihren Höhepunkt findet, wenn das Annahaupt zur Verehrung in der Annakirche bereitgestellt wird. Im Umfeld hat sich daraus eines der größten Volksfeste Deutschlands, die Annakirmes, entwickelt. (rechts)

Autumn sunset in the Birgel district.
The Chinese twin city of Jinhua donated a Temple of Happiness to the city, which now stands at the city park.
View from the outskirts towards the east to the high-rise buildings on Miesheimer Weg. The day draws to a close in Schillingspark.
In 1501, a relic of St. Anna was stolen in Mainz and transferred to Düren. The veneration of St. Anna, which continues to this day, developed spontaneously on the Rur and culminates annually at the end of July in the Anna Octave, when the head of St. Anne is made available for veneration in St. Anne's Church. In the surrounding area, this has developed into one of the largest public festivals in Germany, the Annakirmes. (right)

Wasserschloss Burgau wurde Anfang des 14. Jahrhunderts errichtet.

Blühende Kirschbäume entlang der Krauthausener Straße.

Der Stadtteil Grüngürtel entstand Anfang des 20. Jahrhunderts und wurde komplett aus rotem Backstein errichtet. Um Düren kann man seit der Fertigstellung der B56n einen Bogen durch die Felder machen.

The romantic moated castle of Burgau was built at the beginning of the 14th century. Cherry trees in full bloom along Krauthausener Straße.

The Grüngürtel district was built at the beginning of the 20th century and was constructed entirely of red brick. Since the completion of the B56n, it has been possible to make a curve through the fields around Düren.

Nach der Neugliederung waren etliche Straßenbenennungen doppelt vorhanden. Alleine in Düren wurden 1974 mit einem Kostenaufwand von 80 000 DM 234 Straßennamenschilder ausgetauscht.

After the reorganisation, many street names were duplicated. In Düren alone, 234 street name signs were replaced in 1974 at a cost of DM 80,000.

JÜLICH

Die Sparkasse spiegelt sich im Schwanenteich. Die Zitadelle erinnert an alte Zeiten und im JuFa-Haus trifft sich die Jugend. Treppe als Kunst: Campus der Fachhochschule Jülich.

The Sparkasse (savings bank) is reflected in the Swan Pond. The citadel is reminiscent of old times and the JuFa house is where young people meet. Stairs as art: Campus of the Jülich University of Applied Sciences.

Blick auf Selgers-
dorf. Die neue Kreis-
verwaltung in Jülich.
Kopfweiden sind ein
typisches Gewächs am
Unterlauf der Rur. Sicher
hat Johann Wilhelm
Schirmer sie ebenfalls
gemalt. Der Wymarshof
in Kirchberg.

View of Selgersdorf.
The new district administ-
ration in Jülich. Pollarded
willows are a typical plant
in the lower reaches of
the Rur. Johann Wilhelm
Schirmer probably pain-
ted them as well. The
Wymarshof in Kirchberg.

Napoleon war hier und ein Physik-Nobelpreisträger hatte in Jülich seine Heimat, es gibt zwei bedeutende Festungsanlagen und ein weltweit renommiertes Forschungszentrum, an fast jeder Ecke findet man Geschichtsträchtiges und die Studierenden des Campus Jülich der Fachhochschule Aachen prägen das Stadtbild mit: Nicht umsonst umschreibt sich die Stadt Jülich gerne mit dem treffenden Slogan „Historische Festungsstadt – Moderne Forschungsstadt".

In der Herzogstadt liegen Historie und High-Tech eng beieinander und sind verknüpft. Mit über 2000 Jahren gehört Jülich zu den Orten mit der längsten Siedlungstradition in Deutschland. Dazu gehören natürlich auch die „Dörfer" rund um Jülich. Hier gibt es noch zahlreiche alte Vereinstraditionen, von den Maibräuchen über Schützenfeste bis hin zum Karnevalsbrauchtum.

Napoleon was here and a Nobel Prize winner in physics has his home in Jülich, there are two important huge fortifications and a world-renowned research centre, there is history to be experienced on almost every corner and the students of the Jülich campus of the Aachen University of Applied Sciences help shape the townscape: It is not for nothing that the city of Jülich likes to describe itself with the apt slogan „Historical Fortress City - Modern Research City".

In the ducal city, history and high-tech are very close together and absolutely linked. With over 2000 years, Jülich is one of the places with the longest settlement tradition in Germany. Of course, this also includes the „villages" around Jülich. Here there are still numerous old association traditions, from May Day customs to shooting festivals and carnival customs.

Gleich in der Nachbarschaft zu Jülich erhebt sich einer der größten künstlichen Berge der Welt, die Sophienhöhe. Das in den letzten Jahrzehnten gewachsene „Gebirge" bietet idealen Raum zur Erholung und zum Entspannen. Dabei bieten alle Jahreszeiten besondere Reize. Fällt dann noch Schnee, verwandelt sich „Sophie" in eine Märchenlandschaft.

One of the largest artificial mountains in the world, the Sophienhöhe, rises right next to Jülich. The „mountain range" that has grown over the past decades offers ideal space for recreation and relaxation. All seasons offer special attractions. When snow falls, Sophie is transformed into a fairytale landscape.

„Let's Do Science" lautet das Motto im Science College Overbach. Im Kontrast dazu die benachbarte Kellenberger Mühle. Traditionspflege in Jülich und der Markt der Handwerkerinnen. Dorfidyll in Barmen.

„Let's Do Science" is the motto at Science College Overbach. In contrast, the neighbouring Kellenberger Mill. Maintaining tradition in Jülich and the craftswomen's market. Village idyll in Barmen.

Die Stadt und ihre Festungsanlagen sind untrennbar miteinander verbunden. Eingebunden in die Historie ist Jülich ein modernes Mittelzentrum, das mit vielfältigen Sport- und Freizeitmöglichkeiten, Kunst, Kultur und Veranstaltungen, Einkaufserlebnissen und Festen ziemlich sicher jeden das Passende finden lässt.

Jülich bietet umfangreiche Sport- und Freizeitmöglichkeiten in seinen Hallen- und Freibädern, Sporthallen und Stadien.

Als sommerlicher Publikumsmagnet hat sich der Brückenkopfpark etabliert, der auf dem ehemaligen Landesgartenschau-

The city and its fortifications are inextricably linked.

Embedded into the history, Jülich is a modern, mediumsized centre with a wide range of sports and leisure facilities, art, culture and events, shopping experiences and festivals, so everyone is sure to find something to suit them.

Jülich offers extensive sports and leisure facilities in its indoor and outdoor swimming pools, sports halls and stadiums. The Bridgehead Park has established itself as a summer crowd-puller, offering exciting and family-friendly recreational opportunities on the former State Garden Show grounds.

gelände spannende und familienfreundliche Erholungsangebote bietet.

Mit dem Forschungszentrum Jülich, dem Technologiezentrum Jülich, dem Campus Jülich der Fachhochschule Aachen und den Solar-Forschungseinrichtungen der DLR (Deutsche Gesellschaft für Luft- und Raumfahrt), Solarturm und größte künstliche Sonne der Welt, verfügt Jülich über eine einzigartige Forschungs- und Wissenschaftsdichte.

In Entstehung ist noch ein modernes Gewerbegebiet namens „Brainergy-Park", in dem sich alles rund um den Themenkomplex Energie drehen soll.

Die Zitadelle im Herzen von Jülich. Minerva, die Patronin der Wissenschaft. Früher wehrte man sich in Jülich mit Kanonen.

The citadel in the heart of Jülich. Minerva, the patron saint of science. In the past, people in Jülich used to defend themselves with cannons.

With the Jülich Research Centre, the Jülich Technology Centre, the Jülich Campus of the Aachen University of Applied Sciences and the DLR solar research facilities, the solar tower and the world's largest artificial sun, Jülich has a unique research and science density. There are also plans for a modern commercial area, called Brainergy Park, in which everything will revolve around the complex of topics regarding energy.

Neben dem Forschungszentrum Jülich mit fast 6 500 Mitarbeitern (siehe gesondertes Kapitel) und den weiteren Wissenschafts-Einrichtungen ist in Jülich noch Geschichte zum Anfassen zu erleben
.

Entlang der Fernstraße „Via Belgica" von Köln zur Atlantikküste errichteten die Römer ihre Siedlung an einer Verengung des damals schwer zu passierenden Rurtales. Das römische Juliacum mit seinem Zentrum um den heutigen Marktplatz war eine wichtige Raststation an der Fernstraße. Im 4. Jahrhundert wurde Jülich befestigt – und blieb es über Jahrhunderte hinweg, allen Zerstörungen zum Trotz. Stets galt es, die strategisch wichtige Brücke über die Rur zu sichern.

Erhalten sind noch der mittelalterliche „Hexenturm" – damals eines von vier Stadttoren – die Zitadelle im Stil der italienischen Hochrenaissance aus dem 16. Jahrhundert mit dem Museum und Dokumentationszentrum zur Via Belgica sowie der napoleonische Brückenkopf an der Rur, errichtet von 1794 bis 1814, während der französischen Zeit Jülichs.

Blick über Jülich mit dem Hexenturm im Vordergrund. Der „fliegende" Lazarus Strohmanus ist eine Kultfigur im Jülicher Karneval. Es gibt verträumte Ecken in der Stadt wie diese Pferdewiese in Serrest.

View over Jülich with the Witches' Tower in the foreground. The „flying" Lazarus Strohmanus is a cult figure in the Jülich carnival.
There are dreamy corners in the city like this horse meadow in Serrest.

In addition to the Jülich Research Centre with its almost 6,000 employees (see separate chapters) and the other scientific facilities, Jülich really is a place where you can experience history at first hand.

Along the trunk road "Via Belgica" from Cologne to the Atlantic coast, the Romans built their settlement at a narrowing of the Rur valley, which was difficult to pass at the time.
Roman Juliacum with its centre around today's market place was an important rest stop on that long-distance road. In the 4th century, Jülich was fortified - and remained so for centuries, despite all the destruction.
It was always necessary to secure the strategically important bridge over the Rur.

Still preserved are the medieval "Witches' Tower" - at that time one of four city gates - the citadel in the style of the Italian High Renaissance from the 16th century with the museum and documentation centre on the Via Belgica, as well as the Napoleonic bridgehead on the Rur, built during Jülich's French period (1794 to 1814).

Kühe helfen den Naturschützern. Straßenszene in Welldorf. Im ehemaligen Eisenbahnausbesserungswerk agiert heute die Bundeswehr. Schloss Kellenberg macht ein trauriger Eindruck.

Cows help the conservationists. Street scene in Welldorf.
The Bundeswehr (German army) now operates in the former railway repair works. Kellenberg Castle makes a sad picture.

Blumen, viel Platz zum Spielen und Toben, duftende Blüten, grüne Klassenzimmer, viel Natur, zehn Kilometer Spazier- und Wanderwegs, eine riesige historisch bedeutende Festung, vielfältige Feste und Veranstaltungen, etliche Tiere, verwunschene Plätze, spannende Themengärten und vieles mehr – das erlebt man im Jülicher Brückenkopfpark. Seit über 20 Jahren gibt es dieses Freizeit- und Erholungsangebot für die ganze Familie. Durch die Vielzahl an Attraktionen bietet der Park nicht nur Abwechslung für Groß und Klein, sondern ebenfalls Erholung vom Alltag.

Entstanden ist der Brückenkopfpark aus der Landesgartenschau Jülich 1998, über deren Ausrichtung es im Vorfeld viele Diskussionen gab. Doch dann sagte der Stadtrat endgültig „Ja", es wurden zig Millionen investiert und der napoleonische Brückenkopf - der bis dahin weiter zu verfallen drohte - wurde komplett saniert, das 33 Hektar große Gelände angelegt und später als Park nutzbar gemacht.

Herzstück und Namensgeber des Brückenkopfparks ist das 200 Jahre alte und fast 900 Meter lange Festungsbauwerk aus napoleonischer Zeit. Es ist das einzige in Deutschland erhaltene Beispiel französischer Festungsbautechnik vom Anfang des 19. Jahrhunderts.

Oben auf der Beliebtheitsskala der kleinen Besucher stehen die Großspielplätze mit ihren mannigfaltigen Möglichkeiten, den Spiel- und Bewegungsdrang der Kleinen ausreichend zufriedenzustellen. Zusätzlich bietet der Park den Jugendlichen ein umfangreiches Sportangebot: eine achthundert Quadratmeter große Skateranlage, ein Kleinspielfeld, einen Volleyballplatz, einen Hochseil-Klettergarten und einen rund sieben Meter hohen Kletterturm.

VON NAPOLEON BIS HEINO:

Der Brückenkopfpark entfaltet eine besondere Aura zwischen Historie, Gegenwart, Technik und der Natur...

Flowers, lots of space to play and romp, fragrant blossoms, green classrooms, lots of nature, ten kilometres of walking and hiking trails, a huge historically significant fortress, a variety of festivals and events, quite a few animals, enchanted places, exciting theme gardens and much more - this is what you can experience at Jülich Bridgehead Park. This leisure and recreational facility for the whole family has been in existence for over 20 years. With its many attractions, the park offers not only variety for young and old, but also relaxation from everyday life.

The Bridgehead Park emerged from the 1998 Jülich State Garden Show, the organisation of which was the subject of much discussion beforehand. But then the city council finally said „yes", tens of millions were invested and the Napoleonic bridgehead - which until then had been in danger of further decay - was completely renovated and the

33-hectare site was laid out and later made usable as a park.

The centrepiece and namesake of the Bridgehead Park is the 200-year-old and almost 900-metre-long fortress structure from Napoleonic times. It is the only surviving example of French fortification architecture in Germany from the beginning of the 19th century.

At the top of the popularity scale of the little visitors are the large playgrounds with their manifold possibilities to satisfy the little ones' urge to play and move.

In addition, the park offers young people a wide range of sports: an eighthundred-square-metre skating facility, a small playing field, a volleyball court, a high ropes climbing garden and a climbing tower about seven metres high.

The Bridgehead Zoo already existed before the State Garden

VON NAPOLEON TO HEINO:

The Bridgehead Park unfolds a special aura between history, the present, technology and nature...

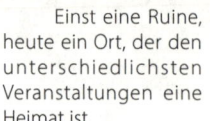

Den Brückenkopf-Zoo gab es schon vor der Landesgarten-schau. Die absoluten „Stars" bei den Besuchern sind die putzigen Erdmännchen, Wölfe, die Fisch-otter und die Kängurus sowie die vielen, vielen anderen Tiere.

Auf dem Weiher um die Festung hat man die Gelegenheit, die alten Gemäuer des historischen Brückenkopfs mit einem Boot vom Wasser aus zu erkunden. Besu-cher, die es ein wenig beschaulicher möch-ten, erleben die Natur in Verbindung mit der Kunst.

Bei einem Spaziergang über das zehn Kilometer lange, behindertengerechte We-genetz sieht man nicht nur die einheimi-schen Tiere auf Freianlagen, sondern erfreut sich an den vielen Kunstwerken, die in die Parklandschaft eingebunden sind.

Der Stadtgarten steht mit seinen ver-spielten, geometrisch angelegten Stauden-beeten im Kontrast zum Brückenkopf, der sanierten Verteidigungsanlage aus der Zeit Napoleons.

Einst eine Ruine, heute ein Ort, der den unterschiedlichsten Veranstaltungen eine Heimat ist.

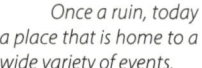

Once a ruin, today a place that is home to a wide variety of events.

Show. The absolute „stars" among visitors are the cute meerkats, wolves, otters and kanga-roos as well as the many, many other animals. On the pond around the fortress, visitors have the opportunity to explore the old walls of the historic bridgehead from the water in a canoe. Visitors who prefer something a little more contemplative can experience nature in combination with art.

A walk along the ten-kilometre network of paths, which is accessible to the disabled visitors, not only allows visitors to see native animals in open-air enclosures, but also to enjoy the many works of art that have been incorporated into the park landscape.

With its playful, geometrically laid out herbaceous borders, the Municipal Garden contrasts with the Bridgehead, the redevelo-ped defence complex from the Napoleonic era.

FORSCHUNG

Der AVR Kugelhaufenreaktor und die beiden Versuchsreaktoren Merlin und Dido markierten in den 60er Jahren die Grenze des technisch Machbaren. Die Kerntechnik, besonders der Hochtemperaturreaktor AVR stellte sich später als ein Problem bis in die heutige Zeit dar und wurde zurückgebaut (Merlin) oder außer Betrieb (Dido und AVR) genommen. Heute reicht das Spektrum des Forschungszentrums von Supercomputing über KI bis zur Erforschung des Klimas.

Das heute weltweit renommierte Forschungszentrum Jülich hat seine Wurzeln in der Kernforschungsanlage Jülich, die das Land NRW 1956 auf den Weg brachte. Anfang der 60er Jahre gingen die beiden Forschungsreaktoren „Merlin" und „Dido" in Betrieb. Die Anlage wurde in eine GmbH umgewandelt, die Bundesrepublik ist mit 90% und das Land NRW mit zehn Prozent beteiligt. 1967 nahm dann der Hochtemperaturreaktor AVR seinen Betrieb auf, der neben der Forschung ebenfalls Strom in das öffentliche Leitungsnetz speiste. Der Reaktor „Merlin" wurde 1985 abgeschaltet, „Dido" folgte 2006.

Probleme bereitete der Rückbau des 1988 stillgelegten Kugelhaufenreaktors AVR. Bis heute sind nicht alle Schwierigkeiten und Gefahren endgültig beseitigt.

Die Forscher griffen neue Themenfelder auf. 1990 erfolgte deshalb die Umbenennung in „Forschungszentrum Jülich". Über 6 500 Menschen sind derzeit auf dem 1,6 Quadratkilometer großen Gelände beschäftigt.

Davon sind 2 500 Wissenschaftler. Die Gastwissenschaftler kommen aus 59 Ländern nach Jülich.

Die Mitarbeiter forschen in zehn ver-

The AVR pebble bed reactor and the two experimental reactors Merlin and Dido were the limits of what was technically feasible in the 1960s.

The nuclear technology, especially the AVR high-temperature reactor, later proved to be a problem right up to the present day and the reactors were dismantled (Merlin) or taken out of operation (Dido and AVR). Today, the research centre's spectrum ranges from supercomputing to AI to climate research.

Today's world-renowned Jülich Research Centre has its roots in the Jülich Nuclear Research Facility, which was launched by the state of NRW in 1956. In the early 1960s, the two research reactors „Merlin" and „Dido" went into operation. The facility was converted into a limited liability company (GmbH), with the Federal Republic holding 90% and the state of NRW ten percent.

In 1967, the AVR high-temperature reactor went into operation, which, in addition to research, also fed electricity into the public grid. The „Merlin" reactor was shut down in 1985, followed by „Dido" in 2006.

The dismantling of the pebble bed reactor AVR, which was shut down in 1988, caused problems. To this day, not all difficulties and dangers have been definitively eliminated.

The researchers took up new topics. In 1990, the name was therefore changed to „Research Centre Jülich". Over 6 500 people are currently employed on the 1.6 square kilometre site. Of these, 2 500 are scientists.

The guest scientists come to Jülich from 59 countries. The employees conduct research in ten different institutes. All are internationally recognised and networked.

schiedenen Instituten. Alle sind international anerkannt und vernetzt. So leistet das Forschungszentrum Beiträge zur Lösung großer gesellschaftlicher Herausforderungen in den Bereichen Information, Energie und Bioökonomie. Es konzentriert sich auf die Zukunft der Informationstechnologien und -verarbeitung, komplexe Vorgänge im menschlichen Gehirn, den Wandel des Energiesystems und eine nachhaltige Bioökonomie. Das Forschungszentrum entwickelt die Simulations- und Datenwissenschaften als Schlüsselmethode der Forschung weiter und nutzt große, oft einzigartige wissenschaftliche Infrastrukturen.

Das Jülich Supercomputing Centre stellt Wissenschaftlern am Forschungszentrum Jülich, an Universitäten und Forschungseinrichtungen in Deutschland und in Europa sowie der Industrie Rechenkapazität der höchsten Leistungsklasse zur Verfügung. Prominente Gäste im FZJ: Bundespräsident Johannes Rau beim Eintrag ins Goldene Buch der Stadt Jülich, Bundespräsident Roman Herzog mit Peter Grünberg, Bundeskanzler Helmut Kohl, Bundespräsident Richard von Weizsäcker, Bundespräsident Joachim Gauck und Bundespräsident Horst Köhler, hier ebenfalls mit Peter Grünberg. Im Schülerlabor steigen junge Forscher in die Zukunft ein.

In this way, the research centre contributes to solving major societal challenges in the fields of information, energy and bio-economy.

It focuses on the future of information technologies and processing, complex processes in the human brain, the transformation of the energy system and a sustainable bio-economy.

The research centre continues to develop simulation and data science as a key research method and uses large, often unique scientific infrastructures.

The Jülich Supercomputing Centre provides scientists at Forschungszentrum (Research Centre) Jülich, at universities and research institutions in Germany and Europe, as well as industry with computing capacity of the highest performance class. Prominent guests at the FZJ: Federal President Johannes Rau signing the Golden Book of the City of Jülich, Federal President Roman Herzog with Peter Grünberg, Federal Chancellor Helmut Kohl, Federal President Richard von Weizsäcker, Federal President Joachim Gauck and Federal President Horst Köhler, here also with Peter Grünberg. Young researchers enter the future in the school lab.

Das Forschungszentrum aus der Luft betrachtet. Beim Tag der Forschung haben besonders junge Besucher die Möglichkeit, verblüffende Experimente zu erleben.

SynLight ist die größte künstliche Sonne. Das Deutsche Zentrum für Luft und Raumfahrt lässt nur mit Hilfe des Lichts Metall schmelzen, wie Jülichs Bürgermeister Axel Fuchs stolz präsentiert.

The research centre seen from the air. During the Research Day, young visitors in particular have the opportunity to experience amazing experiments.

SynLight is the largest artificial sun. The German Aerospace Centre melts metal only with the help of light, as Jülich's mayor Axel Fuchs proudly presents.

Hier scheint die Sonne jetzt an 365 Tagen im Jahr, wenn es sein muss auch rund um die Uhr und mitten in der Nacht. Denn in Jülich ist die größte künstliche Sonne der Welt in Betrieb: „SynLight". Sie strahlt so kräftig, dass ein Mensch in der Versuchshalle nur wenige Sekunden überleben könnte. Mit der Kunst-Sonne kann man Temperaturen bis 3.000 Grad erzeugen.

Jülich hat sich damit zu einem Zentrum der Solarforschung entwickelt. Gearbeitet wird hier mit echtem und mit künstlichem Sonnenlicht. Zwei Großanlagen betreibt das DLR-Institut für Solarforschung: Deutschlands einzigen Solarturm und eben „SynLight", die weltweit größte Anlage zur Erzeugung von künstlichem Sonnenlicht.

Seit 2011 gibt es den Solarturm in Jülich als Testanlage für Turmkraftwerke und weitere Experimente mit Sonnenenergie. So wird damit Aluminium in einem spe-

The sun now shines here 365 days a year, even around the clock and in the middle of the night if necessary. This is due to the fact that the largest artificial sun in the world is in operation in Jülich: it radiates so powerfully that a person in the experimental hall could only survive a few seconds.

The artificial sun can generate temperatures of up to 3,000 degrees.

This way Jülich has become a centre of solar research. Work is carried out here with real and artificial sunlight. The DLR Institute for Solar Research operates two largescale facilities here: Germany's only solar tower and SynLight, the world's largest facility for generating artificial sunlight.

The solar tower in Jülich has been in operation since 2011 as a test facility for tower power plants and other experiments with solar energy. For example, it can be used to melt aluminium in a special furnace.

Wo die Sonne niemals untergeht
Where the sun will never go down

ziellen Ofen geschmolzen. Im Jahr 2020 wurde die Testanlage um einen zweiten Turm mit drei Versuchs-Ebenen erweitert, auf denen zeitgleich Experimente stattfinden können. Genau 2153 bewegliche Spiegel (Heliostate), jeder acht Quadratmeter groß, werfen ihr Licht auf die Versuchsanordnungen oben in den Türmen. Bis zu 1 000 Grad Hitze wird hier nur mit Hilfe der Sonne erzeugt.

Die künstliche Sonne mit dem Namen „SynLight" verbirgt sich im Gewerbegebiet Königskamp in einer unscheinbaren Betonhalle. Dieses Projekt ermöglicht Experimente unabhängig von Tageszeit und Wetterbedingungen. Spezielle Lampen sorgen für das „Sonnenlicht".

Dr. Kai Wieghardt vom DLR-Institut für Solarforschung und sein Team haben seit Mitte 2014 diese Forschungsanlage entwickelt und aufgebaut. Mit der Anlage werden unter anderem Produktionsverfahren für solare Treibstoffe, wie Wasserstoff, entwickelt.

In 2020, the test facility was expanded by a second tower with three experimental levels on which experiments can take place simultaneously. Exactly 2153 movable mirrors (heliostats), each eight square metres in size, cast their light onto the experimental setups at the top of the towers. Up to 1,000 degrees of heat can be generated here only with the help of the sun.

The artificial sun called „SynLight" is hidden in an inconspicuous concrete hall in the Königskamp industrial estate. This project enables experiments regardless of the time of day and weather conditions. Special lamps provide the „sunlight".

Dr. Kai Wieghardt from the DLR Institute of Solar Research and his team have been developing and building this research facility since mid-2014. Among other things, the facility is used to develop production processes for solar fuels such as hydrogen.

A total of 149 xenon shortarc lamps shine in the threestorey SynLight building.

2153 Spiegel leiten das Sonnenlicht gezielt auf eine Fläche von 20 mal 20 Zentimetern.

2153 mirrors direct the sunlight specifically onto a surface of 20 by 20 centimetres.

In dem dreistöckigen SynLight-Gebäude strahlen insgesamt 149 Xenon-Kurzbogenlampen. Zum Vergleich: in einem großen Kinosaal wird die Leinwand durch eine einzelne Xenon-Kurzbogenlampe bestrahlt. „Ihr Licht ist dem Sonnenspektrum besonders ähnlich", so Wieghardt. Die Wissenschaftler können die Strahler auf eine Fläche von 20 mal 20 Zentimetern fokussieren. Trifft die Strahlung dort auf, hat sie die bis zu 10 000-fache Intensität der Solarstrahlung auf der Erde. Im Fokus der Lampen entstehen Temperaturen bis zu 3 000 Grad Celsius. Diese Temperaturen nutzen die Forscher um Treibstoffe wie zum Beispiel Wasserstoff herzustellen.

For comparison: in a large cinema hall, the screen is illuminated by a single xenon shortarc lamp. „Their light is particularly similar to the solar spectrum," says Wieghardt.

The scientists can focus the emitters on an area of 20 by 20 centimetres. When the radiation hits this area, it has up to 10 000 times the intensity of solar radiation on Earth. Temperatures of up to 3,000 degrees Celsius are generated at the focus of the lamps. The researchers use these temperatures to produce fuels such as hydrogen.

LINNICH

Andreasmarkt und Bronk, Glasmalerei-Museum, Rurwehr und einen der größten privatwirtschaftlichen Arbeitgeber im Kreis Düren, aber auch so ungewohnte Begriffe wie Warnamt, Polizeischule oder NATO-Bunker – das verbinden viele Menschen mit Linnich. Der schöne Ort an der Rur ist übrigens die drittgrößte Stadt im Kreis Düren und wurde als Königsgut „Villa Linnica" 888 erstmals urkundlich erwähnt.

Die beiden absoluten Höhepunkte im Jahr sind die Linnicher Bronk, das weit über die Region hinaus bekannte Schützen- und Volksfest. Es wird seit 1895 in der heutigen Form und am traditionellen Termin, Samstag nach Pfingsten bis Fronleichnam, gefeiert. Veranstalter sind die „Vereinigten Schützengesellschaften Linnich". Beliebt sind die Königsparade, das Königsfeuerwerk und natürlich der Vogelschuss.

Ein echter Publikumsmagnet ist seit jeher der Andreasmarkt am ersten Montag nach dem Andreastag, meist der erste Montag im Dezember. Entstanden vor rund 450 Jahren, war der Markt ursprünglich ein Viehmarkt. Hier wurden Pferde, Rinder und landwirtschaftliche Produkte gehandelt.

Ein Stück Linnich hat wohl jeder schon in der Hand gehalten. Denn hier ist der weltweit zweitgrößte Hersteller von Getränke- und Lebensmittel-Verpackungen ansässig. Das Unternehmen SIG Combibloc ist einer der größten privaten Arbeitgeber im Kreis Düren.

Einen Besuch wert ist das Deutsche Glasmalerei-Museum. Es ist das einzige Museum für Flachglasmalerei. Die Dauerausstellung in der ehemaligen Getreidemühle gibt einen Überblick über die Geschichte der Glasmalerei von ihren Anfängen im Mittelalter bis hin zur Gegenwart. Sonderausstellungen schärfen den Blick für den Facettenreichtum der Glasmalerei. Die Sammlung Oidtmann bildet den Grundstock für das Museum: Die Firma Dr. Heinrich Oidtmann aus Linnich ist die älteste existierende Glasmalerei-Werkstatt Deutschlands.

Laut rauscht das Wasser das imposante Rurwehr hinunter. Otto Itze, von 1895 bis 1898 auch Rektor der Aachener Hochschule, entwarf das Rurdorfer Wehr als festen Staukörper quer zur Fließrichtung. Dadurch erhielt der links der Rur abgehende Mühlenteich eine gleichmäßige Menge Wasser und die Arbeit der Mühlen war gesichert. Heute ist dieser „Wasserfall" ein beliebtes Ausflugsziel.

Tausende Polizisten haben einen Teil ihrer Ausbildung in Linnich gemacht. Schon im 19. Jahrhundert gab es hier ein königliches Lehrerseminar.

Der Andreasmarkt (Bilder links) in Linnich ist der größte Markt seiner Art in der Region.

St. Agatha in Glimbach. Blick auf Linnich. Durchgang am Glasmalereimuseum, Kopfweiden in der Ruraue inmitten eines Rapsfeldes. Das Altenheim am Mühlenteich.

St. Andrew's Market (pictures on leftside) in Linnich is the largest market of its kind in the region. St. Agatha in Glimbach. View of Linnich. Passageway at the Museum of Stained Glass, pollarded willows in the Rura floodplain in the middle of a rapeseed field. The old people's home at the Mühlenteich.

Andreasmarkt and Bronk, stainedglass museum, Rurwehr and one of the largest privatesector employers in the district of Düren, but also such unfamiliar terms as warning office, police school or NATO bunker - many people associate these with Linnich. Incidentally, the beautiful town on the Rur is the third largest in the district of Düren and was first mentioned in a document as the royal estate „Villa Linnica" in 888.

The two absolute highlights of the year are the Linnicher Bronk, the shooting and folk festival known far beyond the region. It has been celebrated since 1895 in its present form and on the traditional date, the Saturday after Whitsun until Corpus Christi. The organisers are the „Vereinigte Schützengesellschaften Linnich". The King's Parade, the King's Fireworks and, of course, the Bird Shooting are very popular.

A real crowdpuller has always been the St. Andrew's Market on the first Monday after St. Andrew's Day, usually the first Monday in December. Originating around 450 years ago, the market was originally a cattle market. Horses, cattle and agricultural products were traded here.

Everyone has probably held a piece of Linnich in their hands. Because the world's second largest manufacturer of beverage and food packaging is located here. The SIG Combibloc company is one of the largest private employers in the Düren district.

The German Museum of Stained Glass is worth a visit. It is the only museum for flat glass painting. The permanent exhibition in

the former flour mill gives an overview of the history of stained glass from its beginnings in the Middle Ages to the present day.

Special exhibitions sharpen the eye for the multifaceted richness of glass painting. The Oidtmann collection forms the basis for the museum: the Dr Heinrich Oidtmann company from Linnich is the oldest existing glass painting workshop in Germany.

The water rushes loudly down the imposing Rur weir. Otto Itze, who was also rector of the Aachen University of Applied Sciences from 1895 to 1898, designed the Rurdorf weir as a fixed dam across the direction of flow. This provided the mill pond on the left of the Rur with a steady flow of water and ensured the work of the mills. Today, this „waterfall" is a popular destination for excursions.

Thousands of police officers have done part of their training in Linnich. Already in the 19th century, there was a royal teacher training seminar here. Since the 1950s, the riot police with their training groups and hundredman teams were based here.

This became the Linnich Police Training Institute. A good quarter of the core city consists of the area of today's police training centre, popularly known as the „police school".

Seit den 50er Jahren war hier die Bereitschaftspolizei mit ihren Lehrgruppen und Hundertschaften ansässig. Daraus wurde das Polizeiausbildungsinstitut Linnich. Gut ein Viertel der Kernstadt besteht aus dem Areal des heutigen Bildungszentrums der Polizei, im Volksmund „Polizeischule" genannt. Heute sind hier ein Trainingszentrum der Polizei und die zentrale Fahrzeugzulassungsstelle für die Polizeifahrzeuge des Landes NRW eingerichtet.

In Welz liegt noch das Gelände des „Warnamtes", das aber nicht mehr als solches genutzt wird. Warnämter waren bis in die 1990er Jahre mit der Warnung und Alarmierung der Bevölkerung vor Gefahren im Frieden und Verteidigungsfall betraut. Heftige Diskussionen und Demonstrationen gab es in den 70er und 80er Jahren rund um den NATO-Bunker in Glimbach. Zur Zeit des Kalten Krieges wurde der Bunker ab 1983 direkt am Südrand des Ortsteils Glimbach auf dem Moolberg als Befehlsstand angelegt und sollte im Kriegsfall ein NATO-Hauptquartier aufnehmen. Heute dient er als Krisen- und Ausweichstandort.

Verwunschener Garten hinter dem Glasmalereimuseum. Das Rurwehr bei Linnich bietet spektakuläre Blicke. In den Dörfern und der Ruraue scheint die Zeit still zu stehen.

Enchanted garden behind the glass museum. The Rur weir near Linnich offers spectacular views. In the villages and the Rur floodplain, time seems to stand still.

Today, it is a police training centre and the central vehicle registration office for the police vehicles of the state of North Rhine-Westphalia.

The site of the „warning office" is still located in Welz, but it is no longer used as such. Until the 1990s, warning offices were entrusted with warning and alerting the population of dangers in times of peace and in the event of defence. There were heated discussions and demonstrations around the NATO bunker in Glimbach in the 1970s and 1980s.

At the time of the Cold War, the bunker was built from 1983 directly on the southern edge of the district of Glimbach on the Moolberg as a command post and was intended to house a NATO headquarters in the event of war. Today it serves as a crisis and fallback location.

FREUNDE IN DEN USA

Es ist altes Land, auf dem die Freunde des Kreises Düren in den USA leben. Dorchester County in Maryland war einst Indianerland. 1668 wurde das County gebildet, Edward Sackville, der 4. Earl of Dorset, ein englischer Adliger, gab der Region den Namen.

Die Dürener Metallweberei GKD-Gebr. Kufferath AG hatte in Maryland, günstig in der Nähe von Washington und Philadelphia gelegen, ein Zweigwerk errichtet. Dadurch ergab sich ein engerer Kontakt zur Region Düren, der im Juni 2005 mit einer offiziellen Partnerschaft besiegelt wurde.

Die historische Vergangenheit von Dorchester County wird deutlich, betrachtet man die im nationalen Register verzeichneten Plätze und Orte, die an die alte Zeit erinnern. Immer wieder im Mittelpunkt steht dabei die einstige Sklavin Harriet Tubman.

It is old land on which the Friends of Düren County live in the USA. Dorchester County in Maryland was once Indian land. In 1668 the county was formed, Edward Sackville, the 4th Earl of Dorset, an English nobleman, gave the region its name.

The Düren metal weaving company GKD-Gebr. Kufferath AG had set up a branch plant in Maryland, conveniently located near Washington and Philadelphia. This resulted in closer contact with the Düren region, which was sealed with an official partnership in June 2005.

Dorchester County's historical past becomes clear when one looks at the places and sites listed in the National Register that recall the old days. Again and again, the focus is on the former slave Harriet Tubman.

Harriet Tubman was born in Dorchester County and lived there until she escaped slavery.

Seite zuvor: Das Choptank River Lighthouse.

Linke Seite: 1700 Meilen Küstenlinie, der Atlantik, die Chesapeake Bay und viele Sümpfe schaffen das besondere Flair in Dorchester County. Das Werk der Dürener Metallweberei GKD-Gebr. Kufferath AG in Dorchester County.

Diese Seite: Downtown in Cambridge erinnert an alte Tage. Allgegenwärtig, so wie hier als Wandmalerei von Michal Rosato, ist die einstige Sklavin Harriet Tubman. Krabben fehlen auf keiner Speisekarte.

Page before: The Choptank River Lighthouse.

Left page: 1,700 miles of coastline, the Atlantic Ocean, the Chesapeake Bay and many marshes create the special flair in Dorchester County. The factory of the Düren metal weaving company GKD-Gebr. Kufferath AG in Dorchester County.

This page: Downtown Cambridge is reminiscent of the old days. Omnipresent, as here as a mural by Michal Rosato, is the former slave Harriet Tubman. Crabs are a must on every menu.

Harriet Tubman wurde im Dorchester County geboren und lebte dort, bis sie der Sklaverei entkam. Trotzdem kehrte sie in die Gegend zurück und riskierte immer wieder ihr Leben, um Dutzende von Freunden und Familien aus der Sklaverei in die Freiheit zu führen.

Dominiert wird der an der Ostküste gelegene Landstrich vom Wasser des Atlantiks, das nicht nur einer vielfältigen Tierwelt Schutz und Lebensraum bietet, sondern ebenfalls für die rund 30 000 Bewohner einen großen Teil des täglichen Lebensmittelbedarfs deckt. Krabben und Fische erscheinen auf jeder Speisekarte. Mit 1 700 Meilen Küste – mehr als jede andere Grafschaft in Maryland – bietet Dorchester alles von der mächtigen Chesapeake Bay bis hin zu unzähligen mäandernden Wasserstraßen. Dramatische Ausblicke auf unberührte Landschaft und Sumpfland schaffen die perfekte Kulisse für unglaubliche Sonnenuntergänge und erholsame Tage.

Altes Land und viel Wasser: Dorchester County, Maryland, ist eine Reise wert.

Old land and lots of water: Dorchester County, Maryland, is worth a journey.

Nevertheless, she returned to the area and risked her life again and again to lead dozens of friends and families from slavery to freedom.

This stretch of land on the east coast is dominated by the waters of the Atlantic Ocean. Not only does it provide shelter and a habitat for a wide variety of wildlife, but it also provides a large part of the daily food requirements for the approximately 30,000 inhabitants. Shrimp and fish appear on every menu. With 1,700 miles of coastline - more than any other county in Maryland - Dorchester offers everything from the mighty Chesapeake Bay to countless meandering waterways. Dramatic vistas of pristine countryside and marshland create the perfect backdrop for incredible sunsets and relaxing days.

HEIMBACH

einste Stadt in NRW

Smallest town in NRW

Heimbach ist die kleinste Stadt in Nordrhein-Westfalen. 69 Einwohner pro Quadratkilometer teilen die 64,8 Quadratkilometer kleine Stadt unter sich auf. Die 4367 Einwohner leben neben der Kernstadt Heimbach in den Stadtteilen Blens, Düttling, Hasenfeld, Hausen, Hergarten und Vlatten. Burg Hengebach mit der Kunstakademie, die Staumauer Schwammenauel mit dem Rursee sowie die Abtei Mariawald sind touristische Anlaufpunkte.

Heimbach is the smallest town in North Rhine-Westphalia. 69 inhabitants per square kilometre divide the 64.8 square kilometre small town among themselves. In addition to the core town of Heimbach, the 4367 inhabitants live in the districts of Blens, Düttling, Hasenfeld, Hausen, Hergarten and Vlatten. Hengebach Castle with its art academy, the Schwammenauel dam with the Rursee lake and Mariawald Abbey are tourist attractions.

Die Neuordnung des Kreises Düren ist in den Köpfen der Heimbacher negativ besetzt. Damals, vor 50 Jahren, verloren die Heimbacher durch das „Aachen Gesetz" ihre Selbstständigkeit und gehörten fortan zum nördlichen Nachbarn, der Stadt Nideggen.

Allerdings nicht lange. Die Heimbacher wehrten sich und klagten vor dem Verwaltungsgericht. Sie bekamen Recht. Schon wenige Monate später wurde die kleine Stadt, die schon im 7. Jahrhundert erstmals urkundlich Erwähnung findet, die 15. Kommune im neuen Kreis Düren.

Und schon zwei Jahre später wurde Heimbach zum Luftkurort ernannt. Damit wurden wichtige Weichen für die Zukunft gestellt. Denn heute ist es der Tourismus, der für Heimbach das wirtschaftliche Rückgrat bildet, da im engen Rurtal kaum anderweitig Industrie oder Gewerbe Raum findet.

Der Luftkurort wurde Nationalparkstadt und als Wallfahrtsort ist Heimbach ein beliebtes Ziel für Tagestouristen und Urlauber. Der im Schatten der Schwammenaueler Staumauer gelegene Ferienpark „Eifeler Tor" hat diesem Wirtschaftsfaktor in den letzten Jahren einen enormen Schub verliehen.

Die Rurtalsperre Schwammenauel ist mit einem Fassungsvermögen von 205 Millionen Kubikmetern die zweitgrößte Talsperre Deutschlands und bietet ideale Wassersportbedingungen. Viele Beherbergungsbetriebe und Gastronomie bieten den Gästen die nötigen Rahmenbedingungen für ihren Urlaub.

Heimbach selbst schafft mit Burg Hengebach, dem Nationalpark-Tor im Bahnhof, wo die Ausstellung „Waldgeheimnisse" zu sehen ist, den Wallfahrtskirchen „St. Clemens" und „Christus Salvator" wechselnden Kunstausstellungen, dem Naturerlebniszentrum im Haus des Gastes, der Trappisten-Abtei Mariawald, dem Jugendstil-Wasserkraftwerk mit einer historischen, technischen Ausstellung sowie dem Wasser-Info-Zentrum Eifel viele Punkte für Abwechslung

The reorganisation of the district of Düren has negative connotations in the minds of the people of Heimbach. At that time, 50 years ago, the people of Heimbach lost their independence through the „Aachen Law" and henceforth belonged to the northern neighbour, the town of Nideggen.

However, not for long. The Heimbachers fought back and took legal action before the administrative court. They were proven right. Only a few months later, the small town, which was first mentioned in documents in the 7th century, became the 15th municipality in the new district of Düren.

And just two years later Heimbach was declared a climatic health resort, thus setting an important course for the future. Today it is tourism that forms the economic backbone of Heimbach, as there is hardly any other space for industry or trade in the narrow Rur valley.

The climatic health resort became a national park town and as a place of pilgrimage.

Heimbach is a popular destination for day tourists and holidaymakers. The „Eifeler Tor" holiday park, located in the shadow of the Schwammenauel dam, has given this economic factor an enormous boost in recent years.

With a capacity of 205 million cubic metres, the Rurtal dam Schwammenauel is the second largest dam in Germany and offers ideal water sports conditions.

Many accommodation facilities and gastronomy offer guests the necessary conditions for their holiday. Heimbach itself creates many points of variety with Hengebach Castle, the National Park Gate in the railway station where the exhibition „Forest Secrets" can be seen, the pilgrimage churches „St.Clemens" and „Christus Salvator", changing art exhibitions, the Nature Experience Centre in the Haus des Gastes, the Mariawald Trappist Abbey, the Art Nouveau hydroelectric power station with a historical, technical exhibition and the Eifel Water Info Centre.

Die Adler sind jeweils der Höhepunkt der Flugschau der Falkner. Unweit der Abtei Mariawald ruhen gefallene Soldaten. St. Nikolaus in Hausen stammt aus dem 15. Jahrhundert. Düttling ist die südlichste Ortschaft im Kreis, eine kleine Kapelle lädt zum Verweilen ein, während die Köhler Holzkohle erzeugen. Die Kirche St. Clemens überragt Heimbach. Direkt angebaut an die alte Pfarrkirche ist die neue Kirche St. Salvator. Beschaulich geht es in Blens zu. Das Jugendstil-Kraftwerk Heimbach spiegelt sich im gestauten Wasser der Rur.

The eagles are always the highlight of the falconers' flight show. Fallen soldiers rest not far from Mariawald Abbey. St. Nikolaus in Hausen dates from the 15th century. Düttling is the southernmost village in the district. A small chapel invites visitors to linger while the charcoal burners produce charcoal. The church of St. Clemens towers over Heimbach. The new church of St. Salvator is directly attached to the old parish church. Blens is a tranquil place. The art nouveau power station is reflected in the dammed waters of the Rur.

Vorherige Seite: Stolz thront Burg Hengebach über der Stadt. Die Heilig-Kreuz-Kirche in Wollersheim und Burg Vlatten. Ein kleiner Musiker am Rurufer in Heimbach. Walbig liegt zwischen Wollersheim und Heimbach, St. Dionysius im Sonnenschein.

Previous page: Hengebach Castle towers proudly over the town. The Holy Cross Church in Wollersheim and Vlatten Castle. A small musician on the banks of the Rur in Heimbach. Walbig lies between Wollersheim and Heimbach, St. Dionysius in the sunshine.

Die Trappisten-Abtei Mariawald geht auf das 15. Jahrhundert zurück. Damals hatte der Heimbacher Strohdachdecker Heinrich Fluitter eine Pietà in einem hohlen Baumstamm im Wald zur Verehrung aufgestellt. Ein Ort, der sich rasch zur Pilgerstätte entwickelte. Der Zisterzienserorden begann 1480 mit dem Bau des Klosters. Über die Jahrhunderte erlebte Mariawald viele schwere Zeiten, vom Dreißigjährigen Krieg über die Französische Revolution bis hin zum Zweiten Weltkrieg. Nachwuchsmangel führte 2018 zur Schließung. Die Mönche hatten ein Durchschnittsalter von 84 Jahren. Die „Kloster Mariawald GmbH & Co. KG" hat das Anwesen übernommen und führt die Gastronomie, die Buchhandlung und die Likörproduktion weiter. In den Klostergebäuden soll ein Gästehaus aufgebaut werden.

The Trappist abbey of Mariawald dates back to the 15th century. At that time, the Heimbach thatch roofer Heinrich Fluitter had placed a Pietà in a hollow tree trunk in the forest for veneration. A place that quickly developed into a place of pilgrimage. The Cistercian Order began building the monastery in 1480.

Over the centuries, Mariawald experienced many difficult times, from the Thirty Years' War to the French Revolution and the Second World War.

A lack of new recruits, the remaining monks had an average age of 84, led to the closure in 2018. The „Kloster Mariawald GmbH & Co. KG" took over the property and continues to run the gastronomy, the bookshop and the liqueur production. A guest house is to be built in the monastery buildings.

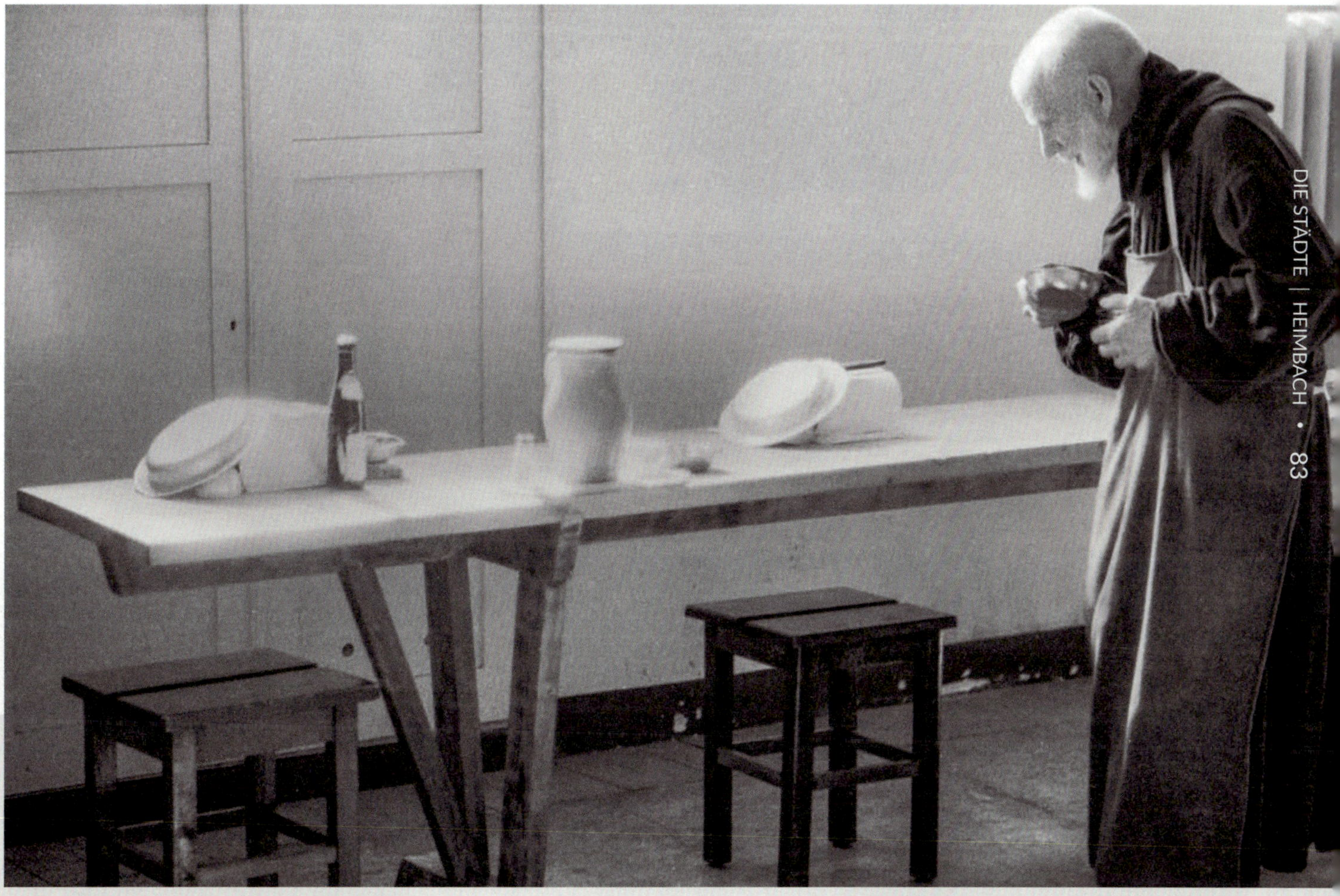

Abtei Mariawald. Einst ging es im Kloster recht spartanisch zu. Legendär: Die Erbsensuppe. Viele Besucher erbitten Hilfe und zünden eine Kerze an.

Mariawald Abbey. Things were once quite spartan in the monastery. Legendary: the pea soup. Many visitors ask for help and light a candle.

TOURISMUS

Der Nationalpark Eifel hat die Anerkennung als Inter-
nationaler Sternenpark erhalten. Sterne und Sternbilder
intensiv zu erleben, ist vielerorts kaum noch möglich. Eine
Ausnahme im dicht besiedelten Nordrhein-Westfalen bildet
der Nationalpark Eifel im Süden des Kreis Düren. Hier im Bild:
Ein nächtlicher Blick über den Rursee bei Schmidt.

*The Eifel National Park has been recognised as an In-
ternational Star Park. Experiencing stars and constellations
intensively is hardly possible in many places any more. One
exception in densely populated North Rhine-Westphalia is the
Eifel National Park in the south of the district of Düren. Here
in the picture, a nocturnal view over the Rursee near Schmidt.*

Es gibt Berge, Seen, Flüsse, Wälder, Museen, Sehenswürdigkeiten, Tagebaue und vieles, vieles mehr. Die Menschen im Kreis Düren kennen das, für sie ist das alltäglich. Menschen von außerhalb finden das offensichtlich sehr interessant, denn immer mehr Touristen und Besucher kommen in den Kreis Düren. Um sich genau dies und noch viel mehr anzuschauen.

Ob die Stauseen und Wälder in der Eifel, der Indemann, der Brückenkopf-Park, die Zitadelle, Burgen und Schlösser, tolle Radwege und -Routen oder die Flüsse Rur, Kall und Inde, all das lockt Besucher aus nah und fern an.

Dieser Trend ist seit Jahren ungebrochen: Immer mehr Menschen reisen in den Kreis Düren und übernachten hier. Experten sind sich einig, dass Urlaub in Deutschland in Zukunft noch mehr boomen wird und davon profitiert ganz sicher der Kreis Düren.

„Man kann bequem drei Wochen Urlaub im Kreis Düren machen – und jeden Tag etwas Neues entdecken", sagte Landrat Wolfgang Spelthahn, nach einer Radtour auf dem neuen RurUfer-Radweg. „Allein auf dieser Strecke gewinnt man viele fantastische Eindrücke."
Um das Bild vom Anfang dieses Buches aufzugreifen, schauen Sie aus der Luft auf die

There are mountains, lakes, rivers, forests, museums, sights, open-cast mines and much, much more. The people in the district of Düren know this, for them it is everyday life. People from outside obviously find it very interesting, because more and more tourists and visitors come to the district of Düren, to see exactly this and a lot more.

Whether the reservoirs and forests in the Eifel, the Indemann, the Bridgehead Park, castles and palaces, great cycle paths and routes or the rivers Rur and Inde, all this attracts visitors from near and far. This trend has actually been unbroken for years:

More and more people are travelling to the district of Düren and staying overnight here. Experts agree that holidays in Germany will boom even more in the future and the district of Düren will certainly benefit from this trend.

„You can comfortably spend three weeks on holiday in the Düren district - and discover something new every day," said District Administrator Wolfgang Spelthahn, after a bike tour on the "Rurufer" cycle path.
„You can gain lots of great impressions on this route alone."

touristisch spannenden Aspekte des Kreises Düren: Aus der Vogelperspektive betrachtet, prägen die weiten Ebenen der Jülich-Zülpicher Börde und das wald- und wasserreiche Mittelgebirge der Nordeifel den rund 940 Quadratkilometer großen Kreis, im Süden der Nationalpark Eifel, übrigens das einzige Schutzgebiet der höchsten Güteklasse in NRW. Hier gibt es Natur pur, geeignet zum Wandern und ambitionierten Radfahren. Aber auch die Tier- und Pflanzenwelt der Eifel lockt viele Menschen an.

Der Rursee ist nicht nur bei Wassersportlern ausgesprochen beliebt, er gehört zu den größten Stauseen Deutschlands. Nicht zuletzt wegen dieser „Highlights" ist Heimbach der Besuchermagnet für Touristen. Hier gibt es – nicht zuletzt auch wegen des beliebten Feriendorfes an der Schwammenaueler Staumauer – die meisten Übernachtungsgäste im Kreis Düren.

Die Rur, die zum Rursee aufgestaut wird, entspringt im Hohen Venn in Belgien und legt bis zu ihrer Mündung in die Maas rund 65 Kilometer im Kreis Düren zurück. Sie kann fast komplett mit dem Fahrrad „erfahren" werden.

Sehenswert ist sicher die Drover Heide, ein Paradies für den Menschen und viele Tier- und Pflanzenarten. In der Gemeinde Hürtgenwald gibt es zudem mit dem Todtenbruch ein Moor, das durch einen sehenswerten Bodenlehrpfad erschlossen ist.

Die Ranger des Nationalparks kennen die interessantesten Routen. Abseits der Wege gibt es vieles zu entdecken. Wassersport, auf dem Boot oder direkt in den Fluten schafft Entspannung. Selbst im Winter gibt es am Rursee großartige Blicke. Der Ferienpark Landal, gleich an der Staumauer Schwammenauel hat die Übernachtungszahlen im Kreis in die Höhe schnellen lassen. Immer gerne genutzt: Ein Ausflug mit der Rurseeschifffahrt.

The rangers of the National Park know the most interesting routes. There is much to discover off the beaten track. Water sports, on a boat or directly in the floods create relaxation. Even in winter there are great views at the Rursee. The Landal holiday park, right by the Schwammenauel dam, has caused the number of overnight stays in the district to skyrocket. Always popular: An excursion on the Rursee boat.

To take up the image from the beginning of this book, you look from the air at the touristically exciting aspects of the district of Düren:

Seen from a bird's eye view, the wide plains of the Jülich-Zülpicher Börde and the wooded and waterrich low mountain range of the Northern Eifel characterise the district, which covers around 940 square kilometres.

In the south is the Eifel National Park, incidentally the only protected area of the highest quality in NRW. Here, pure nature, popular for hiking and ambitious cycling, but also the flora and fauna of the Eifel attract many people.

The Rursee is not only extremely popular with water sports enthusiasts, it is also one of the water largest reservoirs in Germany. Not least because of these „highlights", Heimbach is the visitor magnet for tourists. Here there are - not least because of the popular holiday village at the Schwammenauel dam wall – most overnight guests in the district of Düren.

The Rur, which is dammed up to form the Rursee, rises in the High Fens in Belgium and covers around 80 kilometres in the district of Düren until it flows into the Meuse, and can be „experienced" almost entirely by bicycle.

The Drover Heathland is certainly worth seeing as a paradise for humans and many animal and plant species. And in the municipality of Hürtgenwald there is a moor, the Todtenbruch, which is accessible via an educational soil trail worth seeing.

Die beiden aktiven Tagebaue Hambach und Inden prägen den Kreis Düren ebenfalls touristisch. Die rekultivierte Abraumhalde Sophienhöhe – der größte von Menschenhand geschaffene Berg – lockt Wanderer und Radler an.

Auf dem Gipfel der Goltsteinkuppe verschafft die stählerne Aussichtsfigur Indemann seinen Besuchern einen Überblick über die Tagebaulandschaft im Wandel.

Zusätzlich wartet der Kreis Düren wohl als einzige Region weltweit mit einer Besonderheit auf, die ebenfalls für Touristen interessant ist: Hier lässt sich live erleben, wie im Jugendstil-Kraftwerk Heimbach Strom vor 100 Jahren erzeugt wurde und wie das künftig mit Sonnenlicht und Wasserstoff geschehen wird.

Im Kreis Düren sind zusätzlich alle anderen Formen der Stromgewinnung

The two active open-cast mines Hambach and Inden also characterise the district of Düren in terms of tourism.

The recultivated Sophienhöhe spoil heap - the largest manmade mountain - attracts hikers and cyclists.

On the summit of the Goltsteinkuppe, the steel lookout figure Indemann provides visitors with an impressing overview of the changing open-cast mining landscape.

In addition, the district of Düren is probably the only region in the world with a special feature that is also interesting for tourists:

Here you can experience live how electricity was generated 100 years ago in the Heimbach art nouveau power plant and how this will be done in the future with sunlight and hydrogen.

In the district of Düren, all other forms of

Im Infozentrum des Nationalparks kann man Natur begreifen. Wenn der Ginster blüht, wird die Landschaft golden. Und ebenfalls im Winter hat die Region Potenzial für den Fremdenverkehr.

In the information centre of the national park you can understand nature.

When the broom blossoms, the landscape becomes golden. And also in winter, the region has potential for tourism.

vereint: Aus der Gewinnung und Verbrennung der Kohle, über Windkraft, die Photovoltaiktechnik und sogar durch die Nutzung der Kernkraft.

Zahlreiche historische Bauten – wie zum Beispiel die mittelalterlichen Burgen in Heimbach und Nideggen oder die Zitadelle sowie der napoleonische Brückenkopf in Jülich – sind Zeugen der bewegten Geschichte der Region. Der Brückenkopf-Park in Jülich ist ein Besucher-Magnet, dank des neuen Gästehauses gibt es hier zahlreiche touristische Übernachtungen.

Tourismus ist auch ein nicht zu unterschätzender Wirtschaftsfaktor für den Kreis Düren: Tagestouristen geben im Schnitt rund 23 Euro hier aus, Camper fast 27 Euro, und wer in einem größeren Beherbergungsbetrieb (mit mehr als zehn Betten) übernachtet, gibt durchschnittlich 95 Euro am Tag im Kreis Düren aus. Allein bei den letztgenannten Gästen macht das eine Summe von knapp 55 Millionen Euro pro Jahr, die im Kreis Düren bleibt.

electricity generation can also be combined: from the extraction and combustion of coal, via wind power and photovoltaic technology, and even through the use of nuclear power.

Numerous historical buildings such as the medieval castles in Heimbach and Nideggen or the citadel as well as the Napoleonic bridgehead in Jülich are witnesses to the region's eventful history. The Bridgehead Park in Jülich is a visitor magnet, and thanks to the new guesthouse there are numerous tourist overnight stays here.

Tourism is also an economic factor for the district of Düren that should not be underestimated: day trippers spend an average of around 23 euro here, campers almost 27 euro and those who stay overnight in a larger accommodation facility (with more than ten beds) spend an average of 95 euro a day in the district of Düren.

With the latter guests alone, this makes a sum of almost 55 million euros per year that stays in the district of Düren.

RURUFERRADWEG

Drei Länder – ein Fluss: Zwölf Stunden benötigt man, um den RurUfer-Radweg in seiner kompletten Länge von 170,9 Kilometern rurabwärts zu beradeln. Dabei liegt der Start im Hohen Venn. Entlang des Rursees taucht man bei dieser Tour in den Kreis Düren ein. Kurz hinter Heimbach, wenn man für wenige Meter Nideggen und Hürtgenwald streift, wo die Kall in die Rur mündet, öffnet sich mit dem Erreichen des Stausees Obermaubach im Bereich von Kreuzau das Rurtal und geht gemächlich in die Ebene über.

Unterwegs bieten sich Höhepunkte, Abstecher und Schleifen rechts und links der Flussauen an. Burgen und Museen, die Tagebaue oder der Indemann locken zum Besuch oder einfach nur zum Verweilen.

Die Strecke mit mittlerem Schwierigkeitsgrad ist insgesamt bestens ausgebaut. Über die gesamte Länge gibt es knapp 500 Meter Aufstiege und rund 1200 Meter Abstiege.

Hinter Linnich verlässt der RurUfer-Radweg den Kreis Düren und führt über den Nachbarkreis Heinsberg in die Niederlande, wo in Roermond die Rur in die Maas mündet.

Three countries - one river: It takes twelve hours to cycle the entire 170.9 kilometres of the Rurufer cycle path down the river. The start is in the High Fens. Along the Rursee, you enter the district of Düren.

Shortly after Heimbach, when you briefly touch Nideggen and Hürtgenwald, where the Kall flows into the Rur, the Rur valley opens up when you reach the Obermaubach reservoir in the Kreuzau area, and it leisurely merges into the plain.

Along the route there are countless detours and loops to the right and left of the river meadows. Castles and museums, the open-cast mines or the Indemann are tempting places to visit or simply to linger.

The entire route is very well developed. The difficulty level is classified as medium. Over the entire route, there are just some 500 metres of ascents and around 1200 metres of descents.

Behind Linnich, the Rurufer cycle path leaves the district of Düren and leads via the neighbouring district of Heinsberg into the Netherlands, where the Rur flows into the Maas in Roermond.

Über 170 Kilometer führt der RurUfer Radweg von der Quelle im Hohen Venn bis zur Maas in Roermond und durchkreuzt dabei den Kreis Düren. Unterwegs bieten sich viele Höhepunkte zum Verweilen.

The RurUfer cycle path leads over 170 kilometres from the source in the High Fens to the Meuse in Roermond and crosses the district of Düren. On the way, there are many highlights to linger over.

NIDEGGEN

Besucht man Nideggen, taucht man zwangsläufig in die Vergangenheit ein. Keine andere Kommune im Kreis Düren lebt so eng mit Geschichte zusammen. Dabei ist es nicht nur die trutzige Burg, die seit über 800 Jahren uneinnehmbar über dem Rurtal thront, die Geschichte vermittelt. Die Stadt mit ihren Ortsteilen Abenden, Berg-Thuir, Brück, Embken, Muldenau, Rath, Schmidt und Wollersheim listet in der Denkmalliste insgesamt 131 Objekte auf, die von historischer Bedeutung sind.

Keine Frage, die Kernstadt ist bei einem Besuch des Eifelortes der Höhepunkt. Bevor man die stolze Burg erreicht, wandert man zunächst entlang der weitläufig erhaltenen Stadtmauer und durchschreitet eines der stattlichen Stadttore, um dann in das vom Mittelalter geprägte Zentrum zu gelangen. Bergan führt der Weg vom Marktplatz in Richtung der Burg, vorbei an der romanischen Pfarrkirche mit einem der ältesten erhaltenen Freskogemälde Deutschlands.

In und auf der Festung haben die Besucher die Möglichkeit außer dem großzügigen Rundblick vom Damenerker ins Rurtal zwei Besonderheiten zu erleben. Im Bergfried wartet das Burgenmuseum mit allerlei Informationen zur Zeit der Ritter und dem Leben auf einer mittelalterlichen Burg auf, und gleich nebenan warten Herbert Brockel und Tobias Schlimbach mit der einzigen Sterneküche des Kreises Düren auf Gourmets.

Der Palas der Burg ist zudem jährlich Schauplatz des Musikfestivals „Bühne unter Sternen", wenn sich die Crème de la Crème der deutschen Musikszene hier ein Stelldichein gibt.

When you visit Nideggen, you are inevitably immersed in the past. No other municipality in the Düren district lives so closely with its history. It is not only the defiant castle, which has towered impregnably over the Rur valley for over 800 years that conveys history. The town with its districts of Abenden, Berg-Thuir, Brück, Embken, Muldenau, Rath, Schmidt and Wollersheim lists a total of 131 objects of historical significance in the list of monuments.

There is no question that the town centre is the highlight of a visit to this Eifel town. Before you reach the proud castle, you first walk along the extensively preserved town wall and pass through one of the stately town gates before entering the centre, which is characterised by the Middle Ages.

The path leads uphill from the market square towards the castle, past the Romanesque parish church with one of the oldest surviving fresco paintings in Germany.

In and on the fortress, visitors have the opportunity to experience two special features in addition to the generous panoramic view from the ladies' dungeon into the Rur valley.

In the keep, the castle museum offers all kinds of information about the time of the knights and life in a medieval castle, and right next door, Herbert Brockel and Tobias Schlimbach await gourmets with the only star cuisine in the Düren district.

The castle's Palas is also the venue for the annual „Bühne unter Sternen" music festival, when the crème de la crème of the German music scene meet here.

Ebenso beliebt sind die Events des lokalen Handels. So nutzt man die historische Kulisse der Stadt zwischen den Toren, um mit Märkten den Besuchern Abwechslung zu bieten.

Diese findet man gleichfalls in den einzelnen Ortschaften der alten Stadt. Durch das enge Rurtal führt der Weg zu den beiden südlichen Stadtteilen. Pittoresk an der Rur gelegen ist Abenden. Ebenfalls durch das Rurtal, allerdings auf der anderen Seite des Berges mit der Burg, gelangt man über Brück, wo die Rutalbahn das Stadtgebiet

And the events of the local trade are just as popular. The historical backdrop of the city between the gates is used to offer visitors a variety with markets.

Variety can also be found in the districts of the old town. The path leads through the narrow Rur valley to the two southern districts. Abenden is picturesquely situated on the banks of the Rur.

Also through the Rurtal, but on the other side of the mountain with the castle, you reach Schmidt via Brück, where the Rutalbahn rail-

Das Musikfestival „Bühne unter Sternen" lockt tausende Besucher auf die über 800 Jahre alte Burg. Der Weg dahin führt über den Markt in Nideggen.

The „Stage under the Stars" music festival attracts thousands of visitors to the over 800-year-old castle. The way there leads via the market in Nideggen.

kreuzt und ein Campingplatz Ferienzeit ermöglicht, nach Schmidt. Dort tangiert Nideggen den Rursee und bietet im Sommer einen großzügigen Badestrand.

In Schmidt ist auch der Wildpark mit Rotwild, Damwild, Schwarzwild, Mufflons und Lamas einen Besuch wert.

Berg, Thum, Thuir, Muldenau und Embken sind landwirtschaftlich geprägt, der Stadtteil Rath ist für Wanderer ein beliebter Ausgangpunkt für Touren, die an gigantischen Felsformationen vorbeiführen und Ausblicke in die nahe Umgebung gewähren. Wollersheim ist Standort der letzten großen Brauerei im Kreis Düren.

way crosses the town area and a camping site makes holiday time possible.

There, Nideggen borders the Rursee and offers a spacious bathing beach in summer.

In Schmidt, the game park with red deer, fallow deer, wild boar, moufflons and llamas is also worth a visit.

Berg, Thum, Thuir, Muldenau and Embken are agricultural areas, the district of Rath is a popular starting point for hikers for tours past gigantic rock formations and views in the nearby surroundings. Wollersheim is the location of the last large brewery in the district of Düren.

Wenn der Raps blüht, schmücken knallgelbe Felder das einstige „Golddorf" Muldenau. Die historischen Stadttore bewachen Nideggen noch heute. Die Burg beim winterlichen Sonnenaufgang. Die Kirche Muldenau und ein Frühlingsblick im Kurpark.

When the rape blossoms, bright yellow fields adorn the former „gold village" of Muldenau. The historic town gates still guard Nideggen today. The castle at winter sunrise. The church of Muldenau and a spring view in the spa gardens.

Vom Klemensstock, dem höchsten Aussichtspunkt von Nideggen, hat man einen herrlichen Rundumblick. Die beiden Linden sind Stellvertreterinnen einer jahrtausendealten Linde, die hier einmal gestanden haben soll und zu der es viele Legenden gibt. Der Ort bekommt seinen besonderen Reiz, wenn die Milchstraße in einer klaren Nacht die Region überstrahlt. Unser Blick geht in Richtung Bergstein und Schmidt.

From the Klemensstock, the highest vantage point in Nideggen, you have a wonderful panoramic view. The two lime trees are representatives of a millennia-old lime tree that is said to have once stood here and about which there are many legends. The place gets its special charm when the Milky Way crosses the region on a clear night. Our view goes in the direction of Bergstein and Schmidt.

Mit 400 Metern unter Grund ist der Tagebau Hambach das tiefste Loch der Welt.
Die Sophienhöhe, der „Tafelberg" der Jülicher Börde, ragt 290 Meter über Normalnull in die Höhe.

At 400 metres below ground, the Hambach open-cast mine is the deepest hole in the world.
The Sophienhöhe, the „table mountain" of the Jülich Börde, rises 290 metres above sea level.

Verteilt auf fünf Städte und zehn Gemeinden leben hier 271 110 Menschen. Davon ist jede fünfte Person 65 Jahre oder älter.

Spread over five cities and ten municipalities, 271 110 people live here. Of these, every fifth person is 65 or older.

Die 15 zum Kreis gehörenden Städte und Gemeinden bestehen aus 181 Orts- und Stadtteilen. Vor 1972 waren alle selbstständig mit eigenen Räten und Bürgermeistern.

The 15 towns and municipalities belonging to the district consist of 181 local and urban districts. Before 1972, they were all independent with their own councils and mayors.

10126 Hektar werden im Kreis im Durchschnitt zur Zucht von Zuckerrüben genutzt. Bei rund 100 000 Rüben pro Hektar werden an der Rur jährlich über eine Milliarde Zuckerrüben zur Verarbeitung gebracht.

On average, 10,126 hectares are used to grow sugar beet in the district. With around 100,000 beetroots per hectare, more than one billion sugar beets are brought to the Rur for processing every year.

Das Netz der Kreis-, Land-, Bundesstraßen und der den Kreis durchschneidenden Autobahnen ist mit 733 Kilometern fast genau so lang wie die Autobahn A1, die von Heiligenhafen an der Ostsee über Lübeck, Hamburg, Bremen, Münster, Dortmund, Köln und Trier nach Saarbrücken führt.

In die Fläche des Kreises von 941,4 Quadratkilometern passen knapp 132 000 Fußballfelder, sie bedeckt etwas mehr als ein Drittel der Fläche des Saarlandes.

The district's area of 941.4 square kilometres fits just a bit less than 132,000 football pitches and covers slightly more than a third of the area of Saarland.

Between the northernmost point near Jackerath and the southernmost point near Düttling there are about 50 kilometres as the crow flies.

Zwischen dem nördlichsten Punkt bei Jackerath und dem südlichsten Punkt bei Düttling liegen rund 50 Kilometer Luftlinie.

At 733 kilometres, the network of district, rural and federal roads and the motorways cutting through the district is almost as long as the A1 motorway, which runs from Heiligenhafen on the Baltic Sea via Lübeck, Hamburg, Bremen, Münster, Dortmund, Cologne and Trier to Saarbrücken.

Gemessen an der Einwohnerzahl von 4 394 ist Heimbach nicht nur die kleinste Stadt im Kreis Düren, sondern in ganz Nordrhein-Westfalen.

Measured by its population of 4,394, Heimbach is not only the smallest town in the district of Düren, but in the whole of North Rhine-Westphalia.

Düren ist die Stadt und Kreuzau die Gemeinde mit den meisten Einwohnern pro Quadratkilometer.

Düren is the city and Kreuzau the municipality with the most inhabitants per square kilometre.

Metsä Tissue in Untermaubach produziert auf vier Papiermaschinen Toilettenpapier. Täglich werden dort die gewaltigen „Mutterrollen" zu handlichen Toilettenpapierrollen konfektioniert. In 24 Stunden rund 990 000 Rollen.

Metsä Tissue in Untermaubach produces toilet paper on four paper machines. Every day, the huge „mother rolls" are converted into handy toilet paper rolls. Around 990,000 rolls are produced in 24 hours.

Das Forschungszentrum Jülich erstreckt sich auf einer Fläche von 1,7 Quadratkilometern. In 232 Gebäuden stehen den Wissenschaftlern 12640 Räume zur Verfügung. Das Forschungszentrum ist mit rund 6 500 Mitarbeitern der größte Arbeitgeber im Kreis Düren.

Forschungszentrum Jülich covers an area of 1.7 square kilometres. Scientists have 12,640 rooms at their disposal in 232 buildings. With around 6,500 employees, the research centre is the largest employer in the Düren district.

GEWUSST?

Die Sparkasse Düren hat ein Bilanzvolumen von rund 4,7 Milliarden Euro. Würde man diese Summe in einzelnen Euromünzen übereinander stapeln, ergäbe das einen Münzstapel mit einer Höhe von 11000 Metern. Rund 2200 Meter mehr als der Mount Everest hoch ist...

Sparkasse Düren has a balance sheet volume of over 4,7 billion euro. If you were to stack this sum on top of each other in individual euro coins, the result would be a stack of coins 11000 metres high. Around 2200 metres more than the height of Mount Everest...

Der Jülicher Höchstleistungsrechner JUQUEEN ist der erste Supercomputer Europas mit einer maximalen Rechenleistung von 5,9 Petaflops – das entspricht fast 6 Billionen Rechenoperationen pro Sekunde. Mit 458 752 Rechenkernen in 28 Racks erreicht das System eine Rechenleistung von 5,9 Petaflops, was ungefähr der Leistung von 100 000 modernen PCs entspricht.

The Jülich supercomputer JUQUEEN is the first supercomputer in Europe with a maximum computing power of 5.9 petaflops - equivalent to almost 6 quadrillion computing operations per second. With 458,752 computing cores in 28 racks, the system achieves a computing power of 5.9 petaflops, which is roughly equivalent to the performance of 100,000 modern PCs.

The largest solar park in NRW is located in Inden. 16,236 solar modules produce around 3,500,000 kilowatt hours of electricity per year, enough to supply about 1,000 households.

Der größte Solarpark in NRW steht in Inden. 16 236 Solarmodule produzieren rund 3 500 000 Kilowattstunden Strom pro Jahr, damit lassen sich etwa 1000 Haushalte versorgen.

Jülich ist größer als Düren. Zumindest was die Fläche angeht. Die Herzogstadt bringt 90,39 km² in den Kreis ein, die Papierstadt lediglich 85,02 km².

Jülich is larger than Düren. At least in terms of surface area. The ducal city contributes 90.39 km² to the district, the paper city only 85.02 km².

Seit 1972 hat der Bundespräsident 934 Bürger im Kreis Düren mit dem Verdienstorden ausgezeichnet.

Since 1972, the Federal President has awarded the Order of Merit to 934 citizens in the Düren district.

Wissenschaftler des Forschungszentrums Jülich haben ein hochgradig effizientes Brennstoffzellen-System in Betrieb genommen, das einen Wirkungsgrad von über 60 Prozent im Wasserstoffbetrieb erzielt. Die Anlage weist eine weitere Besonderheit auf: Die neu entwickelten reversiblen Hochtemperatur-Brennstoffzellen können nicht nur Strom erzeugen, sondern lassen sich auch für die Herstellung von Wasserstoff durch Elektrolyse nutzen.

Scientists at Forschungszentrum Jülich have commissioned a highly efficient fuel cell system that achieves an efficiency of over 60 percent in hydrogen operation. The system has another special feature: The newly developed reversible high-temperature fuel cells cannot only generate electricity, but can also be used to produce hydrogen by electrolysis.

Mit einem Durchschnittsalter von 44 Jahren hat Düren die jüngste Bevölkerung. In Heimbach wird mit durchschnittlich 52 Jahren die älteste Bevölkerung verzeichnet.

With an average age of 44, Düren has the youngest population. Heimbach has the oldest population at 52.

The Eifel Rur Water Association (WVER), based in Düren, looks after all the flowing waters in the Rur catchment area. That is a proud 1,900 kilometres of streams and rivers. They include six dams, Schwammenauel being the second largest in Germany.

Der in Düren beheimatete Wasserverband Eifel Rur (WVER) kümmert sich um alle Fließgewässer im Einzugsgebiet der Rur. Das sind stolze 1 900 Kilometer Bäche und Flüsse. Dazu gehören sechs Talsperren, Schwammenauel ist übrigens die zweitgrößte in Deutschland.

RUR

Die Rur, die Lebensader des Kreises Düren, der Motor für Natur, Tourismus und Industrie, gibt sich mitunter recht mystisch. Wenn über dem Fluss, wie hier bei Jülich-Kirchberg die Sonne aufgeht, gibt die Flussaue ihre Feuchtigkeit ab.

The Rur, the lifeline of the Düren district, the motor for nature, tourism and industry, sometimes appears quite mystical. When the sun rises over the river, as here near Jülich-Kirchberg, the floodplain gives off its moisture.

Die Rur ist die Seele des Kreises Düren. Ungebändigt und wild im bergigen Südkreis, ruhig und bedächtig im flachen Land bei Jülich und Linnich durchzieht der Wasserlauf den Kreis und tangiert auf ihrem 65 Kilometer langen Lauf die Kommunen Heimbach, Hürtgenwald, Nideggen, Kreuzau, Düren, Niederzier, Inden, Jülich und Linnich.

Im Hohen Venn entspringend, führt der Flusslauf 164,5 Kilometer bis zur Mündung in die Maas bei Roermond. Der Höhenunterschied auf der Strecke beträgt 643 Meter. Einst lautete der Flussname „Ruhr", wie jener der Ruhr im Ruhrgebiet. Um Verwechslungen zu vermeiden, wurde um 1900 das „h" gestrichen.

Einen besonderen Reiz übt die Rur im südliche Kreisgebiet auf den Tourismus aus. Das Wasser ergießt sich aus dem Rursee ins Tal und fließt durch tief eingeschnittene Flusstäler Richtung Norden. Wassersportler, Radfahrer oder Wanderer folgen dem Fluss mit Begeisterung.

Ab Kreuzau spielt der Fluss dann seine Vorzüge für die Industrie aus, indem er das nötige, sehr saubere Nass für die Produktion, besonders für das Papier, liefert.

Im nördlichen Kreis mäandert die Rur gemütlich durch die flachen Auen, liefert Wasser für die Landwirtschaft und gibt dem Umland das typische Gesicht.

Das Flusssystem Rur wird vom Wasserverband Eifel-Rur (WVER) betreut. Das System umfasst mit seinen Nebengewässern 1900 Kilometer Länge. Auf ihrem Weg vom Venn zur Grenze bei Roermond münden die Urft, die Kall, die Inde, die Wurm sowie verschiedene Bäche in den Fluss.

Gleich an der südlichen Kreisgrenze wurde in den 30er Jahren des letzten Jahrhunderts der Staudamm Schwammenauel errichtet. In den 50er Jahren wurde das Sperrwerk erhöht. So entstand der zweitgrößte Stausee Deutschlands. In der Rurtalsperre lassen sich 202,6 Millionen Kubikmeter Wasser speichern. Der Rursee muss im Verbund mit weiteren Talsperren gesehen werden. Das System dient verschiedenen Zielen. So ist für den Unterlauf der Rur ein weitgehender Hochwasserschutz gegeben, jedoch ein bedarfsgerechter Wasserausgleich für den Unterlauf gewährleistet, damit die von der Rur abhängigen Industriebetriebe auch in regenarmen Perioden immer genügend Wasser zur Verfügung haben.

Ruhig gibt sich der Fluss im Jülicher Land. Urgewalten werden bei Hochwasser entfesselt. In Obermaubach, am Ende des Stausees, stürzen die Fluten geordnet in die Tiefe. Im Winter verzaubert das Wasser die Natur. Faszinierend: Das Rurwehr bei Linnich.

The river in Jülich Land appears calm. Elemental forces are unleashed at high water. In Obermaubach, at the end of the reservoir, the floods tumble down in an orderly fashion.
In winter, the water enchants nature. Fascinate: The Rur weir near Linnich.

The Rur is the natural soul of the district of Düren. Untamed and wild in the mountainous southern district, calm and deliberate in the flat countryside near Jülich and Linnich, the watercourse runs through the district and on its 65-kilometre-long course touches the municipalities of Heimbach, Hürtgenwald, Nideggen, Kreuzau, Düren, Niederzier, Inden, Jülich and Linnich.

Originating in the Hautes Fagnes, the river runs 164.5 kilometres to its mouth in the Meuse near Roermond. The difference in altitude is 643 metres. The river was once called „Ruhr", like the Ruhr in the Ruhr area. To avoid confusion, the „h" was dropped around 1900.

The Rur in the southern part of the district has a special attraction for tourism. The water pours out of the Rursee into the valley and follows through deeply cut river valleys towards the north. Water sports enthusiasts, cyclists or hikers follow the river with enthusiasm.

From Kreuzau onwards, the river then plays out its advantages for industry by supplying the necessary, very clean water for production, especially for paper.

In the northern district, the Rur meanders leisurely through the flat floodplains, supplying water for agriculture and giving the surrounding countryside its typical face.

The Rur river system is managed by the Eifel-Rur Water Board (WVER). Together with its tributaries, the system covers a length of 1,900 kilometres. On its way from the Venn to the border near Roermond, the Urft, the Kall, the Inde and the Wurm as well as various streams flow into the river.

Right on the southern border of the district, the Schwammenauel dam was built in the 1930s. In the 1950s, the barrage was raised. This created the second largest reservoir in Germany. The Rur reservoir can store 202.6 million cubic metres of water. The Rursee must be seen in conjunction with other dams. The system serves various purposes.

For example, extensive flood protection is provided for the lower reaches of the Rur, but a demand-based water balance is guaranteed for the lower reaches, so that the industrial enterprises dependent on the Rur always have enough water available, even in periods of low rainfall.

Mit der Unterhaltung der 1 900 Kilometer Fließgewässer ist es für den WVER nicht getan. Ein breites Feld seiner Tätigkeit ist die Aufbereitung der Abwässer, damit diese gesäubert wieder in den Fluss geleitet werden.

Insgesamt 43 Kläranlagen unterhält der Verband für diesen Zweck. In der Regel übernimmt der Verband die Abwässer von den Kanalnetzen der Kommunen.

Die größte Kläranlage befindet sich gleich an der Autobahn A4 bei Düren im Merkener Busch (rechts und mitte). Diese Kläranlage verarbeitet nicht nur die Abwässer der Dürener Haushalte, sondern ebenfalls sind verschiedene Industriebetriebe an den zentralen Abwassersammler angeschlossen.

Wie bei der Kläranlage Jülich (unten), sind Management und Entsorgung der entstehenden Abfälle mit dem Klärprozess verbunden.

Maintaining the 1,900 kilometres of flowing water is not enough for the WVER. A broad field of its activities is the treatment of wastewater so that it can be returned to the river in a purified state.

The association maintains a total of 43 wastewater treatment plants for this purpose. As a rule, the association takes over the sewage from the sewer networks of the municipalities.

The largest sewage treatment plant is located right next to the A4 motorway near Düren in Merkener Busch (r. u. m.). This treatment plant not only processes the wastewater of Düren's households, but various industrial companies are also connected to the central wastewater collector.

Linked to the treatment, as in the case of the Jülich sewage treatment plant (below), is the management and disposal of the waste produced during the treatment process.

Eine der weltweiten Top-Ten-Medienmeldungen des Jahres 1974 kam aus Langenbroich. Innerhalb weniger Stunden wurde der damals 91 Einwohner zählende Ort aus dem Tiefschlaf in die Öffentlichkeit gezerrt und weltweit hatten Zeitungsleser sowie Radio- und Fernsehmoderatoren ihre liebe Mühe mit dem Rheinischen-Dehnungs-i im Namen Langenbroich...

Abends, kurz nach 19 Uhr an diesem Mittwoch, 13. Februar, umarmte Literaturnobelpreisträger **Heinrich Böll** seinen Kollegen **Alexander Solschenizyn** und gewährte ihm eine erste Aufnahme im Westen.

Am Morgen war der russische Regimekritiker und Literaturnobelpreisträger unerwartet aus der UdSSR ausgewiesen und in eine Linienmaschine von Moskau nach Frankfurt gesetzt worden, die mit vier Stunden Verspätung in Deutschland landete.

NRW-Innenminister Willi Weyer war am Morgen indiskret gewesen und hatte die Ausweisung von Solschenizyn bekanntgemacht. Das hatte zur Folge, dass in den nächsten Stunden Heerscharen von Journalisten über Langenbroich herfielen und dort auf die Ankunft Solschenizyns warteten.

Böll hatte sich bereiterklärt, Solschenizyn aufzunehmen: „Ich gebe ihm Tee, Brot und ein Bett."

Da es nach der Ankunft keine Statements gab, harrten die weit über 100 Journalisten in Langenbroich aus. Donnerstagvormittag gaben die beiden Literaten dann einige wenige Antworten auf die vielen Fragen und spazierten über die Wiese hinter dem alten Bauernhaus der Bölls. Freitags reiste Solschenizyn dann in die Schweiz weiter und der Anteil der Nobelpreisträger an der Langenbroicher Bevölkerung sank von über zwei auf 1,2 Prozent...

One of the world's top 10 media reports of 1974 came from Langenbroich. Within a few hours, the town of 91 inhabitants was dragged out of its deep sleep and into the public eye, and newspaper readers and radio and television presenters all over the world had a hard time with the Rhenish-stretched letter-"I" in the name Langenbroich...

In the evening shortly after 7 p.m. on this Wednesday, 13 February, Nobel Prize winner for literature **Heinrich Böll** embraced his colleague **Alexander Solzhenitsyn** and granted him his first reception in the West.

In the morning, the Russian dissident and Nobel laureate for literature had been unexpectedly expelled from the USSR and put on a scheduled flight from Moscow to Frankfurt, which landed in Germany four hours late.

NRW Interior Minister Willi Weyer had been indiscreet in the morning and announced Solzhenitsyn's expulsion.

As a result, legions of journalists descended on Langenbroich over the next few hours, waiting for Solzhenitsyn to arrive.

Böll had agreed to take Solzhenitsyn in: „I'll give him tea, bread and a bed."

Since there were no statements after arrival, the well over 100 journalists held out in Langenbroich.

On the morning of Thursday, the two literary figures then gave a few answers to the many questions and walked across the meadow behind the old farmhouse.

On Friday, Solzhenitsyn travelled on to Switzerland and the proportion of Nobel Prize winners in the population of Langenbroich dropped from over two to 1.2 percent...

Er hat das Leben wohl aller Menschen verändert: **Peter Grünberg** hat den Riesenmagneto-Widerstandseffekt entdeckt, ließ ihn sich patentieren und heute arbeiten nahezu alle Computer, MP3-Player, Smartphones oder Navigationsgeräte in der Datenspeicherung mit „seinem" Prinzip.

Professor Peter Grünberg aus Jülich wurde 2007 mit dem Nobelpreis für Physik ausgezeichnet. Schlagzeilen waren eigentlich gar nicht seine Sache, der Physiker war ausgesprochen bescheiden, stellte sich nicht gerne in den Mittelpunkt und verwies immer auf die Leistung seines Teams. Er wurde vielfach geehrt und mit renommierten Preisen ausgezeichnet. Der damalige Bundespräsident Roman Herzog besuchte ihn in Jülich, das japanische Kaiserpaar verlieh ihm den Japan-Preis, er wurde zum Ehrenbürger der Stadt Jülich ernannt und noch heute arbeiten zahlreiche Forscher an dem nach ihm benannten „Peter-Grünberg-Institut" in Jülich. Jeden Morgen fuhr Peter Grünberg, der 2018 verstarb, mit dem Fahrrad zu seinem Arbeitsplatz im Forschungszentrum.

"OHNE PETER GRÜNBERG GÄBE ES KEIN IPHONE"

WITHOUT PETER GRÜNBEG THERE WOULD BE NO IPHONE"

He has changed the lives of probably everyone: **Peter Grünberg** discovered the giant magnetoresistance effect, patented it and today almost all computers, MP3 players, smartphones or navigation devices work with „his" principle in data storage.

Professor Peter Grünberg from Jülich was awarded the Nobel Prize for Physics in 2007.

Headlines had not much to do with him, on the contrary, the physicist was decidedly modest, did not like to be the centre of attention and always referred to the achievements of his team.

He was honoured many times and awarded prestigious prizes, the then Federal President Roman Herzog visited him in Jülich, the Japanese Emperor and Empress awarded him the Japan Prize, he was made an honorary citizen of the city of Jülich and even today numerous researchers work at the „Peter Grünberg Institute" in Jülich, which is named after him.

Every morning, Peter Grünberg, who died in 2018, cycled to his workplace at the research centre.

Thomas Kellner

Julia Seidensticker

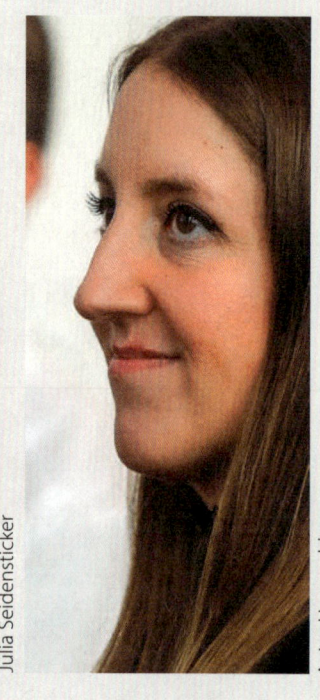

Anica Hauswald

Seit 2003 verleiht der Kreis Düren im Rhythmus von zwei Jahren einen Kunstpreis. Dieser Preis gilt als Auszeichnung für herausragendes Schaffen auf dem Gebiet der bildenden Kunst.

Der Kunstpreis des Kreises Düren besteht – dank der Unterstützung der Sparkasse Düren – aus einem Preisgeld in Höhe von 5 000 Euro und der Ehrung in Form einer Ausstellung in einem Museum. Zu der Ausstellung wird jeweils ein entsprechender Katalog herausgegeben.

Um den Kunstpreis kann sich jeder Künstler bewerben. Die Kreisverwaltung nimmt ebenfalls Vorschläge aus der Bürgerschaft für den Kunstpreis entgegen. Bedingung ist, dass der Kandidat ein herausragendes künstlerisches Schaffen vorweisen kann, das regional Beachtung und Anerkennung findet. Eine weitere Voraussetzung: Der Künstler muss im Kreis Düren geboren worden sein oder seinen Wohnsitz oder sein Atelier im Kreis haben oder längere Zeit gehabt haben. Die Kunstschaffenden können den Preis nur einmal erhalten.

Der Kunstpreis des Kreises Düren ist längst etabliert und findet weit über den Kreis Düren hinaus Anerkennung.

Für ihr aktuelles künstlerisches Schaffen sind **Volker Saul**, **Julia Seidensticker**, **Thomas Kellner**, **Klaus Dauven**, **Claudia Kallscheuer** und **Anica Hauswald** gewürdigt worden.

Für ihr Lebenswerk wurden **Dr. h.c.** Herbert Falken, **Herb Schiffer**, **Ulrich Rückriem** und **Walter Dohmen** mit dem Preis geehrt.

Eine Jury unter dem Vorsitz von Landrat Wolfgang Spelthahn entscheidet über die Vergabe. Der Jury gehören ferner die Spitze des Kulturausschusses und die kulturpolitischen Sprecher der Kreistagsfraktionen an. Weiterhin zieht die Jury drei fachkundige Juroren hinzu.

Der Juryvorsitzende zu den Bewerbungen: „Die bisherigen Aufrufe haben uns gezeigt, dass es sehr viele kreative Menschen im Kreis Düren gibt, die ihren ganz eigenen Stil entwickelt und dabei ein hohes künstlerisches Niveau erreicht haben."

Claudia Kallscheuer mit Prof. F. G. Zehnder, Landrat W. Spelthahn und K. Rolfink

Ulrich Rückriem

Walter Dohmen

Klaus Dauven

Since 2003, the district of Düren has awarded an art prize every two years. This prize is considered an award for outstanding work in the field of visual arts.

Thanks to the support of the Sparkasse Düren, the Düren District Art Prize consists of prize money of 5,000 euros and the award in the form of an exhibition in a museum. A corresponding catalogue is published for each exhibition.

Any artist can apply for the Art Award. The district administration also accepts proposals for the art award from the citizens. The prerequisite is that the candidate can demonstrate outstanding artistic work that attracts regional attention and recognition. Another requirement is that the artist must have been born in the district of Düren or have his or her residence or studio in the district or have had it for a long time. The artists can only receive the prize once.

The Düren District Art Prize has long been established and is recognised far beyond the district of Düren.

Volker Saul, Julia Seidensticker, Thomas Kellner, Klaus Dauven, Claudia Kallscheuer and Anica Hauswald were honoured for their current artistic work. For their life's work, Dr. h.c. Herbert Falken, Herb Schiffer, Ulrich Rückriem and Walter Dohmen were honoured with the prize.

A jury chaired by District Administrator Wolfgang Spelthahn decides on the award. The jury also includes the head of the cultural committee and the cultural policy spokespersons of the district parliamentary groups. Furthermore, the jury consults three expert jurors.

The jury chairman on the applications so far: „The calls so far have shown us that there are very many creative people in the Düren district who have developed their very own style and achieved a high artistic level in the process."

Volker Saul

Dr. h.c. Herbert Falken

Herb Schiffer

Vom Streifenwagen in den Playboy

From patrol car to playboy

Spätestens seit der Daily-Soap „Verbotene Liebe" und ihrer Dauerrolle in der Action-Serie „Alarm für Cobra 11" kennt ganz Deutschland ihr hübsches Gesicht. Schauspielerin **Katrin Heß** kommt aus Hambach und war schon auf dem „Traumschiff" dabei, spielte im Film „Einstein", bei der „SOKO Köln" oder „Danni Lowinski" und in vielen weiteren Rollen. Deutlich mehr als nur Gesicht zeigte die überzeugte Veganerin bei einer Foto-Kampagne für die Tierschutzorganisation PETA und bei einer ausführlichen Bilderstrecke inklusive Titelseite im Männermagazin Playboy.

Ever since the daily soap „Verbotene Liebe" (Forbidden Love) and her permanent role in the action series „Alarm für Cobra 11", at the latest, all of Germany has known her pretty face. Actress Katrin Heß comes from Hambach and has already been on the „Traumschiff" (Dream Ship), played in the film „Einstein", on SOKO Köln or Danni Lowinski and in many other roles. The convinced vegan showed much more than just her face in a photo campaign for the animal rights organisation PETA and in an extensive photo spread, including the cover page, in the men's magazine Playboy.

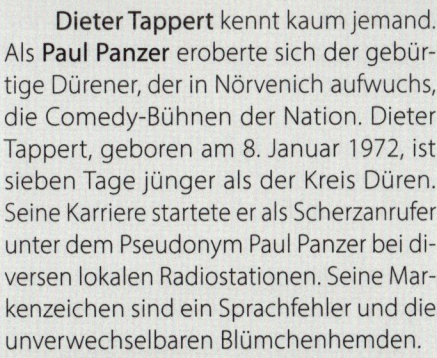

Dieter Tappert kennt kaum jemand. Als Paul Panzer eroberte sich der gebürtige Dürener, der in Nörvenich aufwuchs, die Comedy-Bühnen der Nation. Dieter Tappert, geboren am 8. Januar 1972, ist sieben Tage jünger als der Kreis Düren. Seine Karriere startete er als Scherzanrufer unter dem Pseudonym Paul Panzer bei diversen lokalen Radiostationen. Seine Markenzeichen sind ein Sprachfehler und die unverwechselbaren Blümchenhemden.

Zweimal, 2006 und 2015, wurde er mit dem Deutschen Comedypreis ausgezeichnet.

Hardly anyone knows Dieter Tappert; as Paul Panzer, the native of Düren, who grew up in Nörvenich, conquered the nation's comedy stages.

Dieter Tappert, born january 8th, is seven days younger than the district of Düren. He started his career as a joke caller under the pseudonym Paul Panzer on various local radio stations.

His trademarks are a speech impediment and the unmistakable flowered shirts. Twice, in 2006 and 2015, he was awarded the German Comedy Prize.

Der Tenor Rudolf Schock verlebte seinen Lebensabend in Düren. 1915 in Duisburg geboren, fand er – wie seine vier Geschwister – zur Musik. Mit der Aufnahme als 1. Chortenor in den Chor der Bayreuther Festspiele startete 1936 seine Profikarriere. Vom Covent Garden bis hin zu den Salzburger Festspielen reichte sein Engagment. Popularität brachten ihm diverse Filmrollen ein. Ein letztes Konzert gab er am 9. November 1986 mit der Chorgemeinschaft Constantia 1869 in Düren-Birkesdorf. Nur vier Tage später starb Schock an Herzversagen.

The tenor Rudolf Schock spent his twilight years in Düren. Born in Duisburg in 1915, he came to music like his four siblings.

His professional career began with his acceptance as 1st chorus tenor in the choir of the Bayreuth Festival in 1936.

His engagements ranged from Covent Garden to the Salzburg Festival. Various film roles brought him popularity. He gave his last concert on 9 November 1986 with the choir Constantia 1869 in Düren-Birkesdorf. Schock died of heart failure only four days later.

Vor der Kamera steht sie selten, aber ihre Stimme kennt man natürlich, wenn es um Spitzensport geht. **Claudia Neumann** stammt aus Düren und kommentiert Fußball, Beach-Volleyball, Tischtennis oder Badminton für das ZDF, vorher arbeitete sie bei Sat1 und RTL. Sie war nicht nur die erste WM-Kommentatorin im Deutschen Fernsehen (Frauen-Fußball-WM 2011), bei der EM 2016 war sie die erste Frau, die ein Männer-Turnier live im TV kommentierte. Bei den Olympischen Spielen 2016 war sie am Mikro und sie war auch die erste Frau, die eine Champions-League-Begegnung für das ZDF moderierte.

*She is rarely in front of the camera, but her voice is of course known when it comes to top sports. **Claudia Neumann** comes from Düren and commentates on football, beach volleyball, table tennis or badminton for ZDF, before that she worked for Sat1 and RTL. She was not only the first World Cup commentator on German television (Women's World Cup 2011), at the European Championship 2016 she was the first woman to commentate a men's tournament live on TV. At the 2016 Olympic Games, she was on the mic and she was also the first woman to present a Champions League match for ZDF.*

Tiere haben in ihrem Leben schon immer eine große Rolle gespielt. Kein Wunder, dass **Diana Eichhorn** fast 20 Jahre lang als Moderatorin, Reporterin und Tierexpertin für das TV-Haustiermagazin „hundkatzemaus" bei VOX arbeitete. Sie wuchs in Düren auf und begann ihre TV-Karriere als Programmansagerin im ZDF, stand später dort beim „Fernsehgarten" vor der Kamera.

*Animals have always played a big role in her life. No wonder **Diana Eichhorn** worked for almost 20 years as a presenter, reporter and animal expert for the TV pet magazine „hundkatzemaus" on VOX. She grew up in Düren and began her TV career as a programme announcer on ZDF, where she later appeared in front of the camera on „Fernsehgarten".*

Ganz tief ins menschliche Gehirn dringt **Katrin Amunts** vor, genau genommen Prof. Dr. med. Katrin Amunts. Die Medizinerin war stellvertretende Vorsitzende des Ethikrates, der die Bundesregierung in ethischen Fragen berät, und sie ist Direktorin des Instituts für Neurowissenschaften und Medizin am Forschungszentrum Jülich und Direktorin des Instituts für Hirnforschung an der Heinrich-Heine-Universität in Düsseldorf. Einer ihrer Schwerpunkte ist das „Human Brain Project", das sich mit der Simulation des menschlichen Gehirns beschäftigt.

*Katrin Amunts penetrates deep into the human brain. Prof. Dr. med. **Katrin Amunts**, to be precise. The medical doctor was deputy chair of the Ethics Council, which advises the German government on ethical issues, and she is director of the Institute for Neuroscience and Medicine at Forschungszentrum Jülich and director of the Brain Research Institute at Heinrich Heine University in Düsseldorf. One of her focal points is the „Human Brain Project", which deals with the simulation of the human brain.*

Käpt'n Sharky ist für den Nachwuchs ein echter Held. Kinderbuchillustrator *Silvio Neuendorf* aus Düren-Echtz hat diese Figur zu den Texten von Jutta Langreuter erschaffen. In mehr als elf Sprachen sind die Abenteuer des kleinen wackeren Seefahrers erschienen. Seit 1995 ist Silvio Neuendorf als freischaffender Illustrator überwiegend für den Coppenrath Verlag tätig. Sein erstes Buch für den Verlag war das „Dschungelbuch". Neuendorf lebt und arbeitet seit 1988 in Aachen. Er ist seit 1995 verheiratet und hat zwei Söhne.

*Käpt'n Sharky is a real hero for the youngsters. Children's book illustrator **Silvio Neuendorf** from Düren-Echtz created this character to accompany the texts by Jutta Langreuter. The adventures of the little brave seafarer have been published in more than eleven languages. Silvio Neuendorf has been working as a freelance illustrator mainly for Coppenrath Verlag since 1995. His first book for the publishing house was the „Jungle Book". Neuendorf has lived and worked in Aachen since 1988. He has been married since 1995 and has two sons.*

Lars Vogt ist einer der hochkarätigsten Musiker, die Düren hervorgebracht hat. Er ist als Pianist weltweit unterwegs, spielt außerdem mit renommierten internationalen Orchestern, er war Music Director der Royal Northern Sinfonia und ist aktuell Directeur Musical des Orchestre de chambre de Paris. Als Dirigent arbeitete Lars Vogt auch mit vielen führenden Orchestern zusammen. Seiner Heimat ist er immer noch eng durch das jährliche Kammermusik-Festival „Spannungen" in Heimbach verbunden.

Lars Vogt is one of the most distinguished musicians Düren has produced. He tours worldwide as a pianist and also plays with renowned international orchestras; he was Music Director of the Royal Northern Sinfonia and is currently Directeur Musical of the Orchestre de chambre de Paris.

As a conductor, Lars Vogt has also worked with many leading orchestras. He is still closely connected to his homeland through the annual chamber music festival „Spannungen" in Heimbach.

Eine Kurzgeschichte im „Playboy" war ihr Durchbruch als Schriftstellerin, mit ihrem Buch „Der stille Herr Genardy" kam der große Erfolg. Heute gilt Petra Hammesfahr als eine der erfolgreichsten Deutschen Krimi-Autorinnen. Die Werke der aus Titz stammenden gelernten Einzelhandelskauffrau wurden mit dem Rheinischen Literaturpreis und mit dem Wiesbadener FrauenKrimiPreis ausgezeichnet.

A short story in „Playboy" was her breakthrough as a writer, and her book „Der stille Herr Genardy" ("The silent Mr Genardy") was her big success. Today *Petra Hammesfahr* is considered one of the most successful German crime novelists.
The works of the trained retail saleswoman from Titz have been awarded the Rhineland Literature Prize and the Wiesbadener FrauenKrimiPreis (Women Crime story Prize), for example.

Man kennt ihn aus zahlreichen TV- und Filmproduktionen: Schauspieler Waldemar Kobus stammt aus Düren und lieh nicht nur Wickies Vater, dem Wikingerhäuptling Halvar, seine Gestalt. Gemeinsam mit Tom Cruise drehte er die Kino-Großproduktion „Operation Walküre" und er spielte in dem Film der Matrix-Macher Andy und Lary Wachowsky mit dem Titel „Speedracer". Bekannt ist der Schauspieler auch aus diversen Tatort-Folgen, dem Film „Sonnenallee" oder aus „Traumschiff Surprise".

He is known from numerous TV and film productions: Actor Waldemar Kobus comes from Düren and not only lent his voice to Wickie's father, the Viking chieftain Halvar. Together with Tom Cruise, he shot the major cinema production „Operation Valkyrie" and he played in the film by Matrix makers Andy and Lary Wachowsky entitled „Speedracer". The actor is also known from various "Tatort" episodes, the film "Sonnenallee" and "Traumschiff Surprise".

Besonders die US-amerikanischen Rock-'n'-Roll-Titel von Bill Haley, Buddy Holly und vor allem Elvis Presley hatten es Harald Walter Bernhard Schubring, alias Ted Herold angetan, der zeitweise in Düren-Echtz lebte. Mit 16 Jahren bekam er den ersten Plattenvertrag. Seine Karriere war sehr wechselhaft, mit 74 Jahren verabschiedete er sich 2016 von der Bühne.

Harald Walter Bernhard Schubring, alias Ted Herold, who lived for a time in Düren-Echtz, was particularly taken with the American rock 'n' roll songs of Bill Haley, Buddy Holly and especially Elvis Presley. He got his first record contract at the age of 16. His career was very varied, and he retired from the stage in 2016 at the age of 74.

Als Chefhostess Beatrice auf dem legendären TV-Traumschiff kennt sie wohl jeder. Schauspielerin **Heide Keller** wuchs in Düren auf, ging hier zur Höheren Handelsschule. „Selbst wenn ich die ganze Welt gesehen habe, ist Düren meine Heimat, in die ich immer wieder gerne zurückkehre", sagte Heide Keller vor einigen Jahren, als sie zu einem Klassentreffen zu Besuch hier war. 2021 ist Heide Keller verstorben.

*Beatrice on the legendary TV production "Dreamboat". Actress **Heide Keller** grew up in Düren and went to commercial college here. „Even when I've seen the whole world, Düren is my home to which I always like to return," Heide Keller said a few years ago when she visited her hometown for a class reunion. Heide Keller passed away in 2021.*

Hubertus Schoeller war mit seiner Galerie in Düsseldorf 30 Jahre lang die erste Adresse für konkrete und konstruktive Kunst in Deutschland.

Besonders der 1958 von Heinz Mack und Otto Piene gegründeten Gruppe ZERO stand Schoeller sehr nahe.

Als er 2004 die Angliederung seiner eindrucksvollen Sammlung von über 500 Werken an das Leopold-Hoesch-Museum veranlasste, ermöglichte er damit dem Publikum einen dauerhaften Zugang zu den Arbeiten.

Die Dichte an echten Gourmet-Restaurants im Kreis Düren ist nicht besonders hoch, aber immerhin gibt es auch „Sterne-Küche" an der Rur. **Manfred Hefter**, 2007 verstorben, verzauberte mit seiner Kochkunst die Gäste, er wurde fast 30 Jahre lang ohne Unterbrechung mit dem begehrten Michelin-Stern ausgezeichnet.

Heutzutage zieht es die Gourmets ins Burgrestaurant Nideggen, wo sich **Herbert Brockel**, er stammt aus dem benachbarten Vlatten, gemeinsam mit **Tobias Schlimbach** seit 2019 mit dem Michelin-Stern schmücken darf.

*For 30 years, **Hubertus Schoeller** and his gallery in Düsseldorf were the first address for concrete and constructive art in Germany.*

Schoeller was particularly close to the ZERO group founded by Heinz Mack and Otto Piene in 1958.

When he arranged for his impressive collection of over 500 works to be affiliated with the Leopold-Hoesch-Museum in 2004, he thereby enabled the public to have permanent access to his works.

*The density of genuine gourmet restaurants in the district of Düren is not particularly high, but at least there is also „star cuisine" on the Rur. **Manfred Hefter**, who died in 2007, enchanted guests with his culinary art; he was awarded the coveted Michelin star for almost 30 years without interruption.*

*Nowadays, gourmets are drawn to the Burgrestaurant Nideggen, where **Herbert Brockel**, who comes from neighbouring Vlatten, together with **Tobias Schlimbach** has been able to adorn themselves with the Michelin star since 2019.*

Er ist ein echtes Multitalent: **Uli Winters** (l) aus Düren ist von Hause aus Künstler, war Stipendiat der Günter-Peil-Stiftung und Gast-Professor in Leipzig und Hamburg. Heute hört man ihn eher im Radio als Comedian in „Copacabana", „Laschi und Lauti". Er schreibt Karnevals-Hits für Bernd Stelter und die Bläck Fööss und er trat regelmäßig mit dem Dürener Schriftsteller **Michael Lentz** (r) auf. Der Sohn des früheren Oberstadtdirektors Hubert Lentz ist Schriftsteller, promovierter Literaturwissenschaftler. Seine Werke sind vielfach ausgezeichnet, er ist Präsident der Freien Akademie der Künste zu Leipzig und Professor für Literarisches Schreiben in Leipzig. 2001 erhielt Michael Lentz den renommierten Ingeborg-Bachmann-Preis.

Die Sportwelt horchte auf, als er das berühmteste Abfahrts-Rennen der Welt gewann. **Thomas Dreßen** war 2018 der schnellste auf der legendären „Streif" in Kitzbühel. Seine Wurzeln liegen in Jülich, sein Vater Dirk wuchs an der Rur auf (er kam bei einem Seilbahnunglück in Sölden ums Leben). Oma Sigrid und Opa Gerd leben noch in Jülich, verfolgen alle Rennen ihre Enkels im TV und freuen sich immer über Besuch „ihres" Thomas.

*The sports world took notice when he won the most famous downhill race in the world. **Thomas Dreßen** was the fastest on the legendary „Streif" in Kitzbühel in 2018. His roots are in Jülich, his father Dirk grew up on the Rur (he died in a tragic cable car accident in Sölden). Grandma Sigrid and grandpa Gerd still live in Jülich, follow all their grandchildren's races on TV and are always happy to see „their" Thomas.*

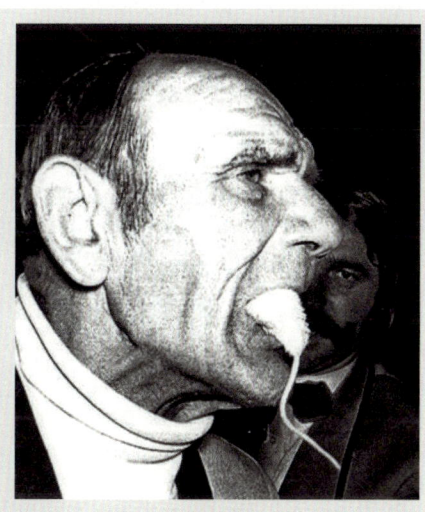

In den 70er Jahren war er einmal jährlich der Star an der Rur, wenn Ende Juli die Schaubude „Berliner Luft" auf der Annakirmes gastierte. **Harry Wildong** schien eine Speiseröhre und Magen aus Gummi zu haben. Er futterte alles, was ihm in die Quere kam, von der Taschenuhr bis zur Rasierklinge... Tausende Rurländer stürmten jeweils die Schau und nicht wenige Rurländerinnen fielen in Ohnmacht, wenn Harry sich als Höhepunkt lebende weiße Mäuse in den Schlund schob. Nachdem er mit seinem verknitterten Gesicht den Damen einmal zugelächelt hatte, spuckte er die Tiere unbeschadet wieder aus...

*In the 70s, he was the star at the Rur once a year when the show booth „Berliner Luft" made a guest appearance at the Annakirmes at the end of July. **Harry Wildong** seemed to have a gullet and stomach made of rubber.*
He ate everything that came his way, from pocket watches to razor blades...

Thousands of Rurlanders stormed the show each time and quite a few Rurland women fainted when Harry shoved live white mice down his gullet as a climax.
After he had smiled once at the ladies with his wrinkled face, he spat the animals out again completely unharmed...

*He is a real multitalent: **Uli Winters** (l) from Düren is an artist by training, was a Günter Peil Foundation scholarship holder and a guest professor in Leipzig and Hamburg. Today he is more likely to be heard on the radio as a comedian in „Copacabana", „Laschi und Lauti", writes carnival hits for Bernd Stelter and the Bläck Fööss and he has performed regularly with the Düren writer **Michael Lentz** (r).*
The son of the former chief executive of the city, Hubert Lentz, is a writer with a doctorate in literature. His works have won many awards and he is President of the Academy of Liberal Arts in Leipzig and Professor of Literary Writing in Leipzig. In 2001, Michael Lentz received the prestigious Ingeborg Bachmann Prize.

Peter Borsdorff wird nicht müde. Seit 1995 sammelt der Dürener mit seiner Aktion „Running for Kids" Geld für Kinder, die in Not geraten sind oder medizinischer Hilfe bedürfen. „Der Läufer mit dem Schuh" – ein Laufschuh ist seine Sammelbüchse – hat inzwischen über 3 000 000 Euro gesammelt. Der ehemalige Marathonläufer des Dürener Turnvereins lässt kaum ein Event aus, um seinen Schuh zu präsentieren. Anfangs lief er vielfach bei Landstrecken-Veranstaltungen mit, belegte jedoch meist den letzten Platz, da er immer wieder bei den Zuschauern stoppte, um seine Büchse füllen zu lassen. Vereine stellen zudem Wettbewerbe in den Dienst von „Running for Kids" und überreichen größere Beträge.

Peter Borsdorff never tires. Since 1995, the man from Düren has been collecting money for children in general need or in need of medical help with his „Running for Kids" campaign.

„The runner with the shoe" - a running shoe is his collection box - has collected over 3,000,000 euro in the meantime.

The former marathon runner of the Düren Gymnastics Club hardly misses an event to present his shoe. In the beginning, he often ran in long-distance events, but usually came in last place because he kept stopping by the spectators to have his box filled. Clubs also put competitions in the service of „Running for Kids" and hand over larger amounts.

1970 kam **Karl Heinz Beckurtz** an die Kernforschungsanlage Jülich. 1975 übernahm er den Vorstandsvorsitz, den er bis 1980 inne hatte. Von Jülich aus wurde Karl Heinz Beckurts Mitglied des Vorstands und Leiter des Zentralbereichs Forschung und Technik der Siemens AG. Karl Heinz Beckurts wurde zusammen mit seinem Chauffeur Eckhard Groppler am 9. Juli 1986 um 07:32 Uhr in Straßlach bei München durch einen Bombenanschlag ermordet. Die Täter benutzten eine elektronische Sprengfalle. Zu dem Anschlag bekannte sich ein „Kommando Mara Cagol" der RAF. Die Täter sind bis heute unbekannt.

*In 1970, **Karl Heinz Beckurts** came to the Nuclear Research Facility Jülich. In 1975 he took over the chairmanship of the board, which he held until 1980. From Jülich, Karl Heinz Beckurts became a member of the Managing Board and Head of the Central Research and Technology Division of Siemens AG.*

Karl Heinz Beckurts was murdered together with his chauffeur Eckhard Groppler by a bomb attack on 9 July 1986 at 07:32 in Straßlach near Munich. The perpetrators used an electronic booby trap. A „Kommando Mara Cagol" of the RAF claimed responsibility for the attack. The perpetrators are still unknown.

Peggy Porschen hat ihr Hobby zum Beruf gemacht. Mit Erfolg. In London sind ihre Kuchenkreationen absolut angesagt und große Namen wie Elton John, Gwyneth Paltrow, Rowan Atkinson oder Stella McCartney gehören zu ihren Kunden. Die frühere Flugbegleiterin überraschte ihre Kollegen bei Feiern immer wieder mit kunstvoll gestalteten Kuchen. Dann machte sie in England eine Ausbildung in Sachen Pâtisserie und machte sich mit „Peggy Porschen Cakes" selbstständig. Peggy Porschen hat mehrere Bücher veröffentlicht, vor ihrem Café stehen die Londoner Schlange.

Peggy Porschen has turned her hobby into a profession. With success. In London, her cake creations are absolutely in vogue and big names like Elton John, Gwyneth Paltrow, Rowan Atkinson or Stella McCartney are among her customers.

The former flight attendant used to surprise her colleagues at parties with artfully designed cakes. Then she trained in pâtisserie in England and went into business for herself with „Peggy Porschen Cakes". Peggy Porschen has published several books, and Londoners queue outside her café.

Mit einer beeindruckenden Ausstellung in der Internationalen Kunstakademie in Heimbach bereicherte **Janosch** die Kunstszene im Kreis. Neben der Tigerente hatte der Künstler, der 2021 90 Jahre alt wurde, viele seiner Zeichnungen im Gepäck.

In Oberschlesien geboren, verlebte **Horst Eckert**, wie Janosch mit bürgerlichem Namen heißt, eine nicht allzu fröhliche Kindheit und Jugend. Er erlernte den Beruf des Schmieds, bevor er mit den Eltern Ende der 40er Jahre nach Westdeutschland flüchtete. Ein späteres Studium an der Akademie der Bildenden Künste in München musste Janosch „mangels Begabung" abbrechen. Mit Illustrationen für Kinderbücher schaffte er den Durchbruch.

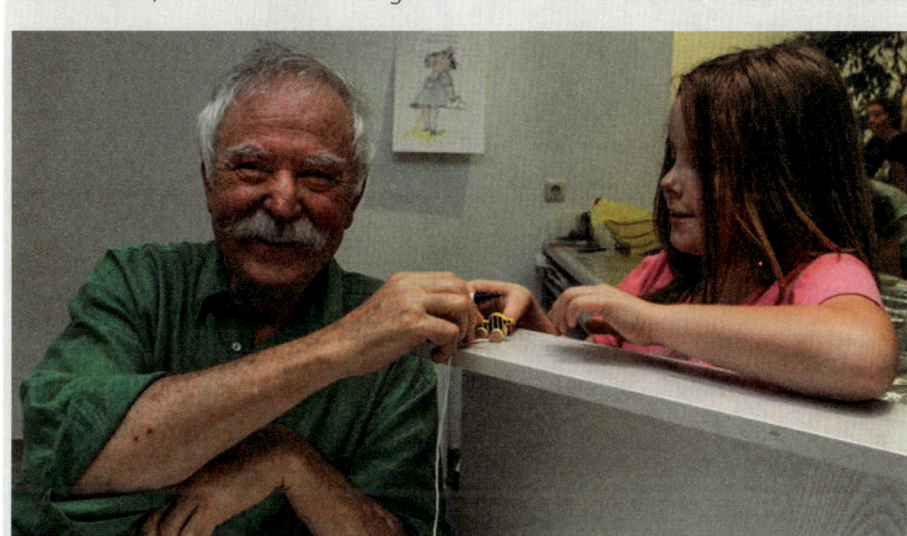

Janosch enriched the art scene in the district with an impressive exhibition at the International Academy of Art in Heimbach. In addition to the "Tiger Duck", the artist, who turned 90 in 2021, had many of his drawings in his luggage.

*Born in Upper Silesia, **Horst Eckert**, Janosch's real name, had a not too happy childhood and youth. He learned the trade of a blacksmith before fleeing to West Germany with his parents at the end of the 1940s. Janosch had to abandon his later studies at the Academy of Fine Arts in Munich „for lack of talent".*

He made his breakthrough with illustrations for children's books.

Otmar Alt hat im Kreis Düren viele seiner farbenfrohen Werke hinterlassen. 2002 gestaltete er einen RegioSprinter der Rurtalbahn. Der knallbunte Zug war nicht nur außen, sondern ebenso im Innenraum künstlerisch gestaltet.

Die Beklebung hatte das Linnicher Unternehmen SIG Combiblock ermöglicht. Das einzigartige Kunstwerk auf Schienen rollte bis 2019 fahrplanmässig durch den Kreis, konnte allerdings ebenfalls von jedermann angemietet werden.

Otmar Alt has left many of his colourful works in the district of Düren. In 2002 he designed a RegioSprinter of the Rurtalbahn. The brightly coloured train was not only artistically designed on the outside, but also on the inside.

The Linnich-based company SIG Combiblock had made it possible to apply the stickers. The unique work of art on rails rolled through the district until 2019, but could also be hired by anyone.

Der Titel als Handball-Europameister mit der Deutschen Nationalmannschaft im Jahr 2016 war sicher der sportliche Höhepunkt im Leben von **Simon Ernst**. Seine Handball-Karriere begann beim Birkesdorfer TV, in der Bundesliga spielte er beim VfL Gummersbach und bei den Füchsen Berlin, bevor drei Kreuzbandrisse in Folge den Rückraum-Spieler zu einer längeren Pause zwangen.

*The title of European Handball Champion with the German national team in 2016 was certainly the sporting highlight in **Simon Ernst's** life.*

His handball career began at Birkesdorfer TV, and he played in the Bundesliga for VfL Gummersbach and Füchsen Berlin before three torn cruciate ligaments in a row forced the backcourt player to take a longer break.

Das sonnige Bild, welches **James Rizzi** für den Kreis Düren schuf, ist eines der letzten Werke des beliebten New Yorker Künstlers. Seine Schau in der Internationalen Kunstakademie Heimbach war ebenso der Renner wie die Ausstellung von **Fazzino**.

Dieser New Yorker Künstler schuf ebenfalls ein farbenfrohes Wimmelbild in 3D-Technik für den Rurkreis.

Charles Fazzino kam eigens nach Heimbach, um das Bild und seine Ausstellung zu eröffnen.

*The sunny painting that **James Rizzi** created for the Düren district is one of the last works by the popular New York artist. His show at the International Academy of Art in Heimbach was just as much a hit as the exhibition by* **Fazzino**.

This New York artist also created a colourful hidden object picture in 3D technique for the Rurkreis.

Charles Fazzino *came to Heimbach especially to open the picture and his exhibition.*

Gert Engels

Oliver Bierhoff

Wilfried Hannes

Karl-Heinz Schnellinger

Toni Schumacher

Rolli Dohmen

Sie zählen zu den großen Namen in der Fußball-Welt und sind heute noch Persönlichkeiten, deren Wort in der Sport-Szene Gewicht hat: „Harald „Toni" Schumacher" galt in den 80er-Jahren als der beste Torhüter der Welt, wurde Europameister und Vizeweltmeister mit der Nationalmannschaft, holte drei nationale Titel und dreimal den DFB-Pokal. Er stammt aus Rölsdorf, seine Karriere begann bei Schwarz-Weiß Düren.

Wilfried „Winnie" Hannes und **Gert Engels** spielten bei Düren 99, gingen beide zu Borussia Mönchengladbach zu der Zeit, als die „Fohlen" zweimal hintereinander Deutscher Meister wurden. Beide sind heute Trainer. Hannes war zuletzt bei Borussia Freialdenhoven im Einsatz, Engels in Japan. **Oliver**

Bierhoff wuchs zeitweise in Düren auf, sein Großvater war hier Oberkreisdirektor. Er ist nach seiner Zeit als erfolgreicher Spieler (unvergessen sein Golden Goal, mit dem Deutschland den EM-Titel 1996 holte) heute einer der vier Direktoren beim DFB.

Bei Düren 99 begann die Karriere von **Karl-Heinz Schnellinger**, der mit der deutschen Nationalmannschaft an vier Weltmeisterschaften teilnahm. Der Dürener war einer der ersten Fußball-Profis, der nach Italien wechselte. Dort lebt er auch heute noch. Aus Kreuzau stammt **Rolf „Rolli" Dohmen**. Als Spieler absolvierte er 59 Spiele in der Bundesliga und 94 Zweitliga-Begegnungen, war später Manager des Karlsruher SC.

They are among the biggest names in the football world, have caused a sensation internationally and are still personalities whose word carries weight in the sports scene: „Harald „Toni" Schumacher" was considered the best goalkeeper in the world in the 1980s, became European champion and runner-up with the national team, won three national titles and the DFB Cup three times.

He comes from Rölsdorf, his career began with Schwarz-Weiß Düren.

Wilfried „Winnie" Hannes and Gert Engels played for Düren 99, both went to Borussia Mönchengladbach at the time when the „Foals" became German champions twice in a row.

Both are coaches today, Hannes was most recently with

Borussia Freialdenhoven, Engels in Japan.

Oliver Bierhoff is now one of the four directors at the DFB after his time as a successful player (unforgettable his golden goal that won Germany the European Championship title in 1996).

Karl-Heinz Schnellinger's career began at Düren 99, where he took part in four World Cups with the German national team. The man from Düren was one of the first professional footballers to move to Italy. He still lives there today.

Rolf „Rolli" Dohmen comes from Kreuzau. As a player, he played 59 games in the Bundesliga (first division) and 94 matches in the second division, and was later manager of Karlsruher SC.

Einer seiner Sätze wurde weltberühmt. Nachdem **Neil Armstrong** die Leiter der der Mondlandefähre Eagle verlassen hatte, sagte er: „Ein kleiner Schritt für einen Menschen - ein riesiger Schritt für die Menschheit".

Neil Armstrong wanderte nicht nur auf dem Mond herum. Das Rurtal bot ihm ebenfalls Gelegenheit, bislang für ihn unbekanntes Terrain zu betreten und zu erforschen.

1969 hat die legendäre Mondlandung stattgefunden. In den beiden Jahren danach tourte Armstrong gemeinsam mit seinen Kollegen von Apollo 11 **Buzz Aldrin** und **Michael Collins** durch unzählige Länder rund um den Globus. Auch ein Besuch in Bonn stand auf dem Programm.

Das Rheinland muss den Astronauten sehr beeindruckt haben, weshalb er beschloss, hier einen Urlaub zu verleben. Als Rückzugsrefugium wählte er für einige Tage den Campingplatz Hetzingen im Rurtal unterhalb von Burg Nideggen.

Hans Klein, damals Betreiber des Platzes, nahm die Privatsphäre des Weltraumabenteurers sehr ernst, und berichtete erst nach dessen Abreise von dem prominenten Gast.

„VON DEN SCHRITTEN AUF DEM MOND ZUM URLAUB AN DER RUR"

FROM THE STEPS ON THE MOON TO A HOLIDAY ON THE RUR"

One of his sentences became world famous. After **Neil Armstrong** had left the ladder of the Eagle, the lunar module, he said: „One small step for a man - one giant leap for mankind".

Neil Armstrong did not only walk around on the moon with his feet. The Rur Valley also offered him the opportunity to enter and explore terrain previously unknown to him.

The legendary moon landing had taken place in 1969. In the two years that followed, Armstrong toured countless countries around the globe together with his Apollo 11 colleagues *Buzz Aldrin* and *Michael Collins*. A visit to Bonn was also part of the tour.

The Rhineland must have impressed the astronaut very much, which is why he decided to spend a holiday here. He chose the Hetzingen campsite in the Rurtal valley below Nideggen Castle as his retreat for a few days.

Hans Klein, who ran the campsite at the time, took the space adventurer's privacy very seriously and only reported on the celebrity guest after his departure.

Der in Tusche getränkte Gänsekiel war sein liebstes Werkzeug. **Ernst Ohst** hat seine Heimat, den Kreis Düren, aber ebenfalls die Eifel, Täler an Rhein oder Ahr in seiner ihm eigenen Art zu Papier gebracht. Im Alter von 96 Jahren verstarb der Graphiker 2000. Er hat ein unglaubliches Œuvre hinterlassen, das nicht nur sein geniales Können unter Beweis stellt, sondern ebenfalls fast alle schönen Ecken und Winkel des Kreises Düren widerspiegelt.

*The goose quill soaked in ink was his favourite tool. **Ernst Ohst** put his homeland, the district of Düren, but also the Eifel and the valleys of the Rhine and Ahr on paper in his own special way. The graphic artist died in 2000 at the age of 96. He left behind an incredible oeuvre, which not only demonstrates his ingenious skills, but also reflects almost all the beautiful nooks and crannies of the district of Düren.*

Er war zweimaliger Teilnehmer der Tour de France und hat wohl etliche Sportlerkarrieren zerstört...

Prof. Dr. Manfred Donike war Dopingexperte und legte die Grundlagen der aktuellen Testverfahren im Kampf gegen das Doping. Bereits 1972 hat Donike für die Olympischen Spiele ein Analytik-Verfahren für den Doping-Nachweis entwickelt. Kurz vor den Olympischen Spielen von Seoul 1988 schuf er ein verbessertes Nachweisverfahren für die verbotene Substanz Stanozolol, mit dem dann der Olympiasieger im 100-m-Sprint, Ben Johnson, überführt wurde.

Das Manfred Donike Institut für Dopinganalytik e.V. an der Deutschen Sporthochschule Köln ist nach ihm benannt. Manfred Donike lebte in Düren-Rölsdorf, er starb 1995 während eines Fluges nach Simbabwe, wohin er zu Dopingtests unterwegs war, an einem Herzinfarkt.

He was a two-time participant in the Tour de France and probably destroyed quite a few athletes' careers...

Prof. Dr. Manfred Donike *was a doping expert and laid the foundations of current testing methods in the fight against doping. As early as 1972, Donike developed an analytical procedure for doping detection for the Olympic Games. Shortly before the 1988 Olympic Games in Seoul, he developed an improved detection method for the banned substance stanozolol, which was then used to convict the Olympic champion in the 100 m sprint, Ben Johnson.*

The Manfred Donike Institut für Dopinganalytik e.V. at the German Sport University Cologne is named after him. Manfred Donike lived in Düren-Rölsdorf, he died of a heart attack in 1995 during a flight to Zimbabwe, where he was on his way for doping tests.

Seine Hits kann wohl jeder mitsingen, mit der Mundart-Band „Kasalla" (Pirate) steht **Flo Peil (2. v.r.)** als Gründungsmitglied seit Jahren erfolgreich auf der Bühne. In Birkesdorf geboren und in Straß aufgewachsen, ist er auch als Songschreiber - für Roger Cicero, die Bläck Fööss oder TV-Star Elton - und als Produzent, Gitarrist, Vocalcoach und Toningenieur für Maite Kelly oder Mandy Capristo aktiv. Das Album „In diesem Moment" von Roger Cicero (Peil hat viele Lieder dafür geschrieben) stieg auf Platz vier der Charts und bekam eine Goldene Schallplatte. 2014 wurde er mit dem Deutschen Musikautorenpreis ausgezeichnet.

*Everyone can probably sing along to his hits, and **Flo Peil** has been a successful founding member of the dialect band „Kasalla" on stage for years. Born in Birkesdorf and raised in Straß, he is also active as a songwriter (for Roger Cicero, the Bläck Fööss or TV star Elton, for example) and as a producer, guitarist, vocal coach and sound engineer for Maite Kelly and Mandy Capristo, for example. Roger Cicero's album „In diesem Moment" (Peil wrote many songs for it) rose to number four in the charts and received a gold record, and he was awarded the German Music Authors' Prize in 2014.*

Er überlebte den Angriff vom 16. November in Düren, wanderte in den 60er Jahren mit seiner Familie nach New York aus und „eroberte" von dort aus die Konzertbühnen der Welt. **Franz Mohr**, Jahrgang 1927, wurde Chef-Konzerttechniker beim weltberühmten Piano-Bauer Steinway & Sons. Pianisten wie Vladimir Horowitz, Artur Rubinstein, Emil Gilels, Sviatoslav Richter, Rudolf Serkin, Claudio Arrau, Glenn Gould, Maurizio Pollini u. a. machten den Dürener bekannt. Sie vertrauten dem „Franz" mit dem Stimmhammer und dem feinen Gehör völlig. Franz Mohr war bis 2017 für Steinway & Sons noch als Markenbotschafter weltweit unterwegs. Mit 90 Jahren zog er sich in sein Haus in Lynbrook / NY zurück.

*He survived the attack of 16 November in Düren, he emigrated with his family to New York in the 1960s and from there „conquered" the concert stages of the world. **Franz Mohr**, born in 1927, became chief concert technician at the world-famous piano builder Steinway & Sons. Pianists such as Vladimir Horowitz, Artur Rubinstein, Emil Gilels, Sviatoslav Richter, Rudolf Serkin, Claudio Arrau, Glenn Gould, Maurizio Pollini and others made him famous. They trusted the „Franz" with the tuning hammer and the fine ear completely. Until 2017, Franz Mohr was still travelling the world as a brand ambassador for Steinway & Sons. At the age of 90, he retired to his home in Lynbrook / NY.*

„Gerhard Zucker: Rocket mail pioneer and first-class charlatan". So urteilt eine britische Website über Gerhard Zucker, der ab den 50er Jahren in Schlich und Düren lebte. Zucker hatte in den 30er Jahren die Idee, Post per Rakete zu befördern. Dazu hat er mehrere Raketen konstruiert und auch mehrere Abschüsse getätigt, doch mit mäßigem bis gar keinem Erfolg. Entweder die Raketen stürzten ab oder sie explodierten schon beim Start. Er hatte den Plan, die Post innerhalb einer Minute von Dover nach Calais über den Ärmelkanal zu befördern...

Ein misslungener Raketenstart bei Braunlage führte 1964 zum Verbot von privaten Raketenstarts in Westdeutschland. Es hatte zwei Tote gegeben.

Alle seine Versuche blieben erfolglos und grenzten zumindest teilweise an Betrug, da lediglich Feuerwerksraketen mit einer beeindruckend wirkenden Hülle versehen wurden. Die wissenschaftlich interessierte Presse fiel damals darauf herein.

1954 kam der 1908 geborene Gerhard Zucker nach Schlich und firmierte damals unter „Zucker Gerhard, Lebensmittel". Später verzog er nach Düren, wo er 1985 verstarb.

„Gerhard Zucker: Rocket mail pioneer and first-class charlatan". This is how a British website describes Gerhard Zucker, who lived in Schlich and Düren from the 1950s onwards. In the 1930s, Zucker had the idea of transporting mail by rocket. He constructed several rockets for this purpose and he also made several launches. But with moderate to no success. Either the rockets crashed or exploded during the launch.

So he had a plan to get the mail from Dover to Calais across the English Channel in a minute....

A failed rocket launch near Braunlage led to a ban on private rocket launches in West Germany in 1964. There had been two deaths.

All his attempts were unsuccessful and bordered on fraud, at least in part, as only firework rockets were given an impressive-looking casing. The scientifically interested press, however, fell for it at the time.

In 1954, Gerhard Zucker, born in 1908, came to Schlich and at that time traded under the name „Zucker Gerhard, Lebensmittel".

He later moved to Düren, where he died in 1985.

Margot Eskens ist ein echtes Dürener Kind. Als Schlagersängerin feierte sie in den 50er und 60er Jahren große Erfolge.

Ihre bekanntesten Lieder sind „Tiritomba" und „Cindy, oh Cindy". Beim Eurovision Song Contest 1966 vertrat sie Deutschland mit dem Lied „Die Zeiger der Uhr" und belegte Platz zehn. Eskens hat seit 1956 insgesamt 40 Millionen Schallplatten und CDs verkauft. 1977 war sie mit „Denk nicht an morgen" letztmalig für zwei Wochen, in den deutschen Bestenlisten vertreten.

Margot Eskens is a real child of Düren and celebrated great success as a pop singer in the 50s and 60s.

Her best-known songs are „Tiritomba" and „Cindy, oh Cindy". She represented Germany at the 1966 Eurovision Song Contest with the song „Die Zeiger der Uhr" (The Hands of the Clock) and came in 10th. Eskens has sold a total of 40 million records and CDs since 1956. In 1977, she was represented in the German charts for the last time, two weeks, with „Denk nicht an morgen".

Wenn jemand den Namen „Düren" in alle Welt transportiert hat, dann gehört **Hans Zens** dazu. Er hat es stets verstanden, die nötigen Fäden zu ziehen, um „seine" Annakirmes zu einem bundesweit erstklassigen Volksfest zu machen. Solange der „Kirmesdirektor" auf dem Festplatz das Sagen hatte, kuschte die Politik und Zens gelang es Jahr um Jahr, die Crème de la Crème der deutschen Schaustellerszene mit stets attraktiven Neuheiten für die Annakirmes zu verpflichten. Das Foto zeigt Hans Zens (unten) gemeinsam mit **Dr. Hans Lehmacher** bei der Jungfernfahrt im „Corkscrew", damals die größte transportable Achterbahn der Welt mit zwei Überkopffahrten.

*If anyone has transported the name „Düren" all over the world, then **Hans Zens** is one of them. He has always understood how to pull the necessary strings to make „his" Annakirmes a first-class folk festival nationwide.*

*As long as the „funfair director" was in charge of the fairground, the politicians were cowering and Zens succeeded year after year in engaging the crème de la crème of the German fairground scene with always attractive novelties for the Annakirmes. The photo shows Hans Zens (below) together with **Dr. Hans Lehmacher** on the maiden ride in the „Corkscrew", at that time the largest transportable roller coaster in the world with two overhead rides.*

Der Dürener Grüngürtel stand in den 70er Jahren regelmäßig Kopf, wenn **Ernst Müller** mit einem Erfolg ins Viertel heimkehrte, wie beim der Empfang nach dem dritten Platz und der Bronzemedaille bei der Amateur-Box-WM 1978 in Belgrad. Rechts im Bild neben Ernst Müller im offenen Cabrio: **Heinz Jäger**, der das Talent Müllers entdeckt hatte und den Dürener Boxer über viele Jahre als Trainer betreute. Müllers Karriere begann beim Boxring Düren 1955. Müller boxte als Junior im Leichtgewicht, von 1975 bis 1977 im Halbweltergewicht und danach bis zu seinem Karriereende 1982 im Weltergewicht. 1979 gewann Müller die EM in Köln, sieben Mal kehrte er als Deutscher Meister in den verschiedenen Gewichtsklassen heim. Die Teilnahme an den Olympischen Spielen in Moskau hätte zum Höhepunkt seiner Boxerlaufbahn werden sollen. Der bundesdeutsche Boykott der Spiele verhinderte diesen möglichen Erfolg.

*In the 1970s, the Grüngürtel in Düren was regularly upside down when **Ernst Müller** returned home to the district with a success, as in the photo of the reception after his third place and bronze medal at the 1978 World Amateur Boxing Championships in Belgrade. On the right, next to Ernst Müller in the open convertible, **Heinz Jäger**, who had discovered Müller's talent and coached the boxer from Düren for many years. Müller's career began at Boxring Düren in 1955. Müller boxed as a junior in the lightweight division, from 1975 to 1977 in the light welterweight division and then in the welterweight division until the end of his career in 1982. In 1979, Müller won the European Championships in Cologne, and seven times he returned home as German champion in the various weight classes.*

His participation in the Olympic Games in Moscow should have been the highlight of his boxing career. The German boycott of the Games prevented this possible success.

Skulpturen und Großplastiken baut **Doris Moisa**, die aus Linnich-Tetz stammt. Ihre Werke sind bei Events zu sehen, als Kulisse in diversen TV-Produktionen und natürlich als Kunstwerke. Riesige Aufmerksamkeit bekommen die Karnevalswagen im Düsseldorfer Festzug und Dekorationen für TV-Karnevals-Sitzungen, die sie gemeinsam mit dem Star der Szene, **Jacques Tilly,** baut.

Doris Moisa, who comes from Linnich-Tetz, builds sculptures and large-scale sculptures. Her works can be seen at events or as backdrops in various TV productions and, of course, as works of art. The carnival floats in the Düsseldorf parade and decorations for TV carnival sessions, which she builds together with the star of the scene, Jacques Tilly, receive enormous attention.

Burg Disternich in Vettweiß war seine erste Burg. Später wurde **Herbert Hillebrand** als „Burgenkönig" bekannt. Gleich zweimal, 1977/78 und 1981/82 agierte er als Karnevalsprinz in Düren. Seine zweite Session läutete er spektakulär ein: Als sich in der Stadthalle die Dürener Hautevolée versammelt hatte, um den neuen Prinzen auf den Thron zu heben, ritt dieser zur Überraschung aller auf einem Elefanten, den er sich beim in der Stadt weilenden Zirkus geliehen hatte, in den Saal ein.

*Disternich Castle in Vettweiß was his first castle. Later **Herbert Hillebrand** became known as the „castle king". He acted as Carnival Prince in Düren twice, in 77/78 and 83/83. He ushered in his second session spectacularly:*

When the hautevolée of Düren had gathered in the town hall to raise the new prince to the throne, he rode into the hall on an elephant that he had borrowed from the circus in town, to everyone's surprise.

Die Bücher über das Mittelalter wie „Ich Wolkenstein" und „Der Parzival des Wolfram von Eschenbach" zählen zu den bedeutenden Werken von **Dieter Kühn**. Der vielfach ausgezeichnete Schriftsteller erlebte seine Jugend in Düren. Nach dem Abitur am Stiftischen Gymnasium studierte Germanistik und Anglistik in Freiburg, München und Bonn. Zuletzt lebte er in Brühl. Kühn starb 2015 im Alter von 80 Jahren.

*Works about the Middle Ages such as „I Wolkenstein" and „The Parzival of Wolfram von Eschenbach" are among **Dieter Kühn's** most important works.*

The multi-award-winning author experienced his youth in Düren.

After graduating from the Stiftisches Gymnasium (grammar school), he studied German and English in Freiburg, Munich and Bonn. Most recently he lived in Brühl. Kühn died in 2015 at the age of 80.

Am Burgau Gymnasium in Düren legte sie ihr Abitur ab. **Wilma Elles** studierte Politologie, Islamwissenschaften sowie Theater-, Film- und Fernsehwissenschaften in Köln. Elles spielte in Fernsehproduktionen und Filmen. 2010 bekam sie ein Angebot für eine der Hauptrollen in der türkischen Fernsehserie „Öyle bir geçer zaman ki" und zog nach Istanbul. Die mehrfach ausgezeichnete Serie erreichte in der Türkei hohe Beliebtheit beim Publikum. Die Serie wurde in 70 Länder verkauft. Für ihr Engagement zur türkisch-deutschen Freundschaft erhielt sie den Bosporus Award 2013. Wilma Elles wurde mehrfach mit Preisen als beste Serienschauspielerin ausgezeichnet,

*She passed her Abitur at the Burgau Gymnasium in Düren. **Wilma Elles** studied political science, Islamic studies and theatre, film and television studies in Cologne.*

Elles acted in television productions and films. In 2010, she was offered a leading role in the Turkish television series „Öyle bir geçer zaman ki" and moved to Istanbul.

The multi-award-winning series achieved high popularity among audiences in Turkey. The series was sold in 70 countries. For her commitment to the Turkish-German friendship, she received the Bosporus Award in 2013. Wilma Elles has won several awards for best series actress.

RETTUNG & HILFE

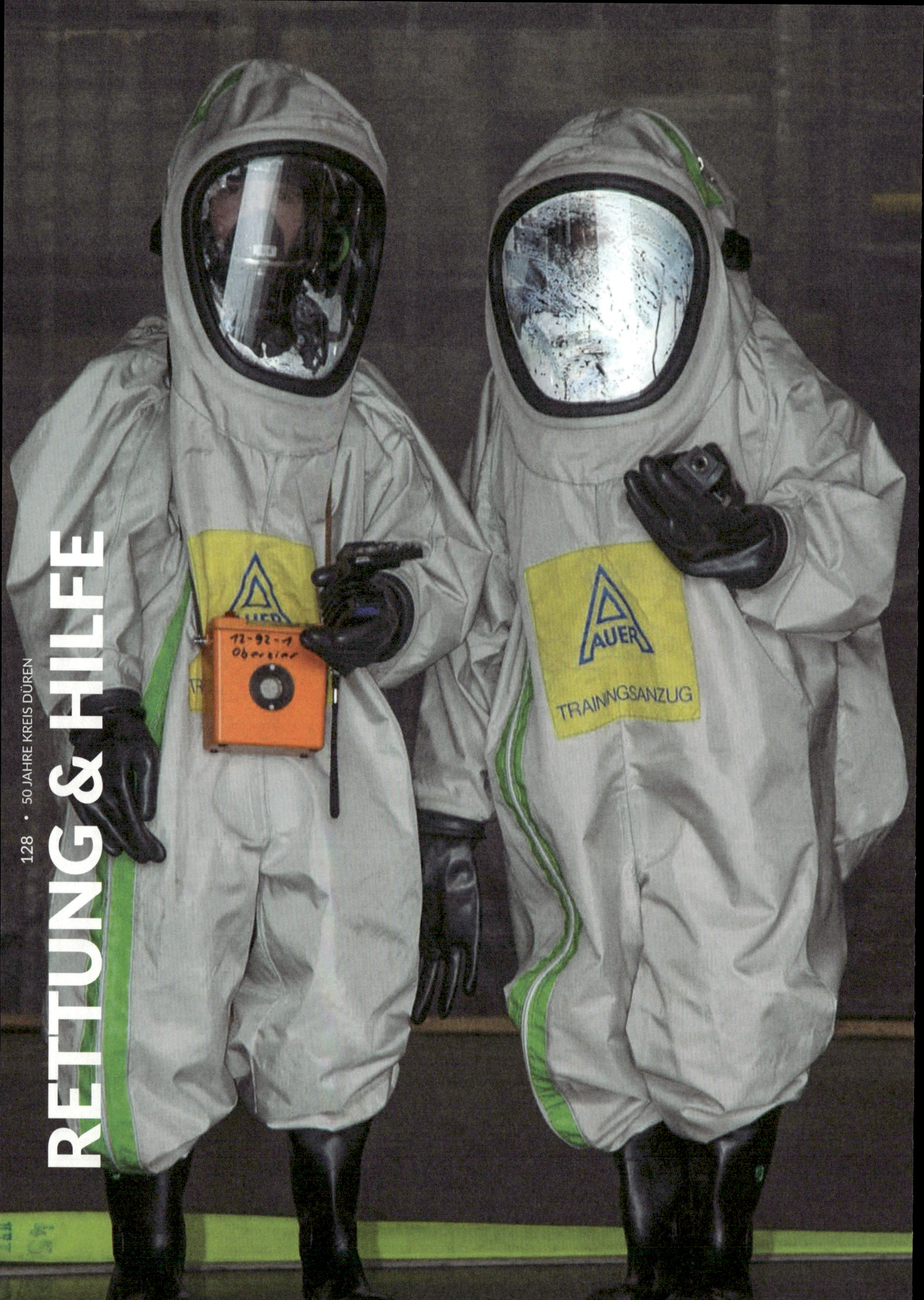

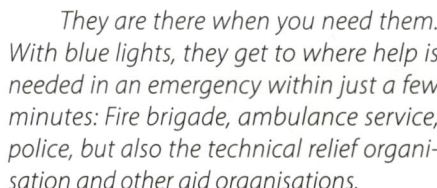

They are there when you need them. With blue lights, they get to where help is needed in an emergency within just a few minutes: Fire brigade, ambulance service, police, but also the technical relief organisation and other aid organisations.

The Düren District Rescue Service (RDKD) is tasked with providing emergency care to the more than 270,000 people in the Düren district. There are a total of eleven rescue stations in the Düren district. The emergency doctors are stationed at the hospitals, and there is also an emergency doctor station in Nideggen.

In close cooperation with the aid organisations, these rescue service locations are operated with the Malteser Hilfsdienst, the Johanniter Unfallhilfe, the Düren and Jülich district associations of the German Red Cross and the Düren fire brigade as partners.

„Save, rescue, extinguish, protect - together for all people in the district of Düren" is the motto of the fire brigades in the district of Düren.

Sie sind da, wenn man sie braucht. Mit Blaulicht kommen sie im Notfall in wenigen Minuten dorthin, wo Hilfe benötigt wird: Feuerwehr, Rettungsdienst, Polizei, aber auch das Technische Hilfswerk und andere Hilfseinrichtungen.

Der Rettungsdienst Kreis Düren (RDKD) ist mit der Notfallversorgung der mehr als 270 000 Menschen im Kreis Düren beauftragt. Insgesamt gibt es im Kreis Düren elf Rettungswachen. Die Notärzte sind an den Krankenhäusern stationiert, zusätzlich gibt es in Nideggen einen Notarztstandort.

In enger Zusammenarbeit mit den Hilfsorganisationen werden diese Rettungsdienststandorte mit dem Malteser Hilfsdienst, der Johanniter Unfallhilfe, den Kreisverbänden Düren und Jülich des Deutschen Roten Kreuzes sowie der Feuerwehr Düren als Partner betrieben.

„Retten, bergen, löschen, schützen – gemeinsam für alle Menschen im Kreis Düren", das ist die Devise bei den Feuerwehren im Kreis Düren. Alle Kommunen betreiben eine freiwillige Feuerwehr, die

vor Ort unterschiedlichste Aufgaben übernimmt, die über das reine Feuerlöschen weit hinausgehen.

In den 15 Kommunen des Kreises Düren sind aktuell etwa 2 800 Feuerwehrleute freiwillig bei Not im Einsatz. Gemeinsam mit der Jugend- und Kinderfeuerwehr sowie den Ehrenabteilungen und Mitgliedern bei Werkfeuerwehren sind fast 4 800 Menschen bei der Feuerwehr aktiv. Unter den aktiven Feuerwehrleuten sind mittlerweile mehr als 200 Feuerwehrfrauen zu finden, Tendenz steigend. Außerdem sind rund 850 Jugendliche bei der Jugendfeuerwehr.

Eine wichtige Säule bei der Ausbildung von Feuerwehrleuten im Kreis Düren ist die überörtliche Ausbildung am Feuerschutztechnischen Zentrum (FTZ) in Stockheim.

All municipalities operate a voluntary fire brigade that takes on a wide variety of tasks that go far beyond simply extinguishing fires.

In the 15 municipalities of the Düren district, about 2,800 firefighters are currently active volunteers.

Together with the youth and children's fire brigades as well as the honorary departments and members of plant fire brigades, almost 4,800 people are active in the fire brigade.

Among the active firefighters, there are now more than 200 women firefighters, and the number is rising. There are also around 850 young people in the youth fire brigade.

An important pillar in the training of firefighters in the Düren district is the supra-local training at the Fire Protection Technical Centre (FTZ) in Stockheim.

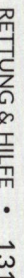

Here, courses are held in the modern training centre with outdoor training facilities, including a breathing protection course and a modern fire simulation facility. In addition, vehicles and equipment are stationed at the FTZ to complement the local fire brigade equipment.

The police in the district of Düren are present with the police stations Düren, Jülich and Kreuzau. The head of the Düren district police authority is District Administrator Wolfgang Spelthahn. In addition to the management staff, the work is divided into the areas of danger prevention/intervention, crime, traffic and central tasks. A total of about 420 police officers and 48 administrative officers and government employees are on duty with the police in the district of Düren.

The Federal Agency for Technical Relief (THW) comes into action in the event of damage situations such as floods or power failures. In the district of Düren, there are THW local associations in Düren, Jülich, Hürtgenwald and Nörvenich.

Hier finden Lehrgänge im modernen Schulungszentrum mit Übungsmöglichkeiten im Außengelände, darunter eine Atemschutzstrecke sowie in einer modernen Brandsimulationsanlage, statt. Außerdem sind am FTZ Fahrzeuge und Ausrüstung stationiert, die die örtlichen Feuerwehrgerätschaften ergänzen.

Die Polizei im Kreis Düren ist mit den Polizeiwachen Düren, Jülich und Kreuzau präsent. Behördenleiter der Kreispolizeibehörde Düren ist Landrat Wolfgang Spelthahn. Neben dem Leitungsstab ist die Arbeit in die Bereiche Gefahrenabwehr/ Einsatz, Kriminalität, Verkehr und Zentrale Aufgaben unterteilt. Insgesamt sind rund 420 Polizeibeamtinnen und -beamte sowie 48 Verwaltungsbeamtinnen und -beamte und Regierungsbeschäftige im Dienst bei der Polizei im Kreis Düren.

Bei Schadenslagen wie Hochwasser oder Stromausfall kommt das Technische Hilfswerk (THW) zum Einsatz. Im Kreis Düren gibt es THW-Ortsverbände in Düren, Jülich, Hürtgenwald und Nörvenich.

FREUNDE IN RUSSLAND

Am Fluss Jausa, gleich am nord-östlichen Stadtrand von Moskau, liegt Mytischtschi, eine Stadt mit 220 000 Einwohnern. Seit dem Frühjahr 2011 unterhält der Kreis Düren eine Partnerschaft mit der russischen Stadt und seitdem findet ein regelmäßiger Austausch zwischen dem Rurkreis und der Jausastadt statt. Christian Runkel hat bei einem Schüleraustausch die Bilder dieser Seite erstellt und macht damit deutlich, dass Mytischtschi eine Stadt mit Historie und Kultur ist. Aus dem 17. Jahrhundert stammt die erste Erwähnung von Mytischtschi als eigenständiges Dorf. Einen technischen Meilenstein setzte man in der Partnerstadt mit

The city of Mytishchi, with 220,000 inhabitants, is located on the river Jausa, right on the north-eastern outskirts of Moscow. Since spring 2011, the district of Düren has maintained a partnership with the Russian city and since then there have been regular exchanges between the Rurkreis and the Jausa city.

Christian Runkel created the pictures on this page during a student exchange, making it clear that Mytishchi is a town with history and culture. The first mention of Mytishchi as an independent village dates back to the 17th century. A technical milestone was set in the twin town with the first water pipeline in Russia at the end of

XV. Städtepartner-
Konferenz
Kreis Düren 2019

2019 richtete der Kreis Düren das Deutsch-Russische Forum aus. Abgesehen von beiderseits hochkarätig besetzen Foren dient die regelmäßige Tagung, die wechselseitig in Deutschland und Russland ausgerichtet wird, ebenfalls dem Austausch von Kultur sowie der Begegnung der Menschen der beiden Völker und wirbt für Verständigung und Frieden. Neben Düren hatte man für die Eröffnungsveranstaltung einen europäischen Ort voller Bedeutung, den Krönungssaal des Aachener Rathauses, gewählt, um die Beziehung der westeuropäischen Stadt Düren und dem osteuropäischen Mytischtschi, von wo Düren den Staffelstab für das Forum erhalten hatte, zu unterstreichen.

In 2019, the Düren district hosted the German-Russian Forum. In addition to forums with high-calibre participants from both sides, the regular meeting, which is hosted alternately in Germany and Russia, also serves the exchange of culture and the meeting of the citizens of the two peoples and in this way it promotes understanding and peace.

In addition to Düren, a European location full of significance, the Coronation Hall of the Aachen Town Hall, had been chosen for the opening event to underline the relationship between the Western European city of Düren and the Eastern European city of Mytishchi, from where Düren had received the baton for the Forum.

Die russischen Besucher legten auf dem Aachener Friedhof einen Kranz am Grab des unbekannten Soldaten nieder. Im Krönungssaal traf man sich zur Eröffnung. Erinnerung, Kultur und verschiedene Diskussionsforen füllten die Tage. Bei der Eröffnung dabei: Michail Schwydkoj, russischer Beauftragter für internationale kulturelle Zusammenarbeit, Landrat Wolfgang Spelthahn, Staatsministerin Michelle Müntefering, Ministerpräsident Armin Laschet, Matthias Platzeck, Vorsitzender des Deutsch-Russischen Forums, und Aachens früherer Oberbürgermeister Marcel Philipp (v. l.).

The Russian visitors laid a wreath at the grave of the unknown soldier in the Aachen cemetery. They met in the Coronation Hall for the opening ceremony. Remembrance, culture and various discussion forums filled the days. Present at the opening: Mikhail Shvydkoy, Russian Commissioner for International Cultural Cooperation, District Administrator Wolfgang Spelthahn, Minister of State Michelle Müntefering, Prime Minister of North-Rhine Westphalia Armin Laschet, Matthias Platzeck, Chairman of the German-Russian Forum, and Aachen's former Lord Mayor Marcel Philipp (from left).

Der Kreis Düren pflegt seine Freundschaften und Beziehungen nicht nur auf der Erde. Bis in den Orbit, in die ISS, reichen die Kontakte.

Kosmonaut Fedor Jurtschichin, Leiter der 52. Expedition auf der internationalen Raumstation, schickte anlässlich der Vergabe der 15. deutsch-russischen Städtepartnerkonferenz einen Videogruß von der internationalen Raumstation ISS an den Kreis Düren.

Fedor Jurtschichin stammt aus Mytischi, dem russischen Partnerkreis des Kreises Düren. Verständlich, dass sein Augenmerk beim Überflug immer wieder der Region an der Rur und seiner Heimat galt.

In seiner Botschaft, die ebenfalls auf YouTube (https://youtu.be/fKh0NUxh2mw) abrufbar ist, stellte Jurtschichin fest: „Gerade heute sind wir über die beiden Städte geflogen und haben gemerkt, dass beide im besonderen und im gleichen Licht erscheinen. Alle gemeinsam haben wir die gleiche Mission, wir vereinen unsere Völker, und ich wünsche uns bei dieser ehrenvollen Aufgabe viel Erfolg."

Fedor Jurtschichin verbrachte bei seiner Mission 92 Tage im All, insgesamt war es seine fünfte Reise ins Weltall.

Die Internationale Space Station benötigt bei ihrer Geschwindigkeit von 7,66 km pro Sekunde 93 Minuten für eine Erdumrundung. Die in rund 400 Kilometern Höhe fliegende Station ist mit bloßem Auge von der Erde aus sehr gut zu sehen.

The Düren district cultivates its friendships and relationships not only on earth. Contacts extend all the way into orbit, to the ISS.

Cosmonaut Fedor Yurtschichin, head of the 52nd expedition on the international space station, sent a video greeting from the international space station ISS to the district of Düren on the occasion of the awarding of the 15th German-Russian town twinning conference.

Fedor Yurtschichin comes from Mytischi, the Russian partner district of the Düren district. It is understandable that his attention was always focused on the region along the Rur and his homeland during the flyover.

In his message, which can also be visited on YouTube (https://youtu.be/fKh0NUxh2mw),

Yurtschichin stated: „Just today we flew over the two cities and noticed that both appear special and in the same light. All together we have the same mission, we unite our peoples, and I wish us success in this honourable task."

Fedor Yurtschichin spent 92 days in space during his mission, which was his fifth trip into space.

At its speed of 7.66 km per second, the International Space Station needs 93 minutes to orbit the Earth. Flying at an altitude of around 400 kilometres, the station can be seen with the naked eye from Earth.

Kosmonaut Fedor Jurtschichin sendete eine Videobotschaft von der ISS an die Bürger des Kreises Düren.

Die Internationale Raumstation ist mit bloßem Auge beim Überflug zu beobachten. Rechts im Bild kreuzt die ISS-Flugbahn über der Pfarrkirche St. Michael Lendersdorf durch das Sternzeichen „Großer Wagen" und über dem Kurs eines Verkehrsflugzeuges gegen Osten.

Die ISS im Orbit über der Erde.

Cosmonaut Fedor Yurtschichin sent a video message from the ISS to the citizens of the Düren district.

The International Space Station can be observed with the naked eye as it passes overhead. On the right of the picture, the ISS flight path crosses over the Lendersdorf parish church of St. Michael through the star sign „Big Dipper" and over the course of a commercial aircraft towards the east. The ISS in orbit above the Earth.

ALDENHOVEN

Der "Garekicker" hat die Madonnen-Statue im Alten Turm im Blick. Das Ludwig-Gall-Haus hat eine bewegte Vergangenheit und ist heute der Ort, an dem die Aldenhovener heiraten. St. Johann Baptist in Niedermerz hat seine Ursprünge im 12. Jahrhundert.

The „Garekicker" has his eye on the Madonna statue in the Old Tower. The Ludwig-Gall-Haus has an eventful past and is now the place where the people of Aldehoven get married. St. Johann Baptist in Niedermerz has its origins in the 12th century.

Viel geredet und diskutiert wird im Kreis Düren über den Strukturwandel. Den hat die Gemeinde Aldenhoven schon einmal erlebt. Von 1938 bis 1992 waren der Steinkohlenbergbau und die Zeche „Emil Mayrisch" in Siersdorf der größte Arbeitgeber in der Gemeinde. Davon geblieben ist heute noch das Bergbau-Museum in einer ehemaligen Klosterkapelle im Hauptort und die ehemalige Bergehalde, die weithin sichtbar von der Kohle-Vergangenheit der Gemeinde zeugt. Das Gelände der ehemaligen Zeche kennen Millionen Menschen. Es ist die Heimat der „Film-Autobahn", auf der viele Teile der TV-Action-Serie „Alarm

There is a lot of talk and discussion about structural change in the district of Düren. The municipality of Aldenhoven has already experienced this once. From 1938 to 1992, coal mining and the „Emil Mayrisch" mine in Siersdorf were the largest employers in the community.

What remains today is the mining museum in a former monastery chapel in the main town and the former slag heap, which is visible from afar and bears witness to the community's coal past. Millions of people know the site of the former colliery. It is the home of the „film highway" whe-

für Cobra 11" und viele weitere Filme gedreht werden. Nebenan wird an der Mobilität der Zukunft geforscht. Im Automobil-Testzentrum (ATC) und am Campus Aldenhoven beschäftigen sich auf einem riesigen Testgelände Wissenschaftler und Industrie mit Fahrsystemen, die man vielleicht irgendwann auf den Straßen sehen wird.

Die Braunkohle hinterließ ebenfalls Spuren in der Gemeinde Aldenhoven: Der Ortsteil Obermerz wurde im Jahr 1972, der Ortsteil Langweiler im Jahr 1973 im Zuge des Braunkohletagebaus „Zukunft" abgebaggert. In den 1980er Jahren verschwand der Ortsteil Pattern wegen des Braunkohletagebaus „Inden" von der Landkarte.

Schon die Römer kannten „Aldenhoven", der heutige Ort liegt an der ehemaligen Römerstraße, die heute unter dem Titel „Via Belgica - Erlebnisraum Römerstraße" auch für Touristen nachvollziehbar ist. Zu den römischen Spuren in Aldenhoven zählen eine zivile Straßenstation, ein Wachtposten, ein so genannter Umgangstempel mit Säulengang und mehrere Landgüter. Der schöne Park im Ortskern heißt übrigens „Römerpark".

An die jüngere Vergangenheit erinnert der „Alte Turm", er ist Teil der im 15. Jahrhundert errichteten Festungsanlagen.

Aldenhoven ist übrigens auch seit dem Jahr 1654 Marienwallfahrtsort. 1659 wurde eine achteckige Wallfahrtskapelle um das 1654 aufgefundene Gnadenbild, eine geschnitzte Madonnenfigur im Strahlenkranz, erbaut. Für die Betreuung der Pilger wurde 1661 ein Kapuzinerkloster errichtet, das bis 1802 bestand.

Wer sich den Triumphbogen in Paris genau anschaut, wird dort auch den Namen Aldenhoven entdecken: Hintergrund

Die Deutschordenskommende in Siersdorf ist die Ruine eines schlossartigen Herrenhauses. Erholung findet man im nördlichen Gemeindegebiet. Unter der Autobahn geht es nach Niedermerz und ein kleiner Indemann grüßt am Römerpark.

The Deutschordenskommende in Siersdorf is the ruin of a castle-like manor house. Recreation can be found in the northern municipal area. Under the motorway you go to Niedermerz and a small Indemann greets you at the Römerpark.

Stattliche Allee aus Platanen in Siersdorf, und ein Wanderweg im Römerpark.

Impressing avenue of plane trees in Siersdorf, and a hiking trail in the Roman Park.

re many parts of the TV action series „Alarm for Cobra 11" and many other films are shot.

Next door, research is being done on the mobility of the future. At the Automobile Test Centre (ATC) and the Aldenhoven campus, on a huge test site, scientists and industry are working on driving systems that we all may see on the roads one day.

Lignite also left its mark on the municipality of Aldenhoven: the district of Obermerz was mined in 1972 and the district of Langweiler in 1973 in the course of the open-cast lignite mine „Zukunft". In the 1980s, the district of Pattern disappeared from the map because of the open-cast lignite mine „Inden".

Even the Romans knew of „Aldenhoven"; today's town lies on the former Roman road, which can now also be traced by tourists under the title „Via Belgica - Erlebnisraum Römer-straße" (Roman Road Experience). Roman traces in Aldenhoven include a civilian road station, a guard post, a socalled „Umgangstempel"(Intercourse temple) with a portico and several estates. Incidentally, the beautiful park in the centre of the village is called „Römerpark".

The „Old Tower" is a reminder of the more recent past; it is part of the fortifications built in the 15th century.

Aldenhoven has also been a place of pilgrimage to the Virgin Mary since 1654. In 1659, an octagonal pilgrimage chapel was built around the image of grace found in 1654, a carved figure of the Madonna in a halo. A Capuchin monastery was built in 1661 to take care of the pilgrims and existed until 1802.

If you look closely at the Arc de Triomphe in Paris, you will also see the name Aldenhoven there: The background is the two battles at Aldenhoven in 1793 and 1794.

The place name is immortalised on the Arc de Triomphe at the places where the French Revolutionary troops remained victorious.

This marked the beginning of the so-called „French period" on the left bank of the Rhine. The sight in Siersdorf, the second largest district of the municipality, is the ruin of the former Deutschordenskommende, a castle-like manor house. Built around 1580, the main house was badly damaged in the Second World War and has not yet been rebuilt. In the parish church of St. John the Baptist, the late Gothic Antwerp retable and the choir stalls are particularly worth seeing.

sind die beiden Schlachten bei Aldenhoven in den Jahren 1793 und 1794. Der Ortsname ist auf dem Triumphbogen verewigt bei den Orten, an denen die französischen Revolutionstruppen siegreich blieben. Damit begann am linken Rheinufer die soge-nannte „Franzosenzeit".

Sehenswürdigkeit in Siersdorf, dem zweitgrößten Ortsteil der Gemeinde, ist die Ruine der ehemaligen Deutschordenskommen-de, ein schlossartiges Herrenhaus. Der um 1580 errichtete Bau des Haupthauses wurde im Zweiten Weltkrieg stark beschädigt und bisher nicht wiederaufgebaut. In der Pfarrkirche St. Johannes der Täufer ist das spätgotische Antwerpener Retabel und das Chorgestühl besonders sehenswert.

Wie verändert sich die Mobilität in der Zukunft. Wie fahren wir künftig Auto? Fahren „wir" überhaupt noch selbst? Wie sehen die Fahrzeuge der nächsten Generationen aus, welche Assistenzsysteme nutzen sie, wie verhalten sie sich im Verkehr? All das und noch viel mehr wird in Aldenhoven-Siersdorf unter realen Bedingungen getestet. Sicher ist: Die Mobilität von morgen wird durch das automatisierte und vernetzte Fahren geprägt sein.

Da, wo einst die Kumpel auf der Zeche Emil Mayrisch die Kohle unter Tage förderten, findet sich heute das Aldenhoven Testing Center (ATC), ein in Europa einzigartiges Testzentrum zur Entwicklung innovativer Fahrzeugsysteme und -komponenten. Das ATC ist damit auch ein Stück Strukturwandel. Die Strecke hat schon so manchen „Erlkönig" aus der Autoindustrie gesehen, der hier ausprobiert wurde.

Das Ganze ist mehr als eine Teststrecke, es ist ein interdisziplinäres Testzentrum für Mobilität und wird gemeinsam vom Kreis Düren und der RWTH Aachen betrieben. Hier können alle Aspekte zukünftiger Anforderungen und Möglichkeiten moderner Mobilität auf der Straße entwickelt und getestet werden.

How will mobility change in the future? How will we drive cars in the future? Will „we" still drive ourselves at all?

What will the vehicles of the next generation look like, what assistance systems will they use, how will they behave in traffic?

All this and much more will be tested under real conditions in Aldenhoven-Siersdorf. One thing is certain: tomorrow's mobility will be characterised by automated and connected driving.

Where once the miners at the Emil Mayrisch colliery extracted coal underground, today you will find the Aldenhoven Testing Center (ATC), a unique test centre in Europe for the development of innovative vehicle systems and components.

The ATC is thus also a piece of structural change. The track has seen many a „Erlkönig" (prototype) from the car industry being tested here.

The whole thing is more than only a test track, it is an interdisciplinary test centre for mobility and is operated jointly by the district of Düren and RWTH Aachen University. All aspects of future requirements and possibilities of modern mobility on the road can be developed and tested here.

Die Automobile
Zukunft erfahren

The Automobiles
Experience the future

Zum ATC gehört eine rund zwei Kilometer lange Ovalbahn mit Steilkurven, eine Schlechtwegstrecke, eine Fahrdynamikfläche eine Kreuzung mit modernster Kommunikationsinfrastruktur, eine Bremsstrecke, ein Handlingkurs, ein Steigungshügel, die Galileo-Infrastruktur und sogar eine Autobahn, die als „Filmautobahn" ebenfalls für Dreharbeiten genutzt wird und in diversen Actionszenen im TV oder Kino zu sehen ist.

Neben den verschiedenen Streckenelementen steht mit dem automotiveGATE eine Test- und Entwicklungsumgebung für Anwendungen des zukünftigen, europäischen Satellitennavigationssystems Galileo zur Verfügung.

Sogar eine „Stadt" gibt es hier: CERMcity ist der Name. Diese städtische Testumgebung ergänzt die bestehenden Strecken und erlaubt die sichere Darstellung von städtischen Verkehrssituationen. Hier werden vollautomatisierte Fahrfunktionen unter Stadt-Bedingungen getestet. So gibt es Kreuzungen, Parkbereiche, Haltestellen, Zebrastreifen sowie eine flexible Multifunktionsfläche. Hinzu kommen simulierte Häuserfronten und eine Abdeckung mit Funktechnologien zur Einbindung von Sensoren und Aktoren.

Alle Einrichtungen können von interessierten Institutionen, die im Bereich der Mobilität forschen, entwickeln oder testen, angemietet werden.

Weitere Bauabschnitte, die insbesondere die Forschung- und Entwicklung auf dem Weg zum vernetzten und automatisierten Fahren ermöglichen werden, sind in Planung und teils in der Umsetzung.

The ATC includes a two-kilometre long oval track with steep curves, a bad road section, a driving dynamics area, a junction with state-of-the-art communication infrastructure, a braking section, a handling course, an incline hill, the Galileo infrastructure and even a motorway, which is also used for filming as a „Film Highway" and can be seen in various action scenes on TV or in the cinema.

In addition to the various track elements, the "automotiveGATE" provides a test and development environment for applications of the future European satellite navigation system Galileo.

There is even a „city" here: CERMcity is the name. This urban test environment complements the existing routes and allows the safe representation of urban traffic situations. Fully automated driving functions are tested here under city conditions.

For example, there are intersections, parking areas, bus stops, zebra crossings and a flexible multifunctional area. In addition, there are simulated house fronts and a cover with radio technologies for the integration of sensors and actuators.

All facilities can be rented by interested institutions researching, developing or testing in the field of mobility.

Further construction phases, which will in particular enable research and development on the path to connected and automated driving, are being planned and partly on the way of being implemented.

Die automobile Welt von Morgen ist im Aldenhoven Testing Center heute schon Realität. Zusätzlich ermöglicht die angeschlossene Filmautobahn internationalen Produktionen actionreiche Dreharbeiten, die sonst im öffentlichen Raum nicht machbar wären.

The automotive world of tomorrow is already a reality today at the Aldenhoven Testing Center. In addition, the connected socalled "Film Highway" enables international productions to film action-packed scenes that would otherwise not be feasible in public spaces.

HÜRTGENWALD

—

In der Gemeinde Hürtgenwald findet man die Höhepunkte des Kreises Düren im wahrsten Sinne des Wortes. Mit 566 Metern über dem Meer ist die Stelle des „Eifel-Blicks", wenige Meter westlich der B 399 bei Raffelsbrand zwischen Vossenack und Lammersdorf, gleich an der südlichen Kreisgrenze, der höchste Punkt im Kreis. 64 Meter niedriger ragt die Spitze des 121 Meter hohen Fernmeldeturms bei Großhau über dem Meeresspiegel. Er ist der Wegweiser in die Höhengemeinde des Kreis Düren. Denn der markante Turm ist schon ab den Niederlanden, dem Raum Düsseldorf und Köln sichtbar.

In the municipality of Hürtgenwald you will find the highlights of the Düren district in the truest sense of the word. At 566 metres above sea level, the site of the „Eifel Blick", a few metres west of the B 399 near Raffelsbrand between Vossenack and Lammersdorf, just on the southern border of the district, is the highest point in the district. 64 metres lower, the top of the 121-metre-high telecommunications tower near Großhau rises above sea level. It is the signpost to the high-altitude community of the district of Düren. For the striking tower is already visible from the Netherlands, the Düsseldorf area and Cologne.

Vergessen sind die Spuren der Kämpfe des harten Winters 44/45 im „Huertgen Forest" sicherlich noch lange nicht. Doch der Name „Hürtgenwald" steht heute für eine 53 Jahre junge Gemeinde an der Stufe zur Eifel.

Die knapp 9 000 Einwohner zählende Gemeinde mit den Ortsteilen Gey, Horm, Straß, Schafberg, Großhau, Kleinhau, Bergstein, Brandenberg, Zerkall, Hürtgen, Vossenack, Simonskall und Raffelsbrand präsentiert sich modern und hat erkannt, dass der Tourismus in der von Wald und Wasser geprägten Region Chancen für die Zukunft bietet. Hürtgenwald gehört zum Gebiet des Nationalparks Eifel und des Deutsch-Belgischen Naturparks Hohes Venn-Eifel. Gemeinsam mit den Gemeinden Heimbach, Kreuzau und Nideggen bildet Hürtgenwald die Urlaubs- und Erholungsregion Rureifel.

Die Industrie spielt in Hürtgenwald kaum eine Rolle. Allerdings existiert im

Die stolze Kirche Heilige Maurische Märtyrer in Bergstein. In der Papierfabrik Zerkall trocknet das Bütten an der Luft. Das saubere Wasser der Kall ermöglicht die hohe Papierqualität. Gasthaus in Simonskall und die alte Schule in Gey.

The proud church of the Holy Moorish Martyrs in Bergstein. In the Zerkall paper mill, the handmade paper dries in the air.
The clean water of the Kall makes the high quality of the paper possible. Inn in Simonskall and the old school in Gey.

The traces of the battles of the harsh winter of 44/45 in the „Huertgen Forest" are certainly far from forgotten. But today the name „Hürtgenwald" stands for a 53-year-old municipality on the border to the Eifel.

The municipality of just under 9,000 inhabitants with the districts of Gey, Horm, Straß, Schafberg, Großhau, Kleinhau, Bergstein, Brandenberg, Zerkall, Hürtgen, Vossenack, Simonskall and Raffelsbrand presents itself in a modern way and has recognised that tourism in the region characterised by forest and water offers opportunities for the future.

Hürtgenwald is part of the Eifel National Park and the German-Belgian High Fens-Eifel Nature Park. Together with the municipalities of Heimbach, Kreuzau and Nideggen, Hürtgenwald forms the Rur-Eifel holiday and recreation region.

Industry hardly plays a role in Hürtgenwald. However, the Zerkall paper mill in the

HÜRTGENWALD

Verwachsene Narben

Overgrown scars

Kalltal bei Zerkall mit der Papierfabrik Zerkall seit 1903 ein Kleinod, in dem „wie von Hand" Büttenpapier edelster Qualität geschöpft wird. Viele Jahre beherbergte die Gemeinde Hürtgenwald die 1973 in Betrieb gegangene Mülldeponie des Kreises. Jahrzehnte lang wurde der ehemalige Tagebau bei Horm genutzt, um Müll zu verkippen.

Damals prognostizierte man, dass das 105 Meter tiefe Loch reichen würde, um den Müll der nächsten 80 bis 100 Jahre aufzunehmen...

Neben dem Segelflugplatz bei Bergstein (s. Seite 8 & 9) ist die Gemeinde ein internationales Mekka für die Motocross-Szene. Aus aller Welt reisen die Motorsportler an, um beim jährlich im Mai stattfindenden Flutlichtrennen an den Start zu gehen.

Kalltal valley near Zerkall has been a gem since 1903, producing handmade paper of the highest quality „as if by hand".

For many years, the municipality of Hürtgenwald was home to the district's waste disposal site, which went into operation in 1973. For decades, the former open-cast mine near Horm was used to dump waste. At that time, it was predicted that the 105-metre-deep hole would be enough to hold the waste for the next 80 to 100 years...

Besides the glider airfield near Bergstein (see pages 8 & 9), the municipality is an international Mecca for the motocross scene. Motorsport enthusiasts travel from all over the world to compete in the annual floodlit race held in May.

Blick von Vossenack nach Hürtgen. Die Hürtgenwald-Gedächtnis-Kapelle in Kleinhau. Hier ist auch die Motocross-Szene beheimatet. Blick auf den Burgberg.

View from Vossenack to Hürtgen. The Hürtgenwald Memorial Chapel in Kleinhau. This is also home to the motocross scene. View of the Burgberg.

Der Name Hürtgenwald erlangte im Zweiten Weltkrieg traurige Berühmtheit durch die Bezeichnung „Huertgen Forest" der US-Streitkräfte. Ab Oktober 1944 tobte im heutigen Bereich der Orte Vossenack und Hürtgen vier Monate lang eine der schwersten Schlachten im westlichen Europa mit der traurigen Bilanz von rund 24 000 Toten. Die Wunden sind weitgehend verheilt, doch die Narben noch sichtbar.

The name Hürtgenwald gained sad fame during the Second World War through the designation „Huertgen Forest" by the US forces. From October 1944, one of the most severe battles in western Europe raged for four months in what is now the area of the villages of Vossenack and Hürtgen, with the sad result of around 24 000 casualties. The wounds have largely healed, but the scars are still visible.

Stumm, unweit der „Wilden Sau", einem heftig umkämpften Waldstück der Schlacht im Hürtgenwald, erinnern die Kreuze an das Geschehen im Kriegswinter 1944. Vermehrt dienen solche Orte der Versöhnung und dem Ruf nach Einsicht und Vernunft für ein friedliches Miteinander der Völker.

So erst 2019, als im Rahmen des Deutsch-Russischen Forums junge Russen und Schüler des benachbarten Franziskus-Gymnasiums in einer beeindruckenden Performance einen Friedensappell in die Welt schickten.

Der Gang zu dem Gräberfeld wurde dabei von dem 94-jährigen Resistance-Kämpfer und Kommandant in Vogelsang, Victor Neels, angeführt: „Wir alle wollen gemeinsam leben, feiern und tanzen – das geht nicht im Krieg, das geht nur im Frieden."

As silent witnesses, not far from the „Wilde Sau", a fiercely contested wooded area of the Battle of the Hürtgen Forest, the crosses recall the events of the winter of the Second World War. Increasingly, these places serve to promote reconciliation and the call for insight and reason for peaceful coexistence between peoples.

This was the case as recently as 2019, when, as part of the German-Russian Forum, young Russians and pupils from the neighbouring Franziskus-Gymnasium sent out an appeal for peace to the world in an impressive performance. The walk to the burial ground was led by the 94-year-old Resistance fighter and commander in Vogelsang, Victor Neels: „We all want to live, celebrate and dance together - you can't do that in war, you can only do that in peace."

Die beiden Kriegsgräberstätten in Hürtgen und Vossenack erinnern an die sinnlosen Kämpfe zum Jahreswechsel 44/45 im „Huertgen Forest". In Hürtgen mahnen 3 001 Gräber und in Vossenack, auf der einst strategischen Höhe 470, 2 347 Gräber zum Frieden.

The two war gravesites in Hürtgen and Vossenack commemorate the senseless battles at the turn of the year 44/45 in the „Huertgen Forest". In Hürtgen, 3,001 graves and in Vossenack, on the once strategic height 470, 2,347 graves remind us of peace.

Eine sinnlose Schlacht
A senseless battle

Der Fernmelde-turm überragt die Gemeinde und lässt bei Nacht die Sterne um sich kreisen. In Zerkall, wo die Kall in die Rur mündet, ist Idylle angesagt. Das neue Rathaus in der neuen Gemeindemitte in Kleinhau. Ein schwarzer Kirchturm markiert die Ortschaft Gey. „Sürchens Mussel" soll in alten Zeiten zwischen dem Burgberg und Burg Nideggen sein Unwesen getrieben haben.

The telecommunications tower towers over the community and lets the stars circle around it at night.
In Zerkall, where the Kall flows into the Rur, idyllic is the order of the day. The new town hall in the new centre of Kleinhau.
A black church tower marks the village of Gey. In olden times, „Sürchens Mussel" used to make mischief between the Burgberg and Nideggen Castle.

Die Gemeinde Hürtgenwald entstand schon drei Jahre bevor der Kreis neu gebildet wurde. Bereits 1969 hatten sich auf freiwilliger Basis die selbstständigen Gemeinden Bergstein, Brandenberg, Gey, Großhau, Hürtgen, Kleinhau und Straß zusammengeschlossen. Diese waren bis zu diesem Zeitpunkt im Amt Straß-Bergstein organisiert. Der Verwaltungssitz war Gey.

Bei diesem freiwilligen Zusammenschluss hatte man Untermaubach mit Schlagstein und Bilstein ausgeklammert, da sich abzeichnete, dass Untermaubach mit der Neugliederung 1972 an Kreuzau gehen würde.

Als Ausgleich wurde dann Vossenack an die Gemeinde Hürtgenwald angegliedert. Dadurch ergab es sich, dass mit Ausnahme von Gey alle Ortsteile „hoch" gelegen waren, weshalb man ebenfalls den Begriff „Höhengemeinde" prägte.

Indem man später dann den Verwaltungssitz von Gey nach Kleinhau verlegte, wurde ebenfalls ein neuer Gemeindemittelpunkt geschaffen.

The municipality of Hürtgenwald came into being three years before the new district was formed.

As early as 1969, the independent municipalities of Bergstein, Brandenberg, Gey, Großhau, Hürtgen, Kleinhau and Straß had joined together on a voluntary basis. Until then, these had been organised in the Straß-Bergstein office. The administrative seat was Gey.

In this voluntary merger, Untermaubach with Schlagstein and Bilstein had been left out, as it became apparent that Untermaubach would go to Kreuzau with the reorganisation in 1972.

As compensation, Vossenack was then annexed to the municipality of Hürtgenwald. This meant that, with the exception of Gey, all the districts were situated „high up", which is why the term „high altitude municipality" was coined.

Later, when the administrative centre was moved from Gey to Kleinhau, a new community centre was created.

GESUNDHEIT

Das St. Augustinus Krankenhaus in Düren Lendersdorf am Abend.
Die großzügigen Behandlungs-Bereiche sind mit moderner Technik ausgestattet und lassen keine medizinischen Wünsche offen.
Auf der Höhe der Zeit sind ebenfalls die Patientenzimmer gestaltet und eingerichtet.

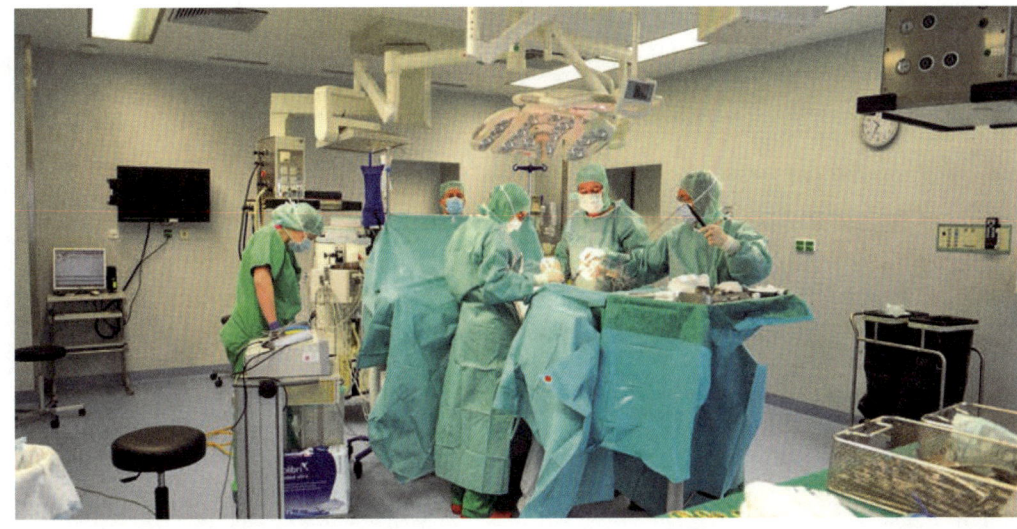

Vom Pflaster auf der kleinen Schürfwunde über hochkomplexe Eingriffe mit einem Operations-Roboter bis hin zu spektakulären Aufnahmen des Gehirns im Forschungszentrum Jülich reicht das Spektrum rund ums Thema Gesundheit im Kreis Düren. Mit den Krankenhäusern in Düren, Jülich, Linnich, Birkesdorf und Lendersdorf, dem Medi-Center in Düren und der LVR-Klinik, zahlreichen niedergelassenen Ärzten und spezialisierten Praxen, wie dem Augenzentrum in Jülich, ist die Gesundheitsversorgung im Kreis Düren sehr breit aufgestellt.

Rund 20 000 stationäre und 55 000 ambulante Patienten werden in den Krankenanstalten Düren jährlich behandelt. Die Schwerpunkte liegen bei der Behandlung von Tumoren, Erkrankungen des Herz-Kreislaufsystems, der Verdauungs- und Stoffwechselorgane und des Bewegungsapparates. Man verfügt über einen OP-Roboter, damit können die Ärzte

The spectrum of health topics in the Düren district ranges from a plaster on a small abrasion to highly complex interventions with a surgical robot to spectacular images of the brain in the Jülich Research Centre.

With the hospitals in Düren, Jülich, Linnich, Birkesdorf and Lendersdorf, the Medi-Center in Düren and the LVR Clinic, numerous doctors in private practice and specialised practices, health care in the district of Düren is very broadly based.

Approximately 20 000 inpatients and 55 000 outpatients are treated at the Düren hospitals every year. The focus is on the treatment of tumours, diseases of the cardiovascular system, the digestive and metabolic organs and the musculoskeletal system. The hospital has a surgical robot, which enables doctors to operate more precisely and more gently for patients.

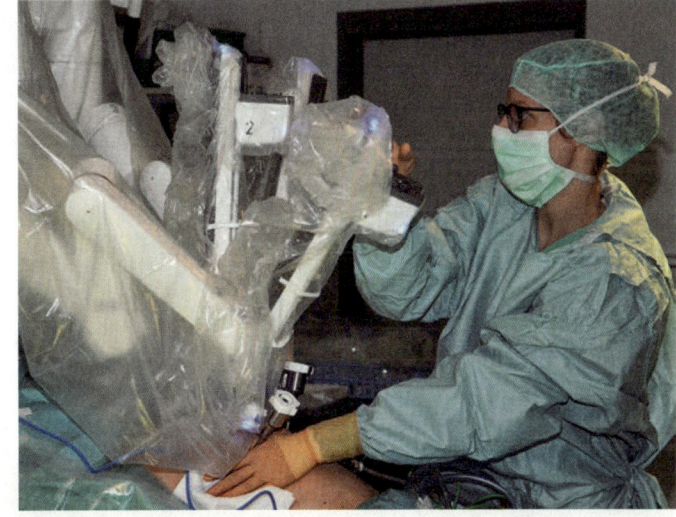

The St. Augustinus Hospital in Düren Lendersdorf in the evening.
The spacious treatment areas are equipped with modern technology and leave no medical wishes unfulfilled.
The patient rooms are also designed and furnished to the highest standards.

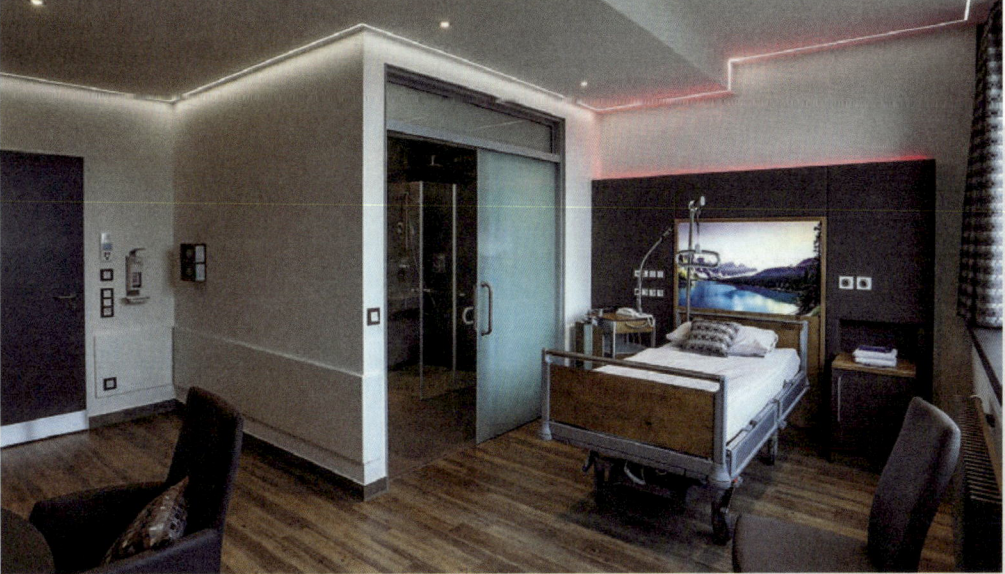

präziser und für die Patienten schonender operieren.

Jährlich versorgt das St. Elisabeth-Krankenhaus Jülich rund 6000 stationäre und 15500 ambulante Patienten. Das Krankenhaus ist geprägt vom chirurgischen Leistungsangebot und ist lokales Traumazentrum und Alterstraumazentrum. Innere Medizin, palliative Versorgung und Geriatrie sind weitere Schwerpunkte. Anästhesie und Intensivmedizin sind telemedizinisch an die Uniklinik Aachen angebunden.

Das St. Marien-Hospital in Düren-Birkesdorf mit 381 Betten ist akademisches Lehrkrankenhaus der Uniklinik RWTH Aachen und in spezialisierten Bereichen eng vernetzt mit anderen Kompetenzzentren. Schwerpunkte sind die Kinderklinik, die Frauenklinik mit Geburtshilfe und Brustzentrum, das Zentrum für minimal-invasive Chirurgie und das kooperative Lungenkrebszentrum.

Das St. Augustinus Krankenhaus in Düren-Lendersdorf mit 288 Betten ist akademisches Lehrkrankenhaus der Uniklinik Aachen. Rund 700 Mitarbeiterinnen und Mitarbeiter behandeln und betreuen mehr als 11000 stationäre sowie mehr als 25000 ambulante Patienten pro Jahr. Schwerpunkte sind unter anderen das Endoprothetikzentrum der Maximalversorgung und das Traumazentrum.

Die Krankenanstalten Düren überragen die Stadt. Die Landesklinik mit „Haus 5", einst ein Ort der Sicherheitsverwahrung von Straftätern. St. Elisabeth in Jülich und das Marienhospital in Birkesdorf.

The Düren hospitals tower over the city. The Landesklinik (regional clinic) with „Haus 5", once a place of security detention for criminals. St. Elisabeth in Jülich and the Marienhospital in Birkesdorf

St. Elisabeth Hospital Jülich treats around 6000 inpatients and 15000 outpatients. The hospital is characterised by its range of surgical services and is a local trauma centre and geriatric trauma centre. Internal medicine, palliative care and geriatrics are further focal points. Anaesthesia and intensive care are telemedically linked to the University Hospital Aachen.

The St. Marien Hospital in Düren-Birkesdorf with 381 beds is an academic teaching hospital of the University Hospital RWTH Aachen and is closely networked with other centres of excellence in specialised areas. Focal points are the paediatric clinic, the gynaecological clinic with obstetrics and breast centre, the centre for minimally invasive surgery and the cooperative lung cancer centre.

The St. Augustinus Hospital in Düren-Lendersdorf with 288 beds is an academic teaching hospital of the University Hospital Aachen. Around 700 employees treat and care for more than 11,000 inpatients and more than 25,000 outpatients per year. Focal points include the maximum care endoprosthetics centre and the trauma centre.

The St. Josef Hospital in Linnich has a 130-year tradition of providing health care in the northern district and the neighbouring areas. The hospital has 132 beds, more than 4,500 in-patients and 15000 out-patients and more than 7000 dialysis cases are treated each year.

Das St. Josef-Krankenhaus Linnich bietet in über 130-jähriger Tradition Gesundheitsversorgung im Nordkreis und den angrenzenden Gebieten an. Das Haus verfügt über 132 Planbetten, mehr als 4 500 stationäre sowie 15 000 ambulante Patienten und über 7 000 Dialysefälle werden pro Jahr versorgt.

Die LVR-Klinik Düren ist eine Fachklinik für Psychiatrie, Psychotherapie und Psychosomatische Medizin. Mit über 700 Betten und 1 300 Mitarbeitenden werden dort rund 8 000 Patientinnen und Patienten behandelt. Hinzu kommen die Fälle, die ambulante Behandlungsangebote wahrnehmen. In der Forensischen Psychiatrie werden Menschen behandelt, die im Zustand einer schweren psychischen Erkrankung eine Straftat begangen haben und vom Gericht für schuldunfähig oder vermindert schuldfähig erklärt wurden.

The LVR Clinic Düren is a specialist clinic for psychiatry, psychotherapy and psychosomatic medicine. With over 700 beds and 1,300 employees, around 8,000 patients are treated there. Added to this are the cases who take advantage of outpatient treatment services. Forensic psychiatry treats people who have committed a criminal offence in a state of serious mental illness and have been declared by the court to be incapable of committing a crime or to have a diminished capacity to commit a crime.

Das St. Josef Krankenhaus in Linnich. Ein alter Wasserturm überragt die LVR-Klinik Düren, rechts der geschlossene Bereich der Forensischen Psychiatrie.
Der historische Altbau spiegelt sich in der modernen Fassade des St. Augustinus-Krankenhaus.

The St. Josef Hospital in Linnich. An old water tower towers over the LVR Hospital Düren, on the right the enclosed area of the Forensic Psychiatry Department.
The historic old building is reflected in the modern façade of the St. Augustinus Hospital.

INDEN

Es ist nicht böse gemeint. Es ist allerdings eine Tatsache: Ein großer Teil der Gemeinde Inden ist das Nichts. Oder anders gesagt, ein großes Loch. Allerdings ist Besserung in Sicht. Wenn in wenigen Jahren der Tagebau Inden eingestellt wird, die letzte Kohle im nahen Kraftwerk Weisweiler verstromt ist, dann kommen sonnige Zeiten auf die Gemeinde zu. Das Loch wird dann ein See sein und statt ins Nichts zu schauen, blickt der Indemann dann auf Sandstrände und Segler, Urlauber verbringen die besten Tage des Jahres zu seinen Füßen und das Gastgewerbe blüht mit den Touristen auf.

Der Indemann, das ist eine 36 Meter hohe Stahlkonstruktion, die auf der Spitze der Goltsteinkuppe errichtet wurde und als weithin sichtbare Landmarke signalisiert, wo deutsche Energiegeschichte geschrieben wird. Nachts lebt der Indemann mit der Energie auf, die unter seinen Füßen gewonnen wird: 40 655 Leuchtdioden hüllen den Stahlkoloss in ständig wechselnden Farbtönen ein. Die Dioden sind in einem Edelstahlgewebe eingearbeitet, welches die Dürener Firma GKD entwickelt hat. Der Indemann, der im Rahmen der Euregionale 2008 realisiert wurde, hat sich in seinem „kurzen Leben" zu einem der beliebtesten Ausflugsziele in Nordrhein-Westfalen gemausert.

Und es sind nicht nur Straßen, die neu durch das Land an der Inde gezogen wurden. Ganze Dörfer wurden am Reißbrett neu geplant und realisiert.

Der Indemann ist das bekannteste Markenzeichen von Inden. Neue Straßen weichen dem Tagebau aus.

The Indemann is the central issue in Inden. New roads give way to open-cast mining.

It is not meant in a bad way. But it is a fact: a large part of the municipality of Inden is nothingness. Or in other words, a big hole. However, there is improvement in sight. When the Inden open-cast mine will be closed in a few years' time and the last coal is converted into electricity at the nearby Weisweiler power plant, the community will be in for sunny times. The hole will then be a lake and instead of looking into nothingness, the Indemann will then look at sandy beaches and sailors, holidaymakers will spend the best days of the year at his feet and the hospitality industry will flourish with the tourists.

The Indemann is a 36-metre-high steel structure erected on top of the Goltstein hilltop and is a landmark visible from afar, signalling where German energy history is being written. At night, the Indemann comes alive with the energy generated beneath its feet: 40 655 light-emitting diodes envelop the steel colossus in constantly changing hues. The diodes are incorporated in a stainless steel mesh developed by the Düren-based company GKD. The Indemann, which was realised as part of the Euregionale 2008, has in its „short life" become one of the most popular destinations of excursions in North Rhine-Westphalia.

And it is not only roads that have been newly drawn through the land on the Inde. Entire villages have been replanned and realised on the drawing board.

Wohl keine andere Gemeinde ist derart von einem Tagebau durchschnitten wie Inden. 22 Millionen Tonnen Braunkohle, die in 45 Meter starken Flözen seit Jahrtausenden lagern, „füttern" das Kraftwerk Weisweiler.

Probably no other community is cut through by an open-cast mine like Inden. 22 million tonnes of lignite, which have been stored in 45-metre-thick seams for thousands of years, „feed" the Weisweiler power plant.

Links: Noch gibt es den Lucherberger See. Die Bagger nähern sich dem Gewässer. Ort der Stille am Tagebaurand, die Kapelle Viehöven. Neue Energie aus dem größten Solarpark in NRW. Die Inde ist Namensgeber der Gemeinde.

Rechts: Die alte Kirche wurde abgerissen. Überall sind die Bagger im Blick. Energielieferant von einst: Mühle am Gut Müllenark. Die Kirche in Lamersdorf, bald wird das Kraftwerk Weisweiler Geschichte sein.

Left: Lake Lucherberger still exists. The excavators are approaching the water. A place of silence on the edge of the opencast mine, the Viehöven chapel. New energy from the largest solar park in NRW. The Inde River gives its name to the community.

Right: The old church has been demolished. The excavators are everywhere in view. Energy supplier of yesteryear: mill at Gut Müllenark. The church in Lamersdorf, soon the Weisweiler power plant will be history.

Denn die Bagger fressen nicht nur die Kohle. Zuerst wurden komplette Dörfer abgebaggert und wenige Kilometer weiter neu errichtet.

Der heutige Gemeindemittelpunkt Inden-Altdorf ist nur zwei Jahrzehnte alt und Pier entstand in Nachbarschaft zu Jüngersdorf im Bereich von Langerwehe neu.

Das Loch hat zusätzlich die Gemeinschaft gespalten. Der Ortsteil Schophoven liegt jenseits des „Nichts" weitab auf der östlichen Seite des Tagebaus.

Zur Gemeinde Inden gehören noch Frenz, Lamersdorf und Lucherberg. So wie die Gemeinde Inden eines der wohl letzten Tagebaulöcher in seinen Grenzen hat, weist es ebenfalls eine der ältesten Tagebaugruben auf: 1819 schnitt man beim Abteufen eines Brunnens ein Braunkohlenlager von außerordentlicher Güte in Lucherberg an. Carl Freiherr von Goltstein erhielt die Lizenz zum Abbau der Kohle. Den Abraum schüttete der Freiherr zu einer mächtigen Halde auf. Der Goltsteinkuppe, das heutige Fundament des Indemanns. Der einstige Tagebau ist heute ein See. Noch. Mit dem Heranrücken des Tagebaus Inden soll er sicherheitshalber verfüllt werden.

Because the excavators don't just eat the coal. First, entire villages were dredged up and rebuilt a few kilometres away.

Today's community centre Inden-Altdorf is only two decades old and Pier was rebuilt in the neighbourhood of Jüngersdorf in the Langerwehe area.

The hole has additionally divided the community. The district of Schophoven lies beyond the „nothing" far away on the eastern side of the hole.

Frenz, Lamersdorf and Lucherberg still belong to the community of Inden. Just as the municipality of Inden has what is probably one of the last opencast mines within its borders, it also has one of the oldest opencast mines:

In 1819, while sinking a well, a lignite deposit of extraordinary quality was cut in Lucherberg. Carl Freiherr von Goltstein was granted a licence to mine the coal. The baron piled up the overburden to form a mighty heap.

The Goltsteinkuppe, today's foundation of the Indemann. The former open-cast mine is now a lake. For the time being. As the Inden open-cast mine approaches, it is to be filled in for safety's sake.

TAGEBAU

Milliarden Tonnen Braunkohle lagern in den Tiefen unter dem Kreis Düren. Ein Schatz voller Energie, der seit Jahrzehnten im Tagebaubetrieb gewonnen wird. Nicht immer zum Glück aller: Tausende Menschen verloren ihre Heimat, ihr Dorf, Haus und Hof, weil Bagger das Land unter ihr riesiges Schaufelrad nahmen.

Billions of tonnes of lignite are stored in the depths beneath the district of Düren. A treasure full of energy that has been mined for decades in open-cast mining operations. Not always to everyone's happiness: thousands of people lost their homes, their villages, their houses and farms because excavators took the land under their giant bucket wheel.

Die Kohle ist ein Auslaufmodell. Jahrzehntelang, besonders nach dem Zweiten Weltkrieg, sicherte die Kohle die Versorgung mit Energie, schuf Arbeitsplätze und war nicht zuletzt der Treibstoff für das Wirtschaftswunder.

Das Schwarze Gold hat seit Beginn des 19. Jahrhunderts Tradition im Kreis Düren. Seitdem wird hier nach Braun- und Steinkohle gegraben. Die Kohleindustrie hat viele Relikte hinterlassen, so den Dürener Badesee, ein Braunkohle-Tagebau, der bis 1956 genutzt wurde.

Schon 1819 wurde Braunkohle auf dem Rittergut des Freiherrn von Goltstein in Lucherberg gefunden. 1826 nahm die „Goltstein-Grube" den Betrieb auf. Die Goltsteinkuppe ist heute noch sichtbares Zeichen dieser Vergangenheit. Jetzt thront der Indemann auf dem Berg.

Coal is a discontinued model. For decades, especially after the Second World War, coal secured the supply of energy, created jobs and was not least the fuel for the economic miracle.

Black gold has been a tradition in the Düren district since the beginning of the 19th century. Since then, people have been digging for lignite and hard coal here, leaving behind many relics. The Düren bathing lake, for example, is an open-cast lignite mine that was used until 1956.

As early as 1819, lignite was found on the manor of Baron von Goltstein in Lucherberg. In 1826, the „Goltstein pit" began operations. The Goltstein hilltop is still a visible sign of this past; today the Indemann towers over the mountain. In Stockheim, lignite was mined underground in the Eustachia pit until 1870, and near Morschenich there was the „Union 103" lignite underground pit.

Die Dampffahne des Kraftwerks Weisweiler zieht sich in der Abenddämmerung über den Tagebau Inden. Dort „fressen" sich langsam die Bagger an die Reste der Ortschaft Pier heran.

The steam plume of the Weisweiler power plant stretches across the Inden open-cast mine at dusk. There, the excavators are slowly „eating" their way towards the remains of the village of Pier.

In Stockheim wurde bis 1870 in der Grube Eustachia Braunkohle im Untertage-Bergbau gefördert und bei Morschenich gab es die Braunkohlentiefbaugrube „Union 103".

Im September 1910 nahm die Braunkohlengewinnung im Westen des Rheinischen Reviers mit der industriellen Förderung der Kohle im Tagebau „Zukunft" ihren Anfang, daraus ist der Tagebau Inden entstanden. Die Kohle wurde direkt zu Briketts verarbeitet oder in Weisweiler „verstromt". Noch heute versorgt der Tagebau Inden das Kraftwerk mit Kohle. Neben dieser Kohlegrube liegt der Tagebau Hambach als größter Tagebau Deutschlands. Bei Titz ist der Tagebau Garzweiler im Kreis Düren gelegen.

In September 1910, lignite mining in the west of the Rhenish mining area began with the industrial extraction of coal in the „Zukunft" opencast mine, which gave rise to the Inden opencast mine. The coal was processed directly into briquettes or „converted into electricity" in Weisweiler. Even today, the Inden opencast mine supplies the power station with coal. Next to this coal mine is the Hambach opencast mine, Germany's largest, and on the outskirts near Titz, the Garzweiler opencast mine in the Düren district.

But hard coal also has a history in the district of Düren: from 1938 to 1992, the „Emil Mayrisch" mine in Siersdorf was the largest employer in the municipality of Aldenhoven. Mining left its mark on the community. Today, only the mining museum in Aldenhoven reminds us of this time. Exactly since

Viele Kilometer lang sind die Bandstraßen, die die Kohle zu den Kohle-Zügen oder den Abraum zu den Absetzern transportieren.

The conveyor roads that transport the coal to the coal trains or the overburden to the spreaders are many kilometres long.

Auch die Steinkohle hat Geschichte im Kreis Düren: Von 1938 bis 1992 war die Zeche „Emil Mayrisch" in Siersdorf der größte Arbeitgeber. Der Bergbau prägte die Gemeinde. Heute erinnert nur noch das Bergbaumuseum in Aldenhoven an diese Zeit.

Seit dem 16. Oktober 1978 wühlt sich der gigantische Bagger mit der Nummer 288 bei Hambach mit seinen riesigen Schaufeln in den Boden. Hier arbeiten die größten Bagger der Welt in einem bis zu 400 Meter tiefen „Loch": Sie sind 240 Meter lang, 96 Meter hoch, 13 500 Tonnen schwer und fördern täglich 240 000 Tonnen Kohle oder Abraum – genug, um ein Fußballstadion 30 Meter hoch zuzuschütten.

Die Braunkohle gelangt auf der 22 Kilometer langen Hambachbahn, einer zweigleisigen Werksbahnstrecke, zu den Abnehmern – den Kraftwerken und Veredlungsbetrieben.

16 October 1978, the gigantic excavator with the number 288 has been digging into the ground with its huge shovels near Hambach. Here, the largest excavators in the world work in a „hole" up to 400 metres deep: they are 240 metres long, 96 metres high, weigh 13 500 tonnes and can extract 240 000 tonnes of coal or overburden every day - enough to fill a football stadium 30 metres high.

The lignite is transported on the 22-kilometrelong Hambachbahn, a doubletracked industrial railway line, to the customers - the power plants and processing plants. The „Sophienhöhe" spoil heap, which is now a recultivated mountain, is a popular recreation area for people and a biotope for flora and fauna. Around 200 metres high, the artificial mountain towers over the surrounding fields.

Excavator 288, which 30 years ago produced the first overburden in what is now the largest opencast mine of its kind in the world, was driven to the Garzweiler opencast mine in a spectacular transport in 2001. The 22-kilometre journey of the steel giant, which is about 240 metres long and almost 100 metres high, took almost three weeks.

Weithin sichtbares Zeichen für die unvorstellbar großen Erdmassen, die dafür bewegt werden, ist die Abraumhalde „Sophienhöhe", die heute als rekultivierter Berg ein beliebtes Naherholungsgebiet für Menschen und ein Biotop für Flora und Fauna ist. Rund 200 Meter hoch überragt der künstliche Berg die umliegenden Äcker.

Der Bagger 288, der vor 30 Jahren den ersten Abraum im heute größten Tagebau seiner Art in der Welt förderte, wurde in einem spektakulären Transport im Jahr 2001 in den Tagebau Garzweiler gefahren. Fast drei Wochen dauerte die 22 Kilometer lange Reise des etwa 240 Meter langen und fast 100 Meter hohen Stahlriesen.

Links: Die Bagger im Rheinischen Revier zählen zu den größten Maschinen der Welt. Mitunter ziehen die Giganten von einem Tagebau zum nächsten. Das ist jeweils ein echtes Spektakel, wenn Flüsse oder Autobahnen überquert werden. Aus der Luft wird die ausgewogene Konstruktion der Bagger deutlich. Regelmäßig müssen die „Zähne" erneuert werden.

Left: The excavators in the Rhenish mining area are among the largest machines in the world. Sometimes the giants move from one opencast mine to the next. This is a real spectacle when they cross rivers or motorways. From the air in the evening light, the balanced construction of the excavators becomes clear. The „teeth" have to be renewed regularly.

Diese Seite: Ein Tagebau kennt kein Hindernis, selbst die Autobahn wurde verlegt. Mächtige Strommasten transportieren die aus der Kohle gewonnene Elektrizität. Der Kirchturm von St. Michael in Echtz erscheint winzig vor den Masten und dem E-Werk.

This page: An open-cast mine knows no obstacle, even the motorway has been relocated. Mighty electricity pylons transport the electricity extracted from the coal. The church tower of St. Michael Echtz appears tiny in front of the pylons and the power plant.

Bei Nacht geben die gigantischen Gruben im Mond-
schein ein gespenstisches Bild ab. Keine Pause kennen die
„hungrigen" Bagger in den Tagebauen der Region, denn rund
um die Uhr wird Strom benötigt. Auch wenn der Ausstieg
aus der Braunkohle manifestiert ist. Im Hintergrund erkennt
man die Ersatz-Stromerzeuger, die hoch in den Nachthimmel
ragen. Dahinter die stummen Zeugen, Schlacke und Abraum-
halden, der schon beendeten Steinkohle-Ära.

At night, the gigantic mines unfold a ghostly image in the
moonlight. The „hungry" excavators in the region's opencast
mines know no rest, because electricity is needed around the
clock, even when the phase-out of lignite is manifested. In the
background you can see the replacement power generators
towering high into the night sky. Behind them are the silent
witnesses, slag and spoil heaps, of the hard coal era that has
already ended.

Die Böden des Kreises Düren, besonders im Bereich der Ebenen, stecken voller Zeugen längst vergangener Zeiten. Für die Archäologen des Landesamtes für Bodendenkmalpflege im Rheinland sind die Tagebaue und Großbaustellen ein Glück. Immer wieder ist es so möglich, ausgedehnte Grabungen durchzuführen.

So wurde bei Düren-Arnoldsweiler eine Siedlung aus der Jungsteinzeit dokumentiert. Der Fund hat große Bedeutung für die Archäologie der Bandkeramischen Kultur und der Urgeschichte weit über das Rheinland hinaus. Die Siedlung stammt aus dem späten 6. Jahrtausend v. Chr. und gehört der frühesten Phase bäuerlicher Kulturen in der Region an. Der Star dieser Ausgrabung ist „Lilith", das Skelett einer Frau aus der Jungsteinzeit.

Nicht minder spektakulär ist der Fund einer römischen Gutshofanlage im Bereich des Tagebaus Hambach. Die „villa rustica" verfügte über fünf Brunnen. Einer dieser Brunnen hatte eine noch erhaltene Höhe von sechs Metern und reichte bis rund 20 Meter unter die Oberfläche. Der obere Teil war in Stein ausgearbeitet. Im Brunnen wurden eine 60 Zentimeter große Jupiterfigur freigelegt. Die Anlage war komplett mit Gräben umfriedet. Stellenweise war eine Palisade erhalten. Vier der sieben Häuser waren offenbar aus festem Mauerwerk gebaut.

Bevor die Bagger kommen, spüren die Archäologen versunkene Schätze auf. „Lilith", gefunden bei Düren-Arnoldsweiler, das Skelett einer jungen Frau, ist rund 8000 Jahre alt. Brunnen aus römischer Zeit sind recht gut erhalten. Teilweise liegen die Bodenfunde recht tief im Tagebaugelände.

Before the excavators arrive, archaeologists track down sunken treasures. „Lilith", found near Düren-Arnoldsweiler, the skeleton of a young woman, is about 8,000 years old. Wells from Roman times are quite well preserved. Some of the ground finds lie quite deep in the open-cast mining area.

The soils of the Düren district, especially in the area of the plains, are full of witnesses of times long past. For the archaeologists of the State Office for the Preservation of Archaeological Monuments in the Rhineland, the open-cast mines and large construction sites are a stroke of luck. Time and again it is possible to carry out extensive excavations.

A settlement from the Neolithic period was documented near Düren Arnoldsweiler. The find is of great importance for the archaeology of the Bandkeram culture and prehistory far beyond the Rhineland. It dates from the late 6th millennium BC and belongs to the earliest phase of farming cultures in the region. The star of this excavation is „Lilith", the skeleton of a young woman from the Neolithic period.

No less spectacular is the discovery of a Roman estate in the area of the Hambach open-cast mine. The „Villa Rustica" had five wells. One of these wells had a preserved height of six metres and reached about 20 metres below the surface. The upper part was carved in stone. A 60-centimetre Jupiter figure was uncovered in the well. The site was completely enclosed by ditches, with a palisade still preserved in places. Of the seven house foundations, four appear to have been built of solid masonry.

Zum „indeland" gehören der Kreis Düren, die Städte Eschweiler, Jülich und Linnich, die Gemeinden Langerwehe, Inden, Niederzier und Aldenhoven. Das gemeinsame Ziel lautet, die Region rund um den Tagebau Inden unter Berücksichtigung der Nachhaltigkeit nach dem Aus der Tagebaue 2030 für die Zukunft zu entwickeln.

Mit dem Ende der Braunkohleförderung durch die Flutung der Tagebaue wird Europas größte Seenlandschaft im „indeland" entstehen. Landschaft und Infrastruktur, Kultur und Wirtschaft, Forschung und Industrie, das Wohnen, Leben und Arbeiten in der Region profitieren. Das „indeland" ist nicht nur in wirtschaftlicher Hinsicht energiereich. „indeland" ist über seine Grenzen hinaus ebenfalls ein beliebter Freizeitstandort mit hohem Erlebnis- und Erholungswert, der nach dem Ende der Kohleförderung seinen Höhepunkt erreichen soll.

Die Strategie „Faktor-X" für den Bausektor ist einer der Schwerpunkte im „indeland"-Programm: Ein Faktor X-Haus verbraucht über seinen ganzen Lebenszyklus nur ein x-tel der Ressourcen eines herkömmlichen Energiesparhauses.

Noch ist der Tagebau Inden in Betrieb und eine touristische Attraktion am RurUfer-Radweg. Bei etlichen Großveranstaltungen ist die „indeland" als Sponsor vertreten. Die Inde ist der Namensgeber.

Eine Simulation, wie es künftig rund um den Tagebau Inden, dann als See, ausschauen könnte.

Über allem ist der gewaltige Indemann omnipräsent.

The Inden opencast mine is still in operation and a tourist attraction along the RurUfer cycle path. The „indeland" is represented as a sponsor at several major events. The Inde River gives it its name.

A simulation of what it might look like in the future around the Inden open-cast mine, then as a lake.

The huge Indemann is omnipresent above everything.

The „indeland" includes the district of Düren, the cities of Eschweiler, Jülich and Linnich, and the municipalities of Langerwehe, Inden, Niederzier and Aldenhoven. The common goal is to develop the region around the Inden opencast mine for the future after the end of opencast mining in 2030, taking sustainability into account.

With the end of lignite mining, Europe's largest lake landscape is to be created in the „indeland" with the flooding of the opencast mines. Landscape and infrastructure, culture and

economy, research and industry, living and working in the region are to benefit in an attractive and future-proof way.

The „indeland" is not only rich in energy in economic terms. Beyond its borders, „Indeland" is also a popular leisure location with high experience and recreational value, which is to be increased even more with the end of coal mining.

The „Factor X" strategy for the building sector is one of the focal points of the „indeland" programme: over its entire life cycle, a Factor X house consumes only one x-th of the resources as a conventional energy-saving house.

NIEDERZIER

Niederzier ist zwar der größte Ort und gibt der gleichnamigen Gemeinde ihren Namen. Aber um ein Vielfaches bekannter ist eigentlich das Örtchen Hambach, nach dem der größte Tagebau benannt ist. Aus dieser Braunkohlegrube soll, wenn keine Kohle mehr gefördert wird, ein 4200 Hektar großer See entstehen. Die tiefste künstliche Senke Nordrhein-Westfalens liegt fast 400 Meter unter der Geländekante und mit der 200 Meter hohen Sophienhöhe ist der Tagebau ebenfalls Ursache für die höchste Geländeerhebung in der Gemeinde Niederzier.

Die Sophienhöhe ist ein künstlicher Berg, erschaffen mit dem Abraum aus dem Tagebau, heute ein renaturierter Lebensraum für unzählige Pflanzen und Tierarten sowie ein beliebtes Ausflugsziel für Wanderer und Mountainbiker. Da, wo jetzt Tagebau und Sophienhöhe die Landschaft prägen, war einst der Hambacher Wald, uralter Eichen- und Buchenwald, der für den Tagebau in den 70er Jahren gerodet wurde.

Das Stückchen „Hambacher Forst", das in den letzten Jahren durch Waldbesetzungen von Tagebaugegnern Schlagzeilen machte, ist eigentlich der Bürgewald, der genau genommen nichts mit dem ursprünglichen Hambacher Forst zu tun hat.

Die Gemeinde Niederzier ist natürlich noch viel, viel mehr als „nur" Tagebau. Die Gemeinde besteht aus den Ortschaften

Niederzier is the largest village ves its name to the municipality of th name. But many times better known is actually the village of Hambach, which gives its name to Germany's largest opencast mine.

A 4200-hectare lake is to be created from this lignite pit when no more coal is mined. The deepest artificial depression in North Rhine-Westphalia lies almost 400 metres below the edge of the terrain, and with the 200-metre-high Sophienhöhe, the opencast mine is also the cause of the highest elevation in the municipality of Niederzier.

The Sophienhöhe is an artificial mountain created with the overburden from the opencast mine, today a renaturalised habitat for countless plants and animal species and a popular destination for hikers and mountain bikers. The Hambach Forest, an ancient oak and beech forest that was cleared for opencast mining in the 1970s, once stood where the opencast mine and Sophienhöhe now dominate the landscape.

The little piece of „Hambach Forest" that has made headlines in recent years due to forest occupations by opponents of opencast mining is actually the Bürgewald, which strictly speaking has nothing to do with the original Hambach Forest.

The municipality of Niederzier is of course much, much more than „just" opencast mining. The municipality consists of

Die alte Rentei in Niederzier beherbergt heute Teile des Rathauses. Das Jagdschloss Niederzier ist in Privatbesitz. Burg Obbendorf schützt sich auch heute noch mit „schweren" Waffen.

The old manor house in Niederzier now houses parts of the town hall. Niederzier Hunting Lodge is privately owned. Burg Obbendorf still protects itself with „heavy" weapons.

Niederzier, Oberzier, Ellen, Hambach, Kraut-hausen, Berg, Selhausen und Huchem-Stammeln. Prägend für die Gemeinde sind ebenfalls große Gewerbeflächen in Huchem-Stammeln mit „Rurbenden" so-wie zwischen Oberzier und Niederzier die „Neue Mitte" und der „Forstweg".

Die Orte Niederzier und Oberzier werden bereits im 12. Jahrhundert nach-gewiesen. Die späteren Teile der Gemeinde gehörten bis zum Einmarsch der Franzosen 1794 zum Herzogtum Jülich, später stan-den sie unter französischer Verwaltung. Es gibt mit der Burg Obbendorf und dem Schloss in Hambach zwei sehenswerte historische Bauwerke, die Alte Rentei in Niederzier gehört dort zur früheren Was-serburg.

Ihre heutige Struktur besitzt die Ge-meinde seit dem 1. Januar 1972. Die ehe-maligen Gemeinden Ellen, Hambach, Hu-chem-Stammeln, Selhausen und Steinstraß sowie der Ortsteil Krauthausen der Stadt Jülich wurden eingegliedert. Steinstraß ge-hörte als Lich-Steinstraß an der nördlichen Gemeindegrenze zum Gemeindegebiet, der Ort wurde aber für den Tagebau Ham-bach nach Jülich umgesiedelt.

the villages of Niederzier, Oberzier, Ellen, Hambach, Krauthausen, Berg, Selhausen and Huchem-Stammeln. The municipality is also characterised by two large commercial areas in Huchem-Stammeln - „Rurbenden" - as well as the „Neue Mitte" and the „Forstweg" between Oberzier and Niederzier.

The villages of Niederzier and Oberzier are documented as early as the 12th century. The later parts of the municipality belonged to the Duchy of Jülich until the French in-vasion in 1794, later they were under French administration. There are two historical buildings worth seeing, Obbendorf Castle and Hambach Castle, and the "Alte Rentei" in Niederzier is part of the former moated castle there.

The municipality has had its present structure since 1 January 1972, when the former municipalities of Ellen, Hambach, Huchem-Stammeln, Selhausen and Stein-straß as well as the Krauthausen district of the town of Jülich were incorporated. Steinstraß belonged to the municipality as Lich-Stein-straß on the northern boundary, but the vil-lage was relocated to Jülich for the Hambach opencast mine.

Schloss Hambach diente einst als Lust-schloss der Jülicher Her-zöge. Das Andreashaus empfiehlt sich für private Feiern. Gleich in Nach-barschaft zu Oberzier wird der Strom verteilt. Mächtige Masten sorgen für den Transport der Elektrizität. Das Heimat-museum Haus Horn.

Hambach Castle once served as a pleasure palace for the dukes of Jü-lich. The Andreashaus is recommended for private celebrations. Electricity is distributed right next to Oberzier. Powerful py-lons ensure the transport of electricity. Haus Horn in Oberzier houses a local history museum.

Im Ortsteil Ellen reckt sich der Turm der Pfarrkirche, die St. Thomas von Canterbury geweiht ist, in den blauen Himmel. Derweil präsentiert sich Selhausen trotz Bahnanschluss recht ländlich.

Eine schmucke Hofanlage in Oberzier, der neue Mittelpunkt „Neue Mitte" und eine kurvenreiche Straße verbindet die Ortsteile.

In the district of Ellen, the tower of the parish church dedicated to St. Thomas of Canterbury stretches into the blue sky. Meanwhile, Selhausen presents itself as quite rural despite its railway connection.

A pretty farmstead in Oberzier, the new centre „Neue Mitte" and a winding road connect the districts.

ENERGIE

Voller Energie steckt der Kreis Düren: Kohle, Kernkraft, Solarenergie, künstliche Sonne, Wasserkraft, Windenergie, Wasserstoff – nahezu alle nennenswerten Energieträger spielen eine Rolle entlang der Rur – außer vielleicht Erdgas, das über Pipelines in und durch den Kreis geleitet wird. Wohl keine andere Region in Deutschland ist derart mit dem Thema Energie verbunden. Drei riesige Braunkohle-Tagebaue sorgten bisher für den wesentlichen Teil der Stromproduktion für die Nation.

Das Forschungszentrum Jülich war ursprünglich alleine der Kernforschung gewidmet, drei Reaktoren erzeugten - zu Forschungszwecken - Strom, um für die Zukunft die Versorgung zu sichern. Heute widmet man sich in der Jülicher Anlage anderen Aufgaben, doch das Thema Energie der Zukunft hat man weiterhin im Blick.

Der Solarpark Inden ist der größte seiner Art in NRW. 16 236 Solarmodule produzieren rund 3 500 000 Kilowattstunden Strom pro Jahr. Damit können rund 1000 Haushalte versorgt werden.

Sonnenenergie ist in Jülich ein wichtiges Thema.

Es gibt ein Solarturm-Kraftwerk, in dem zu Forschungszwecken Temperaturen bis zu 700 Grad erzeugt werden, mit dem Ziel, die Temperaturen für die Energiegewinnung zum Einsatz zu bringen. Wie man deren Energie nutzen kann, wird am Solarinstitut der DLR mit den beiden Solartürmen und der „künstlichen Sonne" namens „Synlight" erforscht.

Einen Superlativ der Energiegewinnung findet man an der Rur bei Heimbach. Das Jugendstil-Wasserkraftwerk war einst das größte Speicher-Wasserkraftwerk Europas. Es produziert heute noch Strom, generiert mit dem Wasser aus der oberhalb gelegenen Urft-Talsperre.

Die Kohle-Ära ist ein Auslaufmodell und der bislang mit dem schwarzen Gold erzeugte Strom wird künftig mehr und mehr durch andere Quellen ersetzt. Welche das sein können, wird in Jülich im neuen Gewerbegebiet „Brainergy Park" ausprobiert und dann auf den Markt gebracht. Wo bislang mächtige Sendemasten in den Himmel ragten und Botschaften via Radio in alle Welt transportierten, lautet die neue Message „Grüner Wasserstoff". Dieser wird künftig mit Hilfe eines riesigen Solarfeldes erzeugt und dann von der Merscher Höhe aus die Welt erobern.

The district of Düren is full of energy: coal, nuclear power, solar, artificial sun, hydroelectric power, wind energy, hydrogen - almost all noteworthy energy sources play a role along the Rur - except perhaps natural gas, which is piped into and through the district. There is probably no other region in Germany that is so afflicted with the topic of energy. Three huge open-cast lignite mines used to provide the bulk of the nation's electricity production.

The Jülich Research Centre was originally dedicated solely to nuclear research, with three reactors generating electricity - for research purposes - to secure supplies for the future. Today, the Jülich facility is dedicated to completely different tasks, but it still has its sights set on the topic of energy for the future.

The Inden solar park is the largest of its kind in NRW. 16,236 solar modules produce around 3,500,000 kilowatt hours of electricity per year. This can supply around 1,000 households.

Sun is also a topic in Jülich. There is a solar tower power plant in which temperatures of up to 700 degrees are generated for research purposes. The aim is also to use these temperatures to generate energy. How to use their energy is being researched at DLR's Solar Institute. With the two solar towers and the „artificial sun" called Synlight.

A superlative of energy generation can be found on the Rur near Heimbach. The art nouveau hydroelectric power station was once the largest storage hydroelectric power station in Europe. It still produces electricity today, generated with water from the Urft reservoir above.

Eine Wasserstoff-Tankstelle wird dort entstehen. Fünf weitere im übrigen Kreisgebiet, damit in absehbarer Zeit Busse, Züge, Lkw und Pkw mit Wasserstoff betankt werden können und sauber durch das Land brausen.

Damit nimmt der Kreis Düren eine Vorreiterrolle in der derzeit spannenden Energiediskussion ein: Er ist erste Kreis in Deutschland, der grünen Wasserstoff selbst produziert. Ein wichtiger Schritt in Richtung „Innovative Wasserstoff-Region".

Damit macht man einen weiteren Schritt auf das große Ziel des Kreises Düren hin, bis zum Jahr 2035 klimaneutral zu sein. Die Kreisverwaltung möchte dieses Ziel sogar schon bis 2025 erreichen.

Zu den vielfältigen Maßnahmen gehört ein Zehn-Punkte-Programm. So wird die Anschaffung von Photovoltaik-Anlagen ebenso gefördert wie das Nachrüsten von Batteriespeichern bei Bestandsanlagen und Solarthermie.

Die Bürger profitieren von dem ehrgeizigen Vorhaben: Es gibt Zuschüsse für energieeffizientes Sanieren bei Fenstern und Türen. Wesentlicher Bestandteil des mittel- und längerfristigen Programms ist das Ziel, Häuser mit grünem Strom zu versorgen und vor allem auf klimaschonende Heizungen zu setzen.

Ein weiteres Beispiel zur Energieversorgung der Zukunft liefert der Ort Neu-Morschenich. Dort wird ausschließlich mit Fernwärme aus einem zentralen Holzpellet-Kraftwerk geheizt, wodurch der Eifelwald ebenfalls als Energielieferant im Kreis genannt werden muss.

The coal era is a phased-out model and the electricity generated so far with black gold will be replaced more and more by other sources in the future. What these might be is being tried out and brought to market in Jülich in the new „Brainergy Park" industrial estate. Where up to now mighty transmission masts towered into the sky and transported messages via radio all over the world, the new message is „green hydrogen". This is to be produced with the help of a huge solar field and then conquer the world from the Merscher-Höhe.

A hydrogen filling station will be built there. Five more in the rest of the district, so that in the foreseeable future buses, trains, trucks and cars can be fuelled with hydrogen and roar cleanly through the country.

The district of Düren is thus taking on a pioneering role in the current exciting energy discussion: it is the first district in Germany to produce green hydrogen itself. An important step towards becoming an „innovative hydrogen region".

This is a further step towards the major goal of the district of Düren to be climate neutral by 2035. The district administration would even like to achieve this goal for itself by 2025.

The diverse measures include a ten-point programme. For example, the purchase of photovoltaic systems and the retrofitting of battery storage for existing systems as well as solar thermal energy are promoted.

Citizens benefit from the ambitious project: Grants are available for energy-efficient renovation of windows and doors. An essential component of the medium- and long-term programme is the goal of supplying houses with green electricity and, above all, to rely on climate-friendly heating systems.

Another example of the energy supply of the future is provided by the town of Neu-Morschenich. There, heating is exclusively provided by district heating from a central wood pellet power plant. As a result, the Eifel forest must also be mentioned as an energy supplier in the district.

Die mächtigen Masten der „Deutschen Welle" sind verschwunden. „Grüner Wasserstoff" soll künftig von hier aus in die Welt transportiert werden. Kernkraft als Energieträger wurde mit führendem Knowhow in Jülich erforscht (rechts). Strom aus Windkraft ist eine der neuen Alternativen zur Kohle.

The mighty masts of the „Deutsche Welle" have disappeared. In future, „green hydrogen" is to be transported around the world from here. Nuclear power as an energy source was researched with leading know-how in Jülich (right). Electricity from wind power is one of the new alternatives to coal.

Mit gleich 15 Ortsteilen präsentiert sich seit der Neugliederung die Gemeinde Kreuzau. Kreuzau ist mit knapp 18 000 Einwohnern die drittgrößte Gemeinde im Kreis Düren. Folgt man dem Rurlauf, so ist Kreuzau die erste Gemeinde am Fluss, in der das Wasser der Rur in großem industriellen Stil für die Papierherstellung genutzt wird.

Industrie ist schon seit Jahrhunderten in Kreuzau beheimatet. Im Ortsteil Schneidhausen gründete und betrieb Leonhard Hoesch im 18. Jahrhundert eine Papierfabrik und ein Hüttenwerk. Das Unternehmen blieb fünf Generationen im Besitz der Familie Hoesch. Aus dem Hüttenbetrieb ging die heutige Badewannenfabrik Hoesch Design GmbH hervor, die einer der größten Badewannenhersteller Europas ist.

Fest verankert im Kreuzauer Leben ist der Karneval mit der KG „Ahle Schlupp", der sich hier in einer eigenen Form über Jahrzehnte entwickelt hat und sich mit diversen Eigenheiten vom „Fasteleer" der Nachbarorte deutlich abhebt. Unübersehbar haben die Kreuzauer deshalb auch ihr Ortsschild neu gestaltet, um den Gästen, die den Kernort erreichen, zu sagen, wo sie denn sind: in „Krözau".

Die Wasserdampffahnen der Papierindustrie ziehen ihre Bahnen über dem Rurtal. Gleich nebenan, dort, wo sich die ersten Erhebungen der Eifel nach Süden erstrecken, entlang der Kreuzauer Ortsteile

Since its reorganisation, the municipality of Kreuzau has 15 districts. With just under 18,000 inhabitants, Kreuzau is the third largest municipality in the district of Düren. If you follow the course of the Rur, Kreuzau is the first municipality on the river where the water of the Rur is used for paper production on a large industrial scale.

Kreuzau has been home to industry for centuries. In the Schneidhausen district, Leonhard Hoesch founded and operated a paper mill and a smelting works in the 18th century.

The company remained in the Hoesch family for five generations. Today's Hoesch Design GmbH bathtub factory emerged from the ironworks and is one of the largest bathtub manufacturers in Europe.

The carnival is firmly anchored in Kreuzau life with the KG (carnival association) „Ahle Schlupp", which has developed its own form here over decades and clearly stands out from the „Fasteleer" of the neighbouring villages with its various peculiarities. The people of Kreuzau have therefore redesigned their placename sign to tell visitors arriving in the town centre where they are: in „Krözau".

The water vapour plumes of the paper industry make their way over the Rur valley. Right next door, where the first elevations of the Eifel stretch southwards, along the Kreuzau districts of Boich and Thum, one finds the district's fruit and vegetable garden. More than half of the

Burg Untermaubach, hier ein Ausschnitt der Pforte, wurde 1998 mit dem Denkmalschutzpreis ausgezeichnet. In Stockheim befindet sich die Brandschutzzentrale des Kreises. Unterhalb des Stausees Obermaubach wird Trinkwasser für Düren gewonnen, in Sichtweite erinnert die aufwändig restaurierte „Alte Mühle", in der einst Getreide gemahlen wurde, an das 18. Jahrhundert.

Untermaubach Castle, here a section of the gateway, was awarded the Monument Protection Prize in 1998. Stockheim is home to the fire protection headquarters of the Düren district.

Drinking water for Düren is produced below the Obermaubach reservoir, and within sight the „Old Mill", lavishly restored, where grain was once ground, is a reminder of the 18th century.

Boich und Thum, findet man den Obst- und Gemüsegarten des Kreises. Über die Hälfte der Gemeindefläche wird landwirtschaftlich genutzt.

Zum Rurtal hin erstrecken sich ausgedehnte Waldgebiete und der Fluss zieht etliche Tagestouristen an, die zum Wandern und Radfahren Kreuzau ansteuern. Der Stausee Obermaubach verfügt über einen Haltepunkt der Rurtalbahn. Darüber erstreckt sich die Mausauel, die mit einer Höhe von 388 Metern einen beeindruckenden Blick, den „Engelsblick", in das weite Umland und auf den Stausee ermöglicht.

Während die Gemeindeteile Kreuzau, Schneidhausen, Winden, Unter- und Obermaubach sowie Üdingen noch auf Rurniveau liegen, schmiegen sich die übrigen Teile der Gemeinde, Bergheim, Langenbroich, Bilstein, Bogheim, Boich, Drove, Leversbach, Schlagstein, Thum und Stockheim an die ersten nördlichen Kuppen der Eifel rechts und links der Rur.

Stockheim ist Standort der Kreisbrandschutzzentrale des Kreises Düren. Hier laufen alle Notrufe zusammen und die „Erste Hilfe", sei es bei Unfall oder Feuer, wird entsprechend koordiniert.

Industrie und Landwirtschaft mit Obstbau prägen Kreuzau.

Kreuzau is characterised by industry and agriculture with fruit growing.

municipality's area is used for agriculture. Extensive woodlands extend towards the Rurtal valley and the river attracts many day tourists who come to Kreuzau for hiking and cycling.

The Obermaubach reservoir has a stop on the Rurtal railway. Above it stretches the Mausauel, which at a height of 388 metres offers an impressive view, the „angel's view", into the wide surrounding countryside and onto the water reservoir.

While the municipal districts of Kreuzau, Schneidhausen, Winden, Unter- and Obermaubach and Üdingen are still at Rur level, the other parts of the municipality, Bergheim, Langenbroich, Bilstein, Bogheim, Boich, Drove, Leversbach, Schlagstein, Thum and Stockheim nestle against the first northern hilltops of the Eifel to the right and left of the Eifel river.

Stockheim is the location of the district fire protection centre of the Düren district. This is where all emergency calls come together and the „first aid", be it in case of accident or fire, is coordinated accordingly.

Die Hochkoppel, ein markanter Buntsandsteinfelsen hoch über der Rur. Die alte Kirche in Stockheim und der Radklassiker „Rund um Düren" mit Start und Ziel in Kreuzau. Rege Bautätigkeit in Stockheim und Flohmarkt auf der Hauptstraße.

The Hochkoppel, a striking red sandstone rock high above the Rur. The old church in Stockheim and the cycling classic „Rund um Düren" with start and finish in Kreuzau. Lively building activity in Stockheim and a flea market on the main street.

Der Kernort Kreuzau verfügt über ein breit gefächertes Angebot an Einzelhandelsgeschäften. Fast alle Branchen sind vertreten, was Kreuzau zu einem idealen Einkaufsstandort für den täglichen oder periodischen Bedarf macht. Mit dem Freizeitbad „monte mare", gleich am RurUfer-Radweg gelegen, bietet Kreuzau die Möglichkeit, Ruhe vom Alltag zu finden. Das Bad verfügt von der Sauna bis zum Freizeitbad mit Piratenflair über derzeit alle aktuellen Möglichkeiten zum Planschen, Bahnen ziehen oder um sich einfach treiben zu lassen.

Der Jülicher Löwe findet sich natürlich im Wappen von Kreuzau, das einem alten Schöffensiegel nachempfunden ist. In einer Urkunde von 1319 ist ein Ort mit der Bezeichnung „Auwe supe-

The core town of Kreuzau has a wide range of retail shops. Almost all sectors are represented, which makes Kreuzau an ideal shopping location for daily or periodic needs.

With the „monte mare" leisure pool, located right on the cycle track, the Ruruferradweg, Kreuzau offers the opportunity to find peace from everyday life. From the sauna to the leisure pool with pirate flair, the pool currently offers all the latest options for splashing around, taking a dip or simply letting yourself drifting.

The Jülich lion is of course found in Kreuzau's coat of arms, which is based on an old seal of an alderman. In a document from 1319, a place with the name „Auwe superior" is given. In the 15th century, the

Der „Engelsblick" von Leversbach nach Obermaubach. Eine Station des RurUfer Radwegs: Schneidhausen ist der älteste noch existierende Industriestandort auf dem europäischen Festland.

Ein weiter Blick über Winden und die ehemalige Brauerei Röhr, zum Schluss Leo´s Brauhaus, diese Gaststätte war über Jahrzehnte ein weithin bekannter und beliebter Treffpunkt. Das Brauhaus ist nun abgerissen.

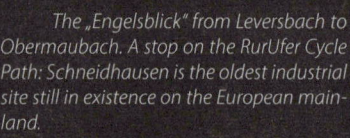

The „Engelsblick" from Leversbach to Obermaubach. A stop on the RurUfer Cycle Path: Schneidhausen is the oldest industrial site still in existence on the European mainland.

A wide view over Winden and the former Röhr brewery, finally Leo's Brauhaus, this pub was a widely known and popular meeting place for decades. The brewery is now demolished.

Blick auf Unter-
maubach mit der stol-
zen Burg der Grafen von
Spee. Eine kleine Kapelle
in Bilstein, in Thum lässt
sich dank dieser Treppe
gut Kirschen essen...

*View of Untermau-
bach with the proud cast-
le of the Counts of Spee.
A small chapel in Bilstein,
in Thum it's good to eat
cherries thanks to these
stairs...*

rior" angegeben. Im 15. Jahrhunderts wurde
dem „Auwe" noch der Name der dem Heiligen Kreuz geweihten Kirche vorangestellt.
Daraus entstand dann schließlich „Kreuzau".

Die Geschichte des Heiligen Heribert,
Erzbischof von Köln und Schutzpatron der
Kirche in Kreuzau, in der seine Mutter begra-
ben ist, lässt eine 1000-jährige Geschichte
des Ortes erkennen.

*name of the church dedicated to the Holy
Cross was added in front of „Auwe".*

*This eventually developed into „Kreuzau". It
is assumed that the name originated after the
church dedicated to the Holy Cross. The story
of Saint Heribert, Archbishop of Cologne and
patron saint of the church in Kreuzau, reveals
a 1000-year history of the village. His mother is
buried in the church at Kreuzau.*

FRED ERINNERT SICH

DAS IST MEIN MORD

THAT IS MY MURDER

Fred Schroeder erlebte die Zeit der Kommunalen Neugliederung als junger Mitarbeiter der größten Zeitung an der Rur. Fred blickt zurück auf die Zeit vor mehr als fünf Jahrzehnten

Fred Schroeder experienced the time of municipal restructuring as a young employee of the largest newspaper on the Rur. Fred looks back on the time more than five decades ago.

Man mag von „wilden Zeiten" sprechen. Und von einer „schweren Geburt". Rückblickend betrachtet man das Geschehen milder, wohlwollender und am Erfolg orientiert. Sicherlich war es ein langer und weiter Weg, der zum heutigen Kreis Düren führte. Für uns Lokaljournalisten die Zeit der Vielbeschäftigung. Denn die damaligen Lokalpolitiker machten sich ihre Entscheidungen nicht leicht. Kaum ein Wochentag, an dem nicht abends irgendein Gemeinde- oder Amtsrat tagte.

Fangen wir einmal mit dem Positiven an. Ende der 60er Jahre machten die ersten Gerüchte die Runde: „Wird unser Dorf auch aufgelöst? Wo kommen wir hin?" Fragen, die nicht nur die Kommunalpolitiker in den Gemeinderäten, also unmittelbar an der Front, betrafen. Was folgte, war für mich als junger DZ-Reporter so manche Lehrstunde über Politik vor Ort. Häufig tagten die politischen Gremien im örtlichen Wirtshaus. Im Vergleich zu den Zuschauerzahlen in den heutigen Rathaus-Sälen freute man sich damals über regen Zuspruch. Demokratie wie aus dem Bilderbuch. Jedenfalls größtenteils.

Im Vergleich zu heute war Interesse an der Politik vor Ort breiter aufgestellt; betrafen die Entscheidungen die Menschen doch häufig hautnah. Und dazu gehörte auch das „Gespenst" der drohenden Neugliederung, das am Horizont aufzog. Da blieb es nicht aus, dass Sitzungen der Gemeinderäte teilweise erst weit nach Mitternacht endeten, und dann noch am Tresen oder anderen Orten ihre Fortsetzung fanden.

Damals „beackerte" ich den Raum um Langerwehe und Inden. Oft war ich im Rathaus in Lucherberg bei Amtsdirektor Josef Gerards zu Gast. Und das nicht nur wegen der hübschen Vorzimmerdame. In Langerwehe hatte Amtsdirektor Helmut Brockmeier das Sagen. Im „Casino" in Lucherberg und auch im „Transvaal" in Hamich trank man nach den Sitzungen noch ein Bier. Und Autor Rudi Böhmer, dessen Vater Willi Böhmer als Amtsdirektor in Straß-Bergstein mit Sitz in Gey fungierte, weiß davon zu berichten, dass der Vater manchmal mitten in der Nacht nach Hause kam und zur Nachbesprechung noch einen oder mehrere Politiker mitbrachte.

Im Nachhinein lässt sich sagen, dass im Westkreis eigentlich zwei Fragen unterschiedlich gelöst wurden. Am Fuße der Eifel einigte man sich schon Ende 60er Jahre freiwillig. Das Amt Straß-Bergstein wurde aufgelöst und das neue Gebilde namens

One might speak of „wild times". And of a „difficult birth". In retrospect, the events are viewed in a milder, more benevolent and successoriented way.

Certainly, it was a long and long road that led to today's Düren district. For us local journalists, it was a busy time. For the local politicians of the time did not make their decisions easily.

There was hardly a day in the week when some municipal or district council did not meet in the evening.

Let's start with the positive. At the end of the 60s, the first rumours made the rounds.

„Will our village also be dissolved? Where will we go?" Questions that concerned not only the local politicians in the municipal councils, i.e. directly at the front.

What followed was many an object lesson in local politics for me as a young DZ reporter. Often the political committees met in the local pub.

Compared to the number of spectators in today's town halls, they were very popular.

Democracy like in a picture book. At least for the most part.

Compared to today, interest in local politics was broader; after all, decisions often affected people at first hand.

And this also included the „spectre" of the impending reorganisation that loomed on the horizon. It was not unusual for meetings of the local councils to end well after midnight.

And then it continued at the bar or other places.

At that time I „ploughed" the area around Langerwehe and Inden.

I was often a guest at the town hall in Lucherberg with the district director Josef Gerards. And not only because of the pretty lady in his office.

In Langerwehe, district director Helmut Brockmeier was in charge. In the „Casino" in Lucherberg and also in the „Transvaal" in Hamich, people drank a beer after the meetings.

And author Rudi Böhmer, whose father Willi Böhmer served as the district director in Straß-Bergstein, which is based in Gey, remembers those days, the father sometimes coming home in the middle of the night and bringing one or more politicians with him for debriefing.

In retrospect, it can be said that two issues were actually resolved differently in the western district. At the foot of the Eifel, a voluntary agreement was already reached at the end of the 1960s. The Straß-Bergstein office was dissolved and the new entity called Hürtgenwald largely took over its structures.

Hürtgenwald übernahm weitgehend dessen Strukturen. Es war logisch, dass der Ort Untermaubach in die Gemeinde Kreuzau wechselte und das Dorf am See ebenfalls. Denn einer Zuweisung von Obermaubach nach Nideggen, die zeitweise auch zur Debatte stand, schob die Natur einen Riegel vor: Der Gebirgszug der Mausauel ließ eine Anbindung der Obermaubacher an die alte Herzogstadt aus verkehrstechnischen Gründen nicht ratsam erscheinen.

Es wurde nach Ausgleich gesucht. Schmidt nach Nideggen und Vossenack nach Hürtgenwald. So sah der Kompromiss aus, der bereits 1969 auf freiwilliger Basis neue Konturen schuf. Nach nunmehr 50 Jahren allerdings besteht immer noch eine, wenn auch geringere, Bindung an frühere Strukturen. Die „Eingeborenen" in Vossenack schielen immer noch in den Raum Simmerath/Monschau. Die Vossenacker Eifelvereins-Ortsgruppe beispielsweise gehört immer noch zum Bezirk Monschau und auch die Schmidter führt noch so mancher Weg in Richtung Simmerath.

Wesentlich intensiver waren die Verhandlungen um die Zukunft im Raum Langerwehe. Auf den Industrieort Weisweiler, der große Gewerbesteuer-Einnahmen mutmaßen ließ, konzentrierten sich viele Wünsche. In Weisweiler ging es nicht immer friedlich zu. In dem Ort mit einem relativ hohen Anteil an ausländischen Arbeitnehmern saßen gelegentlich die Fäuste und manchmal auch die Messer locker. Schließlich machte Eschweiler das Rennen und konnte Weisweiler als neuen Ortsteil begrüßen.

Die zu erwartenden Einnahmen an Gewerbesteuer spielten bei manchen Verhandlungen eine große Rolle. So setzte sich die Stadt Düren vehement für Lendersdorf und Niederau im Süden sowie die Ortschaft Merken im Norden ein. Es waren nicht wenige Politiker, die damals die Autobahn A4 als nördliche Grenze der Stadt Düren favorisierten. Bei dieser Überlegung wäre ein Anschluss von Merken an Niederzier oder Inden denkbar gewesen. Klar war dagegen, dass Mariaweiler mit seinen Industriebetrieben Th. J. Heimbach und den beiden Kufferath-Firmen Bestandteil der neuen Stadt Düren wurden.

Relativ ruhig dagegen ging es im Osten zu. Im Raum Nörvenich ging man die „Osterweiterung" unaufgeregt an. Man ließ sich Zeit. Und so war der neue Kreis Düren schon fast komplett, als die Ortschaften Wissersheim, Pingsheim und Dorweiler die Gemeinde Nörvenich in ihren neuen Grenzen komplettierten. Die Gerichte mussten im Süden entscheiden. Heimbach wehrte

It was logical that the village of Untermaubach was transferred to the municipality of Kreuzau and the village by the lake as well.

For nature put a stop to an allocation of Obermaubach to Nideggen, which was also under discussion at times:

The Mausauel mountain range made a connection of Obermaubach to the old ducal town inadvisable for traffic reasons.

Compensation was sought.

Schmidt to Nideggen and Vossenack to Hürtgenwald. This was the compromise that created new contours on a voluntary basis as early as 1969.

After 50 years, however, there are still ties to earlier structures, albeit to a lesser extent. The „natives" in Vossenack still look to the Simmerath/Monschau area.

The Vossenack Eifelvereins local group, for example, still belongs to the Monschau district, and the Schmidter also still take many a path in the direction of Simmerath.

The negotiations about the future in the Langerwehe area were much more intensive. Many wishes were focused on the industrial town of Weisweiler, which was thought to generate large trade tax revenues.

Things were not always peaceful in Weisweiler. In the town with a relatively high proportion of foreign workers, fists and sometimes knives were loose.

In the end, Eschweiler won the race and was able to welcome Weisweiler as a new district.

The expected income from trade tax played a major role in some negotiations. For example, the city vehemently lobbied for Lendersdorf and Niederau in the south and the village of Merken in the north. There were quite a few politicians who favoured the A4 motorway as the northern border of the city of Düren at that time.

With this consideration, a connection of Merken to Niederzier or Inden would have been conceivable. It was clear, however, that Mariaweiler with its industrial firms Th. J. Heimbach and the two Kufferath companies became part of the new town of Düren.

Things were relatively quiet in the east. In the Nörvenich area, the „eastward expansion" was approached calmly. They took their time.

And so the new district of Düren was almost complete when the villages of Wissersheim, Pingsheim and Dorweiler completed the municipality of Nörvenich in its new borders.

The courts had to decide in the south. Heimbach successfully resisted incorporation into Nideggen and retained its independence with the districts of Vlatten, Wollersheim, Hasen-

sich erfolgreich gegen die Eingemeindung nach Nideggen und behielt mit den Ortsteilen Vlatten, Wollersheim, Hasenfeld, Blens, Hausen und Düttling seine Eigenständigkeit. Heimbach gilt heute als die kleinste Stadt in NRW.

Recht lautstark und medienwirksam war der Kampf der Jülicher gegen den neuen Kreis Düren. Demonstrationen, Plakataktionen und Anzeigen in den Printmedien machten die Abneigung der Jülicher deutlich. Aber aller Protest half nicht. Der „neue" Kreis Düren ging wie geplant 1972 an den Start. Man raufte sich zusammen. Aber der Stachel des Verlustes der Selbständigkeit des Kreises Jülich saß tief. Wie tief, das lassen Sie, geehrte Leser, mich an einem kleinen Beispiel aus der täglichen Zeitungsarbeit verdeutlichen.

Die Leitung der Kreispolizeibehörde des neuen Kreises Düren hatte ihren Sitz in Düren. Dort saß auch die Polizeiführung. Und die rückte schon kurze Zeit nach der Neugründung des Kreises in den Fokus. An der Zitadelle in Jülich war ein schweres Verbrechen geschehen: Doppelmord. An jenem Sonntag, an dem Polizei und Staatsanwaltschaft in der Sache vor die Presse traten, hatte ich Dienst. Für 14 Uhr war die Konferenz anberaumt. In den Räumen der Polizei in Düren.

Als junger Kollege, so meinte ich, nehme ich dem wesentlich älteren Leiter der Redaktion der „Jülicher Volkszeitung" die Arbeit ab; erspare ihm die Fahrt nach Düren. „Hallo Herr de Jong, zu der PK um 14 Uhr gehe ich sowieso. Bin gerne bereit, für Sie Da den Artikel mit zu schreiben". War dieses Angebot durchaus kollegial gemeint, bewirkte es jedoch genau das Gegenteil. „Auch wenn ihr Dürener meint jetzt alles machen zu müssen: da spiele ich nicht mit", schallte es mir aus dem Hörer entgegen. Und dann kam der Satz, den ich seit 50 Jahren nicht vergessen kann: „Das ist mein Mord; und das mache ich selbst".

Und heute, ein halbes Jahrhundert später, hat sich sehr vieles eingespielt. Die neuen Grenzen sind ebenso akzeptiert wie neue Strukturen. Die Anfangsprobleme sind überwunden und heute hat der Kreis Düren seinen Platz zwischen den Ballungsräumen Köln, Düsseldorf und Aachen gefunden. Nach einer „schweren Geburt" ist er „erwachsen" geworden, weiß sich zu behaupten und sieht einer Zukunft mit stets neuen Aufgaben und Anforderungen gut gewappnet entgegen.

Und spät, aber doch noch, erhielten zumindest die Halter von Kraftfahrzeugen eine kleine Genugtuung. Die Jülicher dürfen ihr beliebtes und vermisstes JÜL-Kennzeichen und die Eifeler ihre MON- oder SLE-Nummernschilder wieder anschrauben. Nach 50 Jahren ein kleines Stück von Nostalgie.

feld, Blens, Hausen and Düttling. Today Heimbach is considered the smallest town in NRW.

The fight of the people of Jülich against the new district of Düren was quite vociferous and media-effective.

Demonstrations, poster campaigns and advertisements in the print media made the Jülichers' aversion clear. But all the protest did not help. The „new" Düren district went ahead as planned in 1972. People pulled themselves together.

But the sting of the loss of Jülich's independence was deep. Let me illustrate how deep with a small example from daily newspaper work.

The management of the district police authority of the new Düren district was based in Düren. The police leadership was also based there. And it was only a short time after the new district was founded that it came into focus.

A serious crime had been committed at the Citadel in Jülich: A double murder. On that Sunday, when the police and the public prosecutor's office appeared before the press, I was on duty. The conference was scheduled for 2 pm. In the police offices in Düren.

As a young colleague, I thought, I would take the work off the much older head of the editorial office of the „Jülicher Volkszeitung"; save him the trip to Düren.

„Hello Mr. de Jong, I'm going to the PK (press conference) at 2 p.m. anyway. I'll be happy to write the article for you there". Although this offer was meant in a collegial way, it had exactly the opposite effect.

„Even if you people from Düren think you have to do everything, I won't play along," I heard from the receiver. And then came the sentence that I have not been able to forget for 50 years: „That's my murder; and I'll do it myself".

And today, half a century later, a great deal has fallen into place. The new borders are just as accepted as new structures.

The initial problems have been overcome and today the district of Düren has found its place between the conurbations of Cologne, Düsseldorf and Aachen. After a „difficult birth" it has „grown up", knows how to hold its own and is well prepared for a future with new tasks and demands,

and it is well prepared for a future with ever new tasks and demands. And late, but still, at least the owners of motor vehicles received a small satisfaction.

The people of Jülich are allowed to screw on their beloved and missed JÜL number plates again, and the people of Eifel their MON or SLE number plates. After 50 years, a little piece of nostalgia.

LANGERWEHE

Die verschiedensten Techniken werden von den Töpfern in Langerwehe heute angewandt. So beispielsweise der Raki-Brand bei Kuckertz und Rennertz. Im Töpfereimuseum schaut man auf die klassischen Techniken.

A wide variety of techniques are used by the potters in Langerwehe today. Like the raki firing at Kuckertz and Rennertz. In the pottery museum one looks at the classical techniques.

Langerwehe ist voller Tradition, die heute noch Gegenwart ist. Es sind die Töpfer im Ort, die Langerwehe seit dem Jahr 1000 mit ihren Ton- und Steinzeugwaren bekannt machten. Günstig dabei die Lage, gleich an der Heeres-, Handels- und Pilgerstraße von Antwerpen nach Frankfurt. So fanden die Töpfer, die sich der in der Nähe zu findenden Rohstoffe in örtlichen Ton- und Sandvorkommen bedienten, stets neue und reichliche Abnehmer ihrer Krüge und Pötte.

Langerwehe is full of tradition that is still present today. It is the local potters who have made Langerwehe famous with their clay and stoneware products since the year 1000.

Langerwehe's location on the army, trade and pilgrimage route from Antwerp to Frankfurt was favourable. The potters, who used the raw materials found nearby in local clay and sand deposits, always found new and plentiful customers for their jugs and pots.

However, Langerwehe should not be reduced to the „Döp-

Vorherige Seite: Ende des 12. Jahrhunderts im Renaissance-Stil erbaut, präsentiert sich Schloss Merode als eines der prächtigsten Wasserschlösser des Rheinlands. Die Prinzenfamilie de Merode öffnet den weitläufigen Park mehrmals im Jahr für Veranstaltungen. So treffen sich dort die Freunde der Britischen Lebensart und Oltimerfreunde zum Picknick oder Lifestyle – Messen locken zum Shoppen. Jährlicher Höhepunkt ist unumstritten der Weihnachtsmarkt rund um das romantische Schloss.

Previous page: Built at the end of the 12th century in Renaissance style, Merode Castle presents itself as one of the most magnificent moated castles in the Rhineland.

The Prince de Merode family opens the extensive park several times a year for events. Friends of the British way of life and classic-car enthusiasts meet there for a picnic or lifestyle fairs attract shoppers.

The annual highlight is undoubtedly the Christmas market around the romantic castle.

Allerdings sollte man Langerwehe nicht auf die „Döppesbäcker" reduzieren. Die Wehe, die den Zentralort der Gemeinde von Süden nach Norden durchfließt, sicherte schon frühzeitig die Landwirtschaft und lieferte die Kraft für etliche Mühlen, um Getreide zu mahlen oder Öl zu gewinnen.

Einen Schub gab es in Langerwehe ebenfalls durch die Industrialisierung. Die bedeutsame Ost-West-Bahnlinie, die Langerwehe durchtrennt , schuf wichtige Verbindungen in die benachbarten Zentren, wodurch das Gebiet von Langerwehe Bedeutung als Wohnstandort erlangte.

Heute gehören die Orte Stütgerloch, Jüngersdorf und Pier, Laufenburg, Wenau, Schönthal, Heistern und Hamich, Geich, Obergeich, D'horn, Schlich und Merode sowie Luchem zum Gemeindegebiet.

pesbäcker". The river Wehe, which flows through the central town of the municipality from north to south, ensured agriculture early on and provided the power for several mills to grind grain or extract oil.

Langerwehe also received a boost from industrialisation. The important east-west railway line that cuts through Langerwehe created important connections to the neighbouring centres, making the Langerwehe area important as a residential location.

Today, the places Stütgerloch, Jüngersdorf and Pier, Laufenburg, Wenau, Schönthal, Heistern and Hamich, Geich, Obergeich, D'horn, Schlich and Merode as well as Luchem belong to the municipal area.

Die Nikolauskapelle bei Geich, ist eines der ältesten Baudenkmale des Kreises Düren. Sie stammt aus der Zeit vom Ende des 12. oder Anfang des 13. Jahrhunderts.

Eine der wichtigsten Ost-West-Bahnverbindungen durchschneidet die Gemeinde Langerwehe.

Dort, wo der älteste Ursprung der Gemeinde vermutet wird, auf dem Rymelsberg, steht heute die alte Kirche, die dem hl. Martin von Tours geweiht ist. Sie überragt die neue Pfarrkirche St. Martin im Tal (unten links) deutlich.

The St. Nicholas Chapel near Geich is one of the oldest architectural monuments in the district of Düren. It dates from the end of the 12th or beginning of the 13th century.

One of the most important east-west railway connections cuts through the municipality of Langerwehe.Where the oldest origin of the parish is believed to be, on the Rymelsberg, the old church dedicated to St. Martin of Tours stands today. It clearly towers over the new parish church of St. Martin in the Valley (below left).

Kloster Wenau im
Tal der Wehe.
Windräder versor-
gen die wachsende Ge-
meinde mit Elektrizität.
Die Laufenburg.

*Wenau Monastery
in the valley of the Wehe.
Wind turbines sup-
ply the growing commu-
nity with electricity.
Laufenburg castel.*

Schon in der Vergangenheit waren es drei Ortsteile, die sich später zu Langerwehe zusammenschlossen: Rymelsberg, Ules und Zu Wehe. Dieser Umstand und die einstige Zugehörigkeit zum Herzogtum Jülich drückt sich im Wappen der modernen Gemeinde aus.

Ein ebenfalls geschichtsträchtiger Platz ist das Kloster Wenau im Tal der Wehe aus dem Jahr 1122. Nicht minder beliebt bei Ausflüglern ist die 38 × 24 Meter große Burganlage Laufenburg in Nachbarschaft des Klosters Wenau. Die Burg wurde im 12. Jahrhundert von den Limburgern als Ritterburg zur Sicherung ihres Territoriums gegründet.

Even in the past, there were three districts that later merged to form Langerwehe: Rymelsberg, Ules and Zu Wehe. This circumstance and the former affiliation to the Duchy of Jülich is expressed in the coat of arms of the modern municipality.

Another place steeped in history is the Wenau Monastery in the valley of the Wehe, dating from 1122. No less popular with excursionists is the 38×24 metre Laufenburg castle complex in the neighbourhood of the Wenau Monastery. The castle was founded in the 12th century by the Limburgs as a knight's castle to secure their territory.

MERZENICH

Hinter dem Ortsrand von Morschenich scheint die Welt zu Ende. Die Straße Weinberg in Merzenich und die alte Kirche im Zentrum.

Behind the outskirts of Morschenich, the world snows to an end. The Weinberg street in Merzenich and the old church in the centre.

Hier leben schon seit sehr langer Zeit Menschen: Europas tiefster steinzeitlicher Brunnen – etwa aus dem Jahr 5100 vor Christus – wurde bei Merzenich gefunden. Er war 15 Meter tief und wurde komplett geborgen.

In unmittelbarer Nähe zur Gemeindegrenze fand man bei archäologischen Grabungen im Rahmen der Verlegung der Autobahn A 4 ebenfalls „Lilith", das Skelett einer jungsteinzeitlichen Bäuerin, die vor gut 7 000 Jahren im Gebiet des heutigen Merzenich lebte.

Das Skelett wurde penibel geborgen und die „älteste Merzenicherin" kann nun

People have lived here for a very long time: Europe's deepest Stone Age well - dating back to about 5100 BC - was found near Merzenich.

It was 15 metres deep and was completely recovered.

In the immediate vicinity of the municipal boundary, „Lilith" was also found during archaeological excavations in the course of the relocation of the A 4 motorway.

„Lilith" is the skeleton of a Neolithic peasant woman who lived in the area of present-day Merzenich a good 7,000 years ago.

im Landesmuseum in Bonn besucht werden.

Eines der Wahrzeichen der Gemeinde ist der alte Wasserturm, der das flache Land um den Hauptort herum weithin überragt. Er stammt aus dem Jahr 1608. Der Wasserturm war ursprünglich kein solcher. Als Turmwindmühle hat das Gebäude bis ins 20. Jahrhundert hinein Dienst getan. 1910 hat die Gemeinde Merzenich den Turm gekauft. Dann wurde der obere Bereich aufgemauert und ein Hochbehälter eingebaut. So konnte die Windmühle zur Wasserversorgung genutzt werden. Heute wird Merzenich von den Stadtwerken

The skeleton was meticulously recovered and the oldest Merzenicher woman can now be visited in the Landesmuseum in Bonn.

One of the landmarks of the community is the old water tower, which towers over the flat land around the main village for miles around. Dating from 1608, the water tower was not originally a water tower.

As a tower windmill, the building served until the 20th century. In 1910, the municipality of Merzenich bought the tower. Then the upper section was bricked up and an elevated tank was installed.

Gedenken in Golzheim. Weiter Blick über Merzenich und Hürtgenwald bis zum Windpark bei Raffelsbrand. Dorfplatz der Gemeinde.

Commemoration in Golzheim. Wide view over Merzenich and Hürtgenwald to the wind farm near Raffelsbrand. Village square of the community.

*Blick vom Wolfs-
kauler Hof nach Golz-
heim.*

*Rechts: Morbide
gibt sich heute das ehe-
malige Morschenich, es
soll nun Ort der Zukunft
sein...*

*Die Waldbesetzer-
szene rund um „Hambi"
hat sich in den Bäumen
eingerichtet. Neu-Mor-
schenich hat Immobili-
enträume wahr werden
lassen.*

Düren mit Wasser versorgt und der um-
genutzte Turm hat seine Bedeutung verloren. Deshalb finden hier nun wechselnde
Ausstellungen statt.

Ein Produkt aus Merzenich – genauer
aus Girbelsrath – werden wohl die meisten
schon gegessen haben. Denn im Gewerbegebiet ist die Firma J. & W. Stollenwerk
ansässig, einer der größten europäischen
Verarbeiter von Obst-, Gemüse- und Sauer-
konserven. Auf vielen Feldern rund um
Merzenich herum sieht man Weiß- oder
Rotkohl wachsen, ein großer Teil davon
geht in die Stollenwerk-Produktion.

Auf einer alten Hofanlage mitten im
Hauptort findet sich das Heimatmuseum,
das vom Heimat- und Geschichtsverein
betrieben wird. In dem Fachwerkhaus
gibt es eine historische Backstube, eine
Räucherkammer eine Schmiede- und eine
Schusterwerkstatt.

Neben dem Hauptort gehören Girbelsrath, Golzheim und Morschenich zur
Gemeinde. Der alte Ort ist weitgehend
umgesiedelt, weil er ursprünglich dem
Tagebau Hambach weichen sollte. Das
Abbaugebiet wurde jedoch verkleinert,
so dass jetzt über die Zukunft des weitgehend verlassenen Ortes diskutiert wird.

Ein Plan ist, hier einen „Ort der Zukunft" entstehen zu lassen. Es sollen nachhaltige Projekte zur Agrar- und Klimafor-
schung eine Heimat finden.

Die meisten Bewohner sind nach
Neu-Morschenich umgesiedelt, dem neu-
entstandenen Ortsteil der Gemeinde. Eine
Besonderheit des neu geschaffenen Ortes:
Die rund 130 Gebäude dort werden über
ein Fernwärmenetz beheizt. Die Heizzen-
trale der Stadtwerke Düren wird mit Holz-
pellets betrieben.

*This meant that the windmill could be used
to supply water.*

*Today, Merzenich is supplied with water
by the Düren public utility company and the
unused tower has lost its significance. That is
why changing exhibitions are now held here.*

*Most people will have eaten a product
from Merzenich - or more precisely from Girbelsrath. The company J. & W. Stollenwerk, one
of Europe's largest producers of canned fruit,
vegetables and sauerkraut, is located on the
industrial estate.*

*You can see white or red cabbage growing
in many fields around Merzenich, a large part of
which goes to Stollenwerk production.*

*The local history museum, which is run by
the local history association, is located on an
old farm in the centre of the main town. In the
half-timbered house there is a historic bakery, a
smokehouse, a smithy and a cobbler's workshop.*

*Besides the main village, Girbelsrath and
Golzheim, Morschenich is part of the municipality. The old village has largely been resettled
because it was originally supposed to make way
for the Hambach opencast mine.*

*However, the mining area was reduced in
size, so now there is talk about the future of the
largely abandoned village. One plan is to create
a „place of the future" here. Sustainable projects
for agricultural as well as climate research are
supposed to find a home here.*

*Most of the residents have moved to Neu-
Morschenich, the newly created district of the
municipality.*

*A special feature of the newly created
village: the approximately 130 buildings there
are heated via a district heating network. The
heating system operated by the Düren public
utility company is fuelled by wood pellets.*

*View from Wolfs-
kauler Hof towards Golz-
heim.*

*Right: The former
Morschenich is morbid to-
day; it is now supposed to
be a place of the future...*

*The forest squatter
scene around „Hambi"
has made itself at home
in the trees. Neu-Morschenich has made real estate
dreams come true.*

In Sichtweite des alten Ortes Morschenich liegt das Stück Wald, das als „Hambi" für Schlagzeilen sorgte. Es ist von Tagebaugegnern besetzt. Diese wohnen in etlichen Baumhäusern. Die Aktivisten hatten eine breite Öffentlichkeit mobilisiert und sich für den Erhalt des „Hambacher Forstes" eingesetzt, der für den Tagebau gerodet werden sollte. Der „Hambacher Forst" ist allerdings schon zum allergrößten Teil verschwunden, das symbolträchtige Stück Wald bei Morschenich ist der verbliebene Rest des Bürgewaldes.

Within sight of the old village of Morschenich is the piece of forest that made headlines as „Hambi" because it was occupied by opponents of opencast mining and is inhabited by tree houses.

The activists had mobilised a broad public and campaigned for the preservation of the „Hambach Forest", which was to be cleared for opencast mining. However, most of the Hambach Forest has already disappeared; the symbolic piece of forest near Morschenich is the remaining part of the Bürgewald.

EIN TOTES DORF
VOLLER ZUKUNFT
*A DEAD VILLAGE
FULL OF FUTURE*

BUS UND BAHN

Erfolgsgeschichte schreibt im Kreis Düren der Bahn- und seit 2020 der Busverkehr. „Rurtalbahn" und „Rurtalbus" heißen die beiden Unternehmen, die jährlich viele Millionen Fahrgäste sicher an ihr Ziel bringen.

Über 100 Jahre war es die Dürener Kreisbahn, die auf Straßen und Schienen unterwegs war. Die Kreisbahn hatte 1993 die von der Bundesbahn für eine D-Mark übernommenen Strecken Düren - Heimbach und Düren - Linnich reaktiviert und rollt seitdem im Takt als Rurtalbahn von Nord nach Süd. Später wurde die „Rurtalbahn" aus der Kreisbahn ausgegliedert und als eigene Gesellschaft installiert. Die Rurtalbahn ist heute europaweit, besonders im Güterverkehr unterwegs. Hinzu kam die Strecke der Bördebahn von Düren nach Euskirchen. Ein erster Wasserstoffzug überzeugte bei Testfahrten und diese saubere Technik wird Einzug im Kreis halten.

Nicht minder aktuell ist die „Rurtalbus"-Flotte. Nachdem erste Fahrzeuge, insbesondere in den Innenstädten mit E-Antrieb unterwegs sind, kommt seit Dezember 2021 auch Wasserstoff als Energiequelle in die Tanks der Busse. Die „Rurtalbus GmbH" hatte die Dürener Kreisbahn abgelöst, nachdem die bislang größte europäische Ausschreibung für den öffentlichen Personennahverkehr gewonnen wurde.

Bus und Bahn sind im Kreis Düren gut aufgestellt. Erst 2020 wurde der Busverkehr neu organisiert und dem Bedarf angepasst. Die ersten Busse rollen mit E-Antrieben. Wasserstoff ist die Energiequelle der Wahl. Auf der Schiene schon erprobt, kommen seit Ende 2021 die Wasserstoffbusse zum Einsatz.

Bus and rail services are well positioned in the Düren district. Bus transport was reorganised and adapted to demand as recently as 2020. The first buses are running with e-drives. Hydrogen is also the energy source of choice here. This has already been tested on the railways and will be standard since the end of 2021.

A story of success in the Düren district is the rail transport and, since 2020, bus transport. „Rurtalbahn" and „Rurtalbus" are the names of the two companies that bring many millions of passengers safely to their destinations every year.

For over 100 years, it was the Dürener Kreisbahn that was on the roads and rails. In 1993, the Kreisbahn reactivated the Düren - Heimbach and Düren - Linnich lines, which had been taken over from the Bundesbahn for one deutschmark, and since then has been running at regular intervals as the Rurtalbahn from north to south.

Later, the „Rurtalbahn" was spun off from the Kreis-bahn and installed as a separate company. Today, the Rurtalbahn operates throughout Europe, especially in freight traffic. The line of the Bördebahn from Düren to Euskirchen was added. A first hydrogen train convinced during test runs and this clean technology will find its way into the district.

No less topical is the fleet of the „Rurtalbus". Now that the first vehicles are on the road, especially in the inner cities, hydrogen is also to be used as an energy source here when it becomes available. The „Rurtalbus" had replaced the Dürener Kreisbahn after winning the largest European tender for local public transport to date.

NÖRVENICH

Eine Gaststätte ging in Nörvenich auf Reisen: 2010 widerfuhr der Gaststätte Watteler aus Eschweiler über Feld, nebst angegliederter Metzgerei, ein besonderes Schicksal. Handwerker und ein Kran rückten an und nahmen die Dorfkneipe auseinander. Stück für Stück, Wand für Wand, Balken für Balken wurde das Gebäude verpackt und per Schwertransport zum wenige Kilometer entfernten Freilichtmuseum Kommern verfrachtet. Lampen, Bilder, Sparschränkchen, Zapfhähne und Aschenbecher waren schon zuvor sorgfältig geborgen und sicher eingelagert worden.

Im Museum des Landschaftsverbandes Rheinland wurde dann das Wirtshausensemble wieder zusammengefügt und stellt nun in der Baugruppe „Marktplatz Rheinland" einen Hotspot dörflicher Kultur in den 70er Jahren dar.

Der Eurofighter beherrscht den Himmel über Nörvenich. Die Gaststätte Watteler zog in ein Freilichtmuseum Kommern um. Seitdem bildet die Pfarrkirche St. Heribert das Zentrum von Eschweiler über Feld.

The Eurofighter dominates the sky over Nörvenich. The Watteler restaurant moved to a open-air museum Kommern. Since then, the parish church of St. Heribert has formed the centre of Eschweiler über Feld.

And then a pub went on a journey: in 2010, the Watteler pub and its adjoining butcher's shop from Nörvenich/Eschweiler über Feld met a special fate. Workmen and a crane arrived in Eschweiler über Feld and took the village pub apart. Piece by piece, wall by wall, beam by beam, the building was packed and transported to the open-air museum in Kommern a few kilometres away. Lamps, pictures, piggy banks, taps and ashtrays had already been carefully salvaged and safely stored.

In the museum of the Rhineland Regional Association, the pub ensemble was then

Bei Nacht heben zwei Eurofighter des Taktischen Luft-waffengeschwaders 31 „Boelke" auf dem Fliegerhorst Nörve-nich zu ihrem Auftrag ab. Immer wieder ein spektakuläres Bild während der dunklen Stunden am östlichen Zipfel des Kreises Düren.

At night, two Eurofighters of the Tactical Air Force Squa-dron 31 „Boelke" take off on their mission at Nörvenich Air Base. Always a spectacular sight during the dark hours at the eastern tip of the Düren district.

Der besondere Clou bei dem Ausstellungsstück: Die Gaststätte, in der in Nörvenich stets das Leben pulsierte, einst der Gemeinderat tagte und so manche Beziehung geschlossen wurde – oder zerbrach – wurde reaktiviert. Wie einst stehen wieder die Soleier im großen Glas im Regal und auf der Theke und aus der Musikbox schallen den Besuchern bei Erbsensuppe, Wurst und einem Kölsch Peter Kraus und Conny Froboess entgegen.

Zum Thema „Nörvenich" fällt wohl den allermeisten Menschen auf Anhieb der Fliegerhorst ein. Hier starten und landen nicht nur die Eurofighter und andere Militärflugzeuge.

1955 wurde auf dem Gelände des heutigen Fliegerhorstes eine Verwaltungsstelle für die 1. Luftwaffen-Lehrkompanie der kurz zuvor gegründeten Bundeswehr errichtet. Die Geburtsstunde der bundesdeutschen Luftwaffe. Gebaut wurde der Flugplatz schon in den 1950er Jahren vom britischen Militär.

reassembled and now shows a hotspot of village culture in the 1970s in the „Marktplatz Rheinland" assembly.

The special attraction of the exhibit is that the pub, where life in Nörvenich always pulsated, where the local council once met and many a relationship was made - or broken - has been reactivated.

As in the past, the pickled eggs are on the shelf in a large glass and Peter Kraus and Conny Froboess can be heard from the music box while visitors enjoy pea soup, sausage and a Kölsch beer.When most people think of „Nörvenich", it is probably the airbase that immediately comes to mind. It is not only the Eurofighters and other military aircraft that take off and land here. In 1955, an administrative office for the 1st Air Force Training Company of the recently founded German Armed Forces was established on the site of today's air base. This marked the birth of the German Air Force. The airfield had already been built by the British military in the 1950s.

Schmucke Anwesen prägen die Ortschaften rund um den Kernort Nörvenich. Ein Eurofighter kurz nach dem „touch down" auf dem benachbarten Fliegerhorst.

Pretty estates characterise the villages around the core town of Nörvenich. A Eurofighter shortly after touchdown at the neighbouring air base.

Zahlreiche prominente Gäste sind hier angekommen. Als Schloss Gymnich noch Gästehaus der Bundesregierung war, landeten in Nörvenich viele Könige und Staatsoberhäupter, etwa die US-Präsidenten Gerald Ford im Jahr 1975 und zehn Jahre später Ronald Reagan. Auch Formel 1-Legende Michael Schumacher soll den Flugplatz ab und zu bei Besuchen in seiner früheren Heimat, dem benachbarten Manheim, genutzt haben.

Für Schlagzeilen sorgte 1962 der Absturz von gleich vier Starfightern in Nörvenich. Die Formation trainierte für den bevorstehenden Besuch von Verteidigungsminister Franz-Josef Strauß. Der Formationsführer verlor in den Wolken die Orientierung, alle vier Flugzeuge schlugen in einer früheren Braunkohlegrube auf, die vier Piloten kamen ums Leben. Als Folge des Unfalls wurden beide bestehenden Kunstflugteams der Luftwaffe aufgelöst und eine Neugründung verboten. Bis heute hat die Bundeswehr kein eigenes Kunstflugteam mehr gegründet.

Der Ort Oberbolheim wurde Ende der 60er Jahre an den heutigen Standort

Numerous prominent guests have arrived here. When Schloss Gymnich was still the guest house of the German government, many kings and heads of state landed at Nörvenich, for example US Presidents Gerald Ford in 1975 and Ronald Reagan ten years later. Formula 1 legend Michael Schumacher is also said to have used the airfield from time to time during visits to his former home, neighbouring Manheim. The crash of four Starfighters in Nörvenich in 1962 made headlines. The Bundeswehr formation lost its orientation in the clouds, all four aircraft hit the ground near the airfield, and all four pilots were killed.

As a result of the accident, both existing aerobatic teams of the Luftwaffe were disbanded and the new formation was banned.

To this day, the German Armed Forces have not founded an aerobatic team of their own anymore.

Unweit des Neffelbaches steht die aus dem 15. Jahrhundert stammende Harff'sche Burg in Nörvenich. Die Ruine gehört zum Gelände des Templerhofes.

Not far from the Neffelbach stream stands the 15th-century Harff'sche Burg in Nörvenich.
The ruins belong to the Templerhof grounds.

umgesiedelt, weil durch die unmittelbare Nähe zur Startbahn des Fliegerhorstes der Fluglärm im Ort kaum zu ertragen war. Außerdem stürzte 1962 ein Starfighter nach einem Triebwerksschaden in eine landwirtschaftliche Anlage am Rande des Dorfes.

Aufsehen erregte die Nörvenicher Kampfjet-Pilotin Nicola Baumann, die die erste deutsche Astronautin werden wollte.

Sie war übrigens die zweite Kampfpilotin der Bundeswehr und hat sich später beim privat finanzierten Projekt „Die Astronautin" durchgesetzt. Baumann schied dann auf eigenen Wunsch aus diesem Projekt aus, möchte aber weiterhin ins All reisen.

Eine der Sehenswürdigkeiten in Nör-

The village of Oberbolheim was relocated to its present site at the end of the 1960s because the aircraft noise in the village was almost unbearable due to its immediate proximity to the runway of the air base.

In addition, a starfighter crashed into a farm on the outskirts of the village in 1962 after an engine failure.

The Nörvenich fighter jet pilot Nicola Baumann, who wanted to become the first German female astronaut, made national headlines. Incidentally, she was the second female fighter pilot in the German Armed Forces and later prevailed in the privately financed project „Die Astronautin". Baumann then dropped out of this project at her own request, but would like to continue travelling into space.

venich ist das Schloss: Die Familie Bodenstein kaufte die damalige Gymnicher Burg im Jahr 1980, renovierte sie, änderte den Namen in Schloss Nörvenich und präsentiert dort unter dem Namen Museum Europäische Kunst die weltweit größte Sammlung von Kunstwerken des umstrittenen Bildhauers Arno Breker.

Energie kommt aus der Luft und aus dem Boden. Im Frühjahr harmonieren die Blüten der Obstbäume mit dem Anstrich des Wasserturms in Wissersheim. Viele alte Steinkreuze umrahmen in Hochkirchen das Gotteshaus.

Energy comes from the air and the soil. In spring, the blossoms of the fruit trees harmonise with the painting of the water tower in Wissersheim.

Countless old stone crosses frame the church in Hochkirchen.

One of the sights in Nörvenich is the castle: the Bodenstein family bought the former Gymnich castle in 1980, renovated it and changed the name to Schloss Nörvenich, where it presents the world's largest collection of works of art by the sculptor Arno Breker under the name Museum Europäische Kunst.

Die Harff'sche Burg aus dem 16. Jahrhundert ist in Privatbesitz. Die Burg ist seit 1880 unbewohnt, seit einigen Jahren wird sie mit Bundesmitteln vor dem weiteren Verfall bewahrt. Mit Burg Binsfeld und Burg Bubenheim gibt es weitere bemerkenswerte Burgen im Gemeindegebiet.

Energie ist ein wichtiges Thema in Nörvenich. Das größte Braunkohlevorkommen Deutschlands liegt unter der Gemeinde Nörvenich. Es wird als „Isweiler Feld" bezeichnet und ist mit fast 1,4 Milliarden Kubikmetern die größte noch unerschlossene Lagerstätte im Rheinischen Revier. In den 80er Jahren gab es Pläne für eine Weiterführung des Hambacher Tagebaus bis nach Nörvenich. Dafür hätten fast 10 000 Menschen umgesiedelt werden müssen. Die Planungen sind allerdings nie umgesetzt worden.

Weit vorne ist man in Nörvenich mit einer anderen Form von Energie. Mit einer großen Biogas-Anlage erzeugt Landwirt Edmund Paeffgen bei Hochkirchen Strom und Wärme aus einer Mischung aus Maissilage und Mist. Theoretisch können damit

In Dorweiler markiert die St. Margareten Kapelle den Mittelpunkt. Das Zentrum von Nörvenich gibt sich komplett neu gestaltet. St. Viktor macht dem Namen des Ortes Hochkirchen alle Ehre.

In Dorweiler, the St. Margaret's Chapel marks the centre.

The centre of Nörvenich has been completely redesigned. St. Viktor lives up to the name of Hochkirchen.

Harff's castle from the 16th century is privately owned. The castle has been uninhabited since 1880, and for some years it has been preserved from further decay with federal funds

With Binsfeld Castle and Bubenheim Castle, there are other notable castles in the municipal area.Energy is an important topic in Nörvenich. Germany's largest lignite deposit lies beneath the municipality of Nörvenich. It is called the „Isweiler Feld" and, with almost 1.4 billion cubic metres, it is the largest undeveloped deposit in the Rhenish mining area. In the 1980s, there were plans to continue the Hambach opencast mine to Nörvenich.

This would have required the resettlement of almost 10,000 people. However, the plans were never implemented.Nörvenich is far ahead with another form of energy. With a large biogas plant, farmer Edmund

Die weiten Felder benötigen schier niemals endende Pflege. Burg Binsfeld ist eine Seniorenresidenz. Ein altes Spritzenhaus dient heute als Garage. Flach und endlos ziehen sich die Ackerfurchen durch das Land.

bis zu 5000 Durchschnittshaushalte mit Strom versorgt werden. Zudem nutzen umliegende Häuser die Abwärme seiner Bio-Gasanlage.

Entstanden ist die Gemeinde Nörvenich im Jahr 1969. Die Gemeinden Binsfeld, Rommelsheim, Eggersheim, Eschweiler über Feld, Frauwüllesheim, Hochkirchen, Irresheim, Nörvenich, Oberbolheim, Poll und Rath schlossen sich zur neuen Gesamtgemeinde Nörvenich zusammen.

Wissersheim wurde 1969 an die Kommune Erftstadt abgegeben und kam 1975 nach Nörvenich zurück. 1975 wurden dann auch die Orte Dorweiler und Pingsheim aus Erftstadt eingegliedert.

The wide fields need almost never-ending care. Binsfeld Castle is a senior citizen's residence An old fire engine house now serves as a garage. Flat and endless, the arable furrows stretch through the land.

Paeffgen near Hochkirchen generates electricity and heat from a mixture of maize silage and manure. Theoretically, up to 5,000 average households can be supplied with electricity. In addition, surrounding houses use the waste heat from his biogas plant.

The municipality of Nörvenich was created in 1969, when the municipalities of Binsfeld, Rommelsheim, Eggersheim, Eschweiler über Feld, Frauwüllesheim, Hochkirchen, Irresheim, Nörvenich, Oberbolheim, Poll and Rath merged to form the new municipality of Nörvenich.

Wissersheim was transferred to the municipality of Erftstadt in 1969 and returned to Nörvenich in 1975. In 1975, the villages of Dorweiler, Pingsheim and Wissersheim were incorporated from Erftstadt.

Viele neue Straßen sind in den letzten Jahren rund um Jackerath entstanden. Ein kleines Trafohaus erinnert an die Anfänge der Elektrizität in Titz. Die Düppelsmühle steht still als wartete sie auf den Wind...
Vorherige Seite: Ultramodern und mutig: die neue Feuerwache in Titz.

Many new streets have been built around Jackerath in recent years. A small transformer house reminds us of the beginnings of electricity in Titz. The Düppelsmühle stands still as if waiting for the wind...
Previous page: Ultramodern and bold: the new fire station in Titz.

„Landgemeinde" nennt sich die Gemeinde Titz gerne. Damit ist schon viel über die nördlichste Kommune des Kreises Düren gesagt. Denn die Region rund um Titz mit den 16 Ortsteilen ist landwirtschaftlich und ländlich geprägt, nicht zuletzt wegen der fruchtbaren Lössböden, die schon die Römer zu schätzen wussten.

Der Name Titz soll übrigens vom römischen Feldherrn Titus herrühren, das „Gut des Titus" hieß Titiacum. Im Jahr 2005 wurden 87 Prozent der Gemeindefläche landwirtschaftlich genutzt. Damit ist dies die Kommune mit dem größten Anteil landwirtschaftlich genutzter Fläche in Nordrhein-Westfalen.

Und auch königlicher Glanz fällt auf die Gemeinde: Die Rheinische Kartoffelkönigin des Jahres 2019 ist Titzerin, ihre Eltern haben hier einen landwirtschaftlichen Betrieb in dem schwerpunktmäßig Kartoffeln angebaut werden.

Prägend für Titz ist auch der nahegelegene Tagebau Garzweiler 2, wegen dem die nahe Autobahn A 61 verlegt und das bekannte Autobahnkreuz Jackerath umgebaut wurde.

Begünstigt durch das ebene Umland gab es früher zahlreiche Mühlen rund um Titz. Eine Bockmühle aus Spiel steht seit 1959 sogar im Freilichtmuseum in Kommern. Noch heute ist die Düppelsmühle eines der Wahrzeichen von Titz auf der Anhöhe „Düppel". Sie wurde 2014 bei

einem Unwetter zerstört und später mit Unterstützung der Bundesrepublik wieder saniert. Die Mühle in Höllen brannte 1982 nach einem Blitzeinschlag ab, auch die Rödinger Bockwindmühle wurde durch ein Feuer zerstört.

Viele besondere archäologische Funde werden in Titz „verarbeitet", weil hier das Amt für Bodendenkmalpflege des

Als Rheinische Kartoffelkönigin sorgte Anna Müller aus Titz für viel Aufmerksamkeit rund um die leckere Knolle. Sie mag Kartoffeln ausgesprochen gerne, am liebsten in Form selbstgemachter Pommes. Sie wurde 2019 vom Rheinischen Landwirtschafts-Verband (RLV) als Botschafterin für die Kartoffeln berufen. Ihre Eltern haben einen Ackerbaubetrieb mit dem Schwerpunkt Industriekartoffelanbau in Titz. „Ich sehe mich in dem Jahr meiner Amtszeit als Bindeglied zwischen der Landwirtschaft und der Bevölkerung", sagte Anna Müller zur „Amtseinführung". „Ich helfe gerne bei den Arbeiten auf dem Hof. Dort habe ich sogar ein eigenes kleines Gewächshaus und Hochbeete. Sportlich tobe ich mich regelmäßig beim Tennis im Nachbardorf Hasselsweiler aus und verbringe viel Zeit mit meinen Freunden", erzählt sie.

As Rhineland Potato Queen, Anna Müller from Titz attracted a lot of attention around the delicious tuber. Of course, she is very fond of potatoes, preferably in the form of homemade chips.

She was appointed by the Rhineland Agricultural Association (RLV) as an ambassador for Rhineland potatoes in 2019. Her parents have an arable farm with a focus on industrial potato cultivation in Titz.

"I see myself as a link between agriculture and the people in the year I am in office," she said at the "inauguration". "I really enjoy helping at home with the work on the farm and in the garden. I even have my own small greenhouse and raised beds there.

In terms of sports, I regularly play tennis in the neighbouring village of Hasselsweiler and spend a lot of time with my friends," Anna Müller says.

Zahlreiche Wegekreuze findet man auf den weitläufigen Ackerflächen. Die sie umgebenden Bäume lassen ihr Alter erahnen. Die Kreuze erinnern an menschliche Schicksale. Eindrucksvolle Grabmale findet man in Mündt. In Höllen residiert eine Außenstelle des Rheinischen Amtes für Bodendenkmalpflege.

Numerous wayside crosses can be found on the extensive farmland, the accompanying trees hint at their age. The crosses remind us of people's fates. Impressive gravestones can be found in Mündt.

A branch of the Rhenish Office for the Preservation of Archaeological Monuments is located in Höllen.

The municipality of Titz likes to call itself a „rural community". This already says a lot about the northernmost municipality in the district of Düren.

The region around Titz with its 16 districts is agricultural and rural, not least because of the fertile loess soils that the Romans already appreciated.

Incidentally, the name Titz is said to derive from the Roman general Titus, the „estate of Titus" was called Titiacum. In 2005, 87 percent of the municipality's area was used for agriculture, making it the municipality with the largest share of agriculturally used land in North Rhine-Westphalia.

And royal splendour also falls on the municipality: the Rhineland Potato Queen of 2019 is from Titz; her parents have an agricultural business here that focuses on potatoes.

The nearby Garzweiler 2 open-cast mine, because of which the nearby A 61 motorway was relocated and the well-known Jackerath motorway junction was rebuilt, also has a formative influence on Titz.

Favoured by the flat surrounding countryside, there used to be numerous mills around Titz. A mill, a socalled Bockmühle from Spiel has even been in the open-air museum in Kommern since 1959.

Even today, the Düppelsmühle is one of the landmarks of Titz on the „Düppel" hill. It was destroyed in a storm in 2014 and later restored with the support of the Federal Republic of Germany.

The mill in Höllen burnt down in 1982 after being struck by lightning and the Rödingen Bockwindmühle was also destroyed by fire.

Many very special archaeological finds are „processed" in Titz, because the the Office for the Preservation of Archaeological Monuments of the Rhineland Regional Association maintains a field office here.

Due to the surrounding three open-

Landschaftsverbandes Rheinland eine Außenstelle unterhält. Durch die umliegenden drei Tagebaue Garzweiler, Hambach und Inden gibt es umfangreiche archäologische Grabungen im Vorfeld der Kohlegruben.

Die Funde werden auf einem restaurierten Gutshof in Höllen untersucht und katalogisiert. Im Freigelände der Außenstelle ist die lebensgroße und im Rheinland einzigartige Rekonstruktion einer eisenzeitlichen Hofanlage zu bestaunen.

In Rödingen gibt es eine der wenigen erhaltenen Landsynagogen im Rheinland. Das Gebäude liegt versteckt hinter dem ehemaligen Wohnhaus des Synagogenvorstehers Isaak Ullmann. Von 1789 bis 1934 war das Rödinger Haus

der Lebensmittelpunkt der Familie Ullmann. Seit 2009 unterhält der LVR hier das Kulturhaus Landsynagoge Rödingen mit einer interessanten Dauerausstellung zum Thema „Jüdisches Leben im Rheinland". Zudem gibt des viele Veranstaltungen zu dem Thema.

In Ameln gab es früher eine Zuckerfabrik, sie wurde mit Ende der Kampagne 1991 geschlossen. Heute steht auf dieser Fläche ein Energiepark mit Biogasanlagen, deren Abwärme zur Holzpellets-Produktion genutzt wird.

Weithin bekannt ist auch der Amelner Korn. Die Getreidebrennerei hat ihren Betrieb allerdings nach 102 Jahren eingestellt.

Das Autobahnkreuz Jackerath. Die Kirchen in Spiel und Rödingen unterstreichen die ländliche Idylle. Die Landsynagoge in Rödingen. In Ameln erinnert ein schmucker Verwaltungsbau an die ehemalige Zuckerfabrik, während Windräder und große Treibhäuser heute das Bild bestimmen.

The Jackerath motorway junction. The churches in Spiel and Rödingen emphasise the rural idyll. The Land Synagogue in Rödingen. In Ameln, a smart administrative building is reminiscent of the former sugar factory, while wind turbines and large greenhouses dominate the picture today.

cast mines Garzweiler, Hambach and Inden, there are extensive archaeological excavations in the run-up to the coal mines.

The finds are examined and catalogued on a restored estate in Höllen. The life-size reconstruction of an Iron Age farmstead, unique in the Rhineland, can be admired in the outdoor area of the field office.

In Rödingen there is one of the few preserved country synagogues in the Rhineland. The building is hidden behind the former home of the synagogue leader Isaak Ullmann. From 1789 to 1934, the Rödingen house was

the centre of life for the Ullmann family. Since 2009, the LVR has maintained the Rödingen Synagogue Cultural Centre here with an interesting permanent exhibition on „Jewish Life in the Rhineland".

There used to be a sugar factory in Ameln, but it was closed at the end of the 1991 campaign. Today there is an energy park with biogas plants on the site, the waste heat from which is used to produce wood pellets.

Ameln Korn, a grain brandy, is also widely known, but the grain distillery has ceased operations after 102 years.

NATUR

Die Betreuung von Naturschutzgebieten und Flora-Fauna-Habitaten, Artenschutzprojekte, die Durchführung praktischer Pflegemaßnahmen sowie die Beratung von Landwirten und Bürgern stehen im Mittelpunkt der Arbeit der Biologischen Station.

Beheimatet ist der 1997 gegründete und gemeinnützige Verein seit 1999 im alten Bahnhof Nideggen-Brück. Die Mitglieder des Vereins kommen aus den Naturschutzverbänden, der Land- und Forstwirtschaft und dem amtlichen Naturschutz. Das Team der Biologischen Station besteht aus sechs festangestellten Mitarbeitern. Zieht man Projektstellen, Freiwillige im Ökologischen Jahr und Zivildienstleistende hinzu, arbeiten derzeit 15 Mitarbeiter in der Station.

Verschiedene Programme fördern den Fortbestand der Wildbienen. Blühstreifen sind eine der Maßnahmen.

Der Biber ist seit einigen Jahren wieder heimisch an den Gewässern im Kreis Düren. Emsig fällt er Bäume und baut seine Burg.

Various programmes promote the survival of wild bees. Flower strips are one of the measures.

For some years now, the beaver has been at home again on the waters in the district of Düren. It busily cuts down trees and builds its castle.

The work of the Biological Station focuses on the management of nature reserves and flora-fauna habitats, species protection projects, the implementation of practical maintenance measures and the provision of advice to farmers and citizens.

Founded in 1997, the non-profit association has been based in the old railway station in Nideggen-Brück since 1999. The members of the association come from nature conservation associations, agriculture and forestry, and official nature conservation. The team of the Biological Station consists of six permanent employees. If you include project positions, volunteers in the ecological year and those doing community service, there are currently 15 employees working at the station.

Von der Streuobstwiese bis zum Kneipenquiz, vom Obstbaumschnitt bis zu den klassischen Ackerwildkräutern im Wintergetreide, das Spektrum der Aktivitäten der Biologischen Station ist mannigfaltig. Die Mitarbeiter haben von Amphibien bis zu den Wildbienen alles im Blick..

Letztere sind besonders in den Focus gerückt, da die Zahl der Wildbienen rückläufig, ihr Dasein in der Natur jedoch unverzichtbar für ein ökologisches Gleichgewicht ist.

So unterstützte die Biologische Station etliche Initiativen, die mit Wildbienen-

häusern den Insekten den Lebensraum erweiterten.

Der Biber ist ebenfalls ein Geselle, den die Biologen im Auge haben. Die Biologische Station Düren hat, gefördert vom Landschaftsverband Rheinland, ein Biberprojekt mit dem Ziel ins Leben gerufen, das gedeihliche Nebeneinander von Mensch und Biber in der modernen Kulturlandschaft zu unterstützen. Der eifrige Nager hat sich in den letzten Jahren an den heimischen Gewässern, an Rur, Kall und Wehe, aber ebenfalls an den kleineren Bächen stark verbreitet, wie die charakteristischen Biberspuren – Dämme, Burgen, Nagespuren – zeigen.

Die Biologische Station in Nideggen-Brück hat die Natur im Auge. Streuobstwiesen werden traditionell bewirtschaftet. Amphibien partizipieren an den Projekten ebenso wie Insekten und Wildblumen.

The Biological Station in Nideggen Brück keeps an eye on nature. Orchard meadows are traditionally cultivated. Amphibians participate as well as insects and wildflowers.

From orchard meadows to pub quizzes, from fruit tree pruning to the classic field wild herbs in winter cereals, the spectrum of activities of the Biological Station is manifold. The keen eye of the staff ranges from amphibians to wild bees.

From orchard meadows to pub quizzes, from fruit tree pruning to the classic field wild herbs in winter cereals, the spectrum of activities of the Biological Station is manifold. The keen eye of the staff ranges from amphibians to wild bees.

The latter have become a particular focus of attention, as the number of wild bees is declining, but their existence in nature is indispensable for an ecological balance. Thus, the Bilological Station supported several ini-

Der ehemalige Truppenübungsplatz der belgischen Streitkräfte, die Drover Heide, protzt mit einer unglaublichen Vielfalt bei Flora und Fauna. Wo früher die Panzer keinen Grashalm verschonten, wurde gerade durch die schweren Kettenfahrzeuge die Grundlage für seltene Tiere und Pflanzen geschaffen.

The former military training area of the Belgian armed forces, the Drover Heath, boasts an incredible diversity of flora and fauna. Where once tanks spared no blade of grass, the heavy tracked vehicles created the basis for rare animals and plants.

Die Aktivitäten der Biber hinterlassen stellenweise unübersehbare Bauwerke. Sie bringen ein Stück ursprünglicher Natur zurück in die vom Menschen geprägte Kulturlandschaft. Zahllose Tierarten profitieren davon.

Weitere Tierarten, die im Rahmen des Artenschutzes betreut werden, sind die Fledermaus, die Schwalbe, der Specht, der Uhu, der Steinkauz, die Ringelnatter, die Mauereidechse, der Laubfrosch oder die Gelbbauchunke.

Der Lebenskreis des Urzeitkrebses Triops ist für die Biologen etwas Besonderes. Das winzige Tier kommt auf der Drover Heide vor. Triops hat sich vor 250 Millionen

Bei Regen können sich Pfützen und Tümpel bilden, in denen Wasser nur schwer versickert, in den Sommermonaten hingegen trocknen die Gewässer bei Hitze aus. Triops findet hier optimale Lebensbedingungen, was auch die Tatsache zeigt, dass die Drover Heide eines der wenigen Gebiete in Nordrhein-Westfalen ist, in dem Triops anzutreffen ist.

Überhaupt zählt die Drover Heide mit ihrer beachtliche Fläche von 670 Hektar zu den wichtigsten Naturschutzgebieten im Kreis Düren. Bis 2004 wurde die Heide von den in Düren stationierten belgischen Streitkräften als Truppenübungsplatz genutzt. Seitdem die Belgier abgezogen

Jahren entwickelt und sich seitdem bis heute äußerlich nicht verändert. Er gilt daher als lebendes Fossil und sogar als die älteste lebende Tierart.

Auf den alten Panzertrassen in der Drover Heide wurde der Boden durch die militärischen Fahrzeuge, besonders durch die Panzer, stark verdichtet.

sind, rückt das Gebiet, das über 100 Jahre militärisch genutzt wurde, zusehends in den Fokus des Naturschutzes. Sich selbst überlassen, hat es sich inzwischen zu einer Fläche von europäischer Bedeutung entwickelt.

Der besondere Stellenwert der Drover Heide für den europäischen Naturschutz erklärt sich nicht nur aus dem

Von der Ringelnatter oder dem Triops bis zum Schaf: Die Natur im Kreis Düren ist vielfältig. Erholt hat sich die Population der Uhus.

From the grass snake or the triops to the sheep: nature in the Düren district is diverse. The population of eagle owls has recovered.

tiatives that expanded the insects' habitat with wild bee houses.

The beaver is also a mate that the biologists have in mind. The Düren Biological Station, funded by the Rhineland Regional Association, has launched a beaver project with the aim of supporting the prosperous co-existence of humans and beavers in the modern cultural landscape. The eager rodent has spread strongly in recent years along the local watercourses, Rur, Kall and Wehe, but also the smaller streams, as the characteristic beaver traces - dams, castles, gnaw marks - show.

The activities of the beavers leave behind structures that cannot be overlooked in places. They bring a piece of pristine nature back into the cultural landscape shaped by humans. Countless animal species benefit from this.

Other animal species that are looked after within the framework of species protection are

—

Natur geht auch geordnet. Ein gutes Beispiel ist die Sophienhöhe. Beim Wandern durch die Wälder auf dem Berg ist diese Ordnung kaum ersichtlich. Beim Blick aus der Luft, besonders im Winter wenn das Blätterkleid abgelegt ist, wird deutlich, wie der Mensch mit Artenvielfalt der Natur den Weg bereitet hat.

—

Nature also works in an orderly way. A great example is the Sophienhöhe. When walking through the forests on the mountain, this order is hardly visible. When looking from the air, especially in winter when the leaves have been shed, it becomes clear how man has prepared the way for nature with biodiversity.

Vorkommen zahlreicher seltener Tier- und Pflanzenarten, sondern ist auch durch außergewöhnliche und seltene Lebensraumtypen begründet.

Die Drover Heide ist zweifelsohne ein artenreiches Gebiet: So wurden alleine 460 Farn- und Blütenpflanzen nachgewiesen.

Auch die Tierwelt des Gebietes ist herausragend, was schon ein Blick auf die Vogelwelt zeigt.

Bislang wurden mehr als 130 Vogelarten beobachtet, davon zwölf gefährdete Brutvogel- und 25 gefährdete Gastvogelarten. Sämtliche in NRW gegenwärtig vorkommende und für Heidegebiete charakteristische Vogelarten brüten im Gebiet. Ziegenmelker, Heidelerche und Neuntöter sind dabei durch die EU-Vogelschutzrichtlinie besonders geschützt.

So widersinnig es klingt, aber ohne das Militär wäre diese Vielfalt erst gar nicht entstanden und nicht bis heute erhalten geblieben.

Eine ähnliche Situation, wenn auch ohne militärischen Hintergrund aber ebenfalls vom Menschen gemacht, zeigt sich auf der Sophienhöhe, der Abraumhalde des Tagebaus Hambach. 2018 wurde in der Rekultivierung des Tagebaus ein Naturerlebnispfad eröffnet, der den Naherholungssuchenden die Rekultivierung auf der Sophienhöhe mit ihren verschiedenen Lebensräumen und den Natur- und Artenschutzmaßnahmen näherbringt.

Auf dem 3,8 Kilometer langen Weg gibt es elf Stationen, die unter dem Leitthema „Von der Kohle zur Rekultivierung" miteinander verbunden sind und sich insbesondere mit

Von Streuobstwiesen eingerahmt ist das Dorf Winden. Bei Broich bilden Hasenglöckchen (Waldhyazinthen) im Frühling einen blauen Teppich. Junge Birken dominieren am Rand des Todtenbruch-Moors bei Raffelsbrand. Der Hemingway-Trail tangiert einen gesprengten Bunker und erinnert an den Schriftsteller und das Geschehen am Ende des Zweiten Weltkrieges. Im Frühjahr machen sich die Kröten auf die Reise, die Wilden Narzissen stehen dann schon in der Blüte.

The village of Winden is framed by orchard meadows. Near Broich, lots of bluebells (wood hyacinths) create a blue carpet in spring.

Young birch trees dominate the edge of the Todtenbruch Moor near Raffelsbrand. The Hemingway Trail tangents a blown-up bunker and commemorates the writer and the events at the end of the war.

Also in spring, the toads make their journey, and the wild daffodils are already in bloom.

bats, swallows, woodpeckers, the eagle owl, the little owl, the grass snake, the wall lizard, the tree frog and the yellow-bellied toad.

The life circle of the prehistoric crab Triops is something special for biologists. The tiny animal is found on Drover Heath.

Triops evolved 250 million years ago and has not changed externally since then until today. Triops is therefore considered a living fossil and even the oldest living animal species.

On the old tank tracks in Drover Heide, the soil has been heavily compacted by the military vehicles, especially the tanks.

When it rains, puddles and pools can form in which water has difficulty percolating, whereas in the summer months the waters dry out in the heat.

Triops finds optimal living conditions here, which is also shown by the fact that the Drover Heath is one of the few areas in North Rhine-Westphalia where Triops can be found.

With its considerable area of 670 hectares, Drover Heath is one of the most important nature reserves in the district of Düren.

Until 2004, the heathland was used as a military training area by the Belgian armed forces stationed in Düren. Since the Belgians left, the area, which was used for military purposes for over 100 years, has increasingly become the focus of nature conservation.

Left to its own devices, it has now developed into an area of European importance.

The special importance of Drover Heath for European nature conservation has been gained not only because of the occurrence of numerous rare animal and plant species, but also because of exceptional and rare habitat types.

The Drover Heath is undoubtedly an area rich in species: 460 ferns and flowering plants alone have been identified.

The fauna of the area is also outstanding, as a glance at the bird life shows. So far, more than 130 bird species have been observed, With its considerable area of 670 hectares, Drover Heath is one of the most important nature reserves in the district of Düren. Until 2004, the heathland was used as a military training area by the Belgian armed forces stationed in Düren. Since the Belgians left, the area, which was used for military purposes for over 100 years, has increasingly become the focus of nature conservation.

Left to its own devices, it has now developed into an area of European importance.

The special importance of Drover Heath for European nature conservation has been gained not only because of the occurrence of numerous rare animal and plant species, but also because of exceptional and rare habitat types.

The Drover Heath is undoubtedly an area rich in species: 460 ferns and flowering plants alone have been identified.

The fauna of the area is also outstanding, as a glance at the bird life shows. So far, more than 130 bird species have been observed, including 12 endangered breeding birds and 25 endangered visiting birds.

All bird species currently occurring in NRW and characteristic of heathland breed in

der biologischen Vielfalt und dem Artenschutz auf der Sophienhöhe befassen.

Dabei werden nicht nur verschiedene
interessante Tiere und Pflanzen vorgestellt,
sondern auch die Maßnahmen, die zur
Entstehung dieser Biodiversität in der Rekultivierung führen. Der Naturerlebnispfad
ist zwei Jahre nach seiner Errichtung als
Projekt der UN-Dekade Biologische Vielfalt
ausgezeichnet worden.

Einen Hauch Hohes Venn, wo die
Rur entspringt, erlebt man beim Besuch
des „Todtenbruchs" im südwestlichen
Zipfel des Kreises bei Raffelsbrand. Der
Bodenlehrpfad „Todtenbruch" ist ein 4,5
km langer Pfad, der teilweise als 700 Me-
ter langer Bohlensteg über die sensiblen
Böden führt.

Sechs ausgewählte Böden sind zu
sehen, darunter Podsol, Pseudogley, Gley,
Braunerde und Hochmoorboden. Neben
einem Bereich, in dem das Torfstechen
nachvollziehbar wird, ist auch ein Pingo,
eine eiszeitliche Vertiefung, mit fast 50 Metern Durchmesser zu sehen. Fünf Quellen
befinden sich in dem Gebiet.

Der Todtenbruch ist der nordöstlichs-
te Ausläufer des Hohen Venns. Außer in die
Natur führt der Pfad ebenfalls zu einem
zerstörten, ehemaligen Bunker, der an die
heftigen Kämpfe während des Zweiten
Weltkrieges in dieser Region erinnert.

Im Todtenbruch-Moor. Der 4,5 km lange Bodenlehrpfad führt als Bohlensteg direkt über die sensiblen Böden und durch den Quellbereich der Weißen Wehe.

In the Todtenbruch Moor. The 4.5 km long soil nature trail leads as a plank footbridge directly over the sensitive soils and through the headwaters of the Weisse Wehe river.

the area, of which the nightjar, woodlark and red-backed shrike are particularly protected by the EU Birds Directive.

As absurd as it sounds, without the military this diversity would not have arisen in the first place and would not have been preserved to this day.

A similar situation, albeit without a military background but also man-made, can be seen on the Sophienhöhe, the spoil heap of the Hambach opencast mine. In 2018, a nature discovery trail was opened in the recultivation of the opencast mine, which gives local recreation seekers an understanding of the recultivation on Sophienhöhe with its

various habitats and the nature and species protection measures.

There are eleven stations along the 3.8-kilometre-long trail, which are linked under the guiding theme „From coal to recultivation" and deal in particular with biodiversity and species protection on the Sophienhöhe.

Not only are various interesting animals and plants presented, but also the measures that lead to the emergence of this biodiversity in recultivation.

The nature discovery trail has been awarded as a UN Decade of Biological Diversity project, just two years after it was created.

A touch of the High Fens, where the Rur

rises, can be experienced when visiting the „Todtenbruch" in the south-western corner of the district near Raffelsbrand, the soil nature trail „Todtenbruch". The 4.5-kilometre-long trail partly leads over the sensitive soils with a 700-metre-long plank footbridge. Six selected soils can be seen. These include podsol, pseudogley, gley, brown earth and high moor soil. In addition to an area where peat cutting can be traced, a pingo, a glacial depression, with a diameter of almost 50 metres can also be seen. Five springs are located in the area.

The Todtenbruch is the north-eastern-most foothill of the High Fens. In addition to nature, the trail also leads to a former bunker, which is a reminder of the fierce battles in this region.

LANDWIRTSCHAFT

Windräder und Kirchturmspitzen sind die höchsten Erhebungen im von der Landwirtschaft geprägten Nordkreis. Erdbeeren wachsen in Tunneln, um eine frühe Ernte zu ermöglichen. Stroh lagert allerorten und im Frühjahr färbt der Raps das Land gülden ein. Bei Gürzenich hat die Spargelernte begonnen, während sich die Kühe auf saftigen Wiesen um den Nachwuchs kümmern.

Wind turbines and church steeples are the highest elevations in the northern district, which is dominated by agriculture. Strawberries grow in tunnels to enable an early harvest. Straw is stored everywhere and in spring rape colours the land golden.
At Gürzenich, the asparagus harvest has begun, while the cows look after their offspring on lush lawns.

Ein Beruf, viele Berufungen – Landwirte sind in vielen Bereichen unterwegs. Kaum ein Wirtschaftszweig bietet eine so große Vielfalt wie die Landwirtschaft mit Ackerbau, Obstbau, Schweinen, Kühen oder Geflügel. Landwirte haben darüber hinaus nicht nur stets das Wetter im Blick, sie sorgen auch für eine vielfältige Kulturlandschaft und Biodiversität.

Im Kreis Düren sind die bäuerlichen Betriebe unterschiedlich aufgestellt, gerade so, wie es die Topographie des Kreises anbietet. Liegt der Schwerpunkt im südlichen Bereich eher bei Betrieben, die sich mit Vieh beschäftigen, sind es im Nordkreis die guten Böden, die hervorragend für den Ackerbau geeignet sind.

Die hügeligen Flächen der Eifel bieten dagegen nur magere Böden und machen den Einsatz von Maschinen schwierig.

Viele Landwirte haben Nischen gefunden, die sie mit großem Erfolg und einer Spezialisierung auf Spargel oder Erdbeeren, Schweinezucht, Kartoffelanbau, Legehennen oder Pensionspferde besetzen. Steigend ist die Zahl der Höfe, die ihre Produkte, mitunter in Kooperation mit benachbarten Landwirten, im eigenen Hofladen vermarkten. So bietet sich den Verbrauchern die Gewissheit, perfekte Artikel, sei es Gemüse oder Fleisch, Eier oder auch Marmelade, zu erhalten.

Die Landwirte im Kreis leisten einen wesentlichen Beitrag zum Natur- und Artenschutz, indem sie die über Jahrhunderte gewachsenen Kulturlandschaften pflegen und unter Naturschutzauflagen bewirtschaften. So schaffen sie einen Lebensraum für viele heimische Tierarten, die auf der Roten Liste stehen. Die Populationen zahlreicher Pflanzen- und Tierarten etwa heimische Enziane, Orchideen, Wildbienen, Feldlerchen und Kiebitze, wurden durch die Naturschutzarbeit der Landwirte gestärkt. Durch das Anlegen von Blühstreifen bei Ausgleichsmaßnahmen sind hierzulande wieder mehr für das Rheinland typische Wildkräuter und -blumen zu sehen.

Bei diesen Programmen arbeiten die Landwirte eng mit der Biologischen Station des Kreises zusammen. Diese Koope-

One profession, many vocations - farmers are on the move in many areas. Hardly any other branch of the economy offers as much diversity as agriculture. Arable farming, fruit growing, pigs, cows or poultry - farmers are professionals in many areas. They not only keep an eye on the weather, they also ensure a diverse cultural landscape and biodiversity.

In the district of Düren, the farms are positioned differently, just as the topography of the district lends itself. While the focus in the southern area is more on farms dealing with livestock, in the northern district it is the good soils that are excellently suited for arable farming.

The hilly areas of the Eifel, on the other hand, offer only poor soils and make the use of machinery difficult.

In between, many farmers have found niches which they occupy with great success and specialisation in asparagus or strawberries, pig breeding and potato cultivation or laying hens and boarding horses.

The number of farms that market their products in their own farm shops, sometimes in cooperation with neighbouring farmers, is increasing. This offers consumers the certainty of receiving perfect items, be it vegetables or meat, eggs or even jams.

Farmers in the district make a significant contribution to nature conservation and species protection by maintaining the cultivated landscapes that have grown over centuries and managing them in accordance with nature conservation requirements. In this way, they create a habitat for many native animal species that are on the Red List.

The populations of numerous plant and animal species such as native gentians, orchids, wild bees, skylarks and lapwings have been strengthened by the farmers' nature conservation work. Through the creation of flowering strips in compensation measures, more wild herbs and flowers typical of the Rhineland can be seen again in our home country.

In these programmes, the farmers work closely together with the Biological Station of the district.

ration erfolgt entweder im Rahmen des Kulturlandschaftsprogrammes (KULAP), durch Nutzungs-Überlassungsverträge oder mittels gezielter Pflegemaßnahmen, die von Landwirten vor Ort direkt umgesetzt werden.

Ziel ist der Erhalt traditioneller Wirtschaftsweisen mit einer Vielzahl unterschiedlicher Lebensräume wie Magerrasen, Heiden, Streuobstwiesen, Feucht- und Nasswiesen, sowie die Stärkung der traditionellen heimischen Landwirtschaft. Die schutzwürdigen Biotope aus Menschenhand sind unter den heutigen agrarpolitischen Rahmenbedingungen oftmals nur durch spezielle Förderprogramme zu erhalten, da ansonsten die Nutzung entweder aufgegeben oder intensiviert werden müsste und somit die Lebensräume für zahlreiche Tier- und Pflanzenarten vernichtet werden.

In den landwirtschaftlichen Betrieben des Kreises leben viele Tiere. So wurden bei der letzten Erhebung in den rund 450 Betrieben mit Tierhaltung knapp 60 000 Legehennen, rund 15 000 „Großviecher" und über 5 000 Schafe gezählt.

694 Betriebe beackern 48 900 Hektar Fläche. Von Weizen bis Roggen, Bohnen und Rüben reicht das Spektrum der Früchte. 15 Betriebe ziehen auf 39 Hektar Weihnachtsbäume heran.

This cooperation takes place either within the framework of the Cultural Landscape Programme (KULAP), through use transfer agreements or by means of targeted maintenance measures implemented directly by farmers on site.

The aim is to preserve traditional farming methods with a variety of different habitats such as rough grasslands, heaths, orchards, moist areas and wet meadows, and to strengthen traditional local agriculture.

Under the current agricultural policy framework conditions, the biotopes worthy of protection can often only be preserved through special support programmes, as otherwise the use is either abandoned or intensified and thus the habitats for numerous animal and plant species are destroyed.

There are many animals on the farms in the district. For example, the last survey counted almost 60,000 laying hens, around 15,000 „large livestock" and over 5,000 sheep on the approximately 450 farms with livestock.

694 farms cultivate 48 900 hectares of land. The spectrum of fruits ranges from wheat to rye, beans and beets. 15 farms grow Christmas trees on 39 hectares.

Die fruchtbaren Lössböden im Kreis Düren eignen sich hervorragend für den Anbau von Zuckerrüben.

The fertile loess soils in the Düren district are ideal for growing sugar beet.

VETTWEISS

Knapp zehn Prozent der Fläche des 1972 etablierten Kreises Düren entfallen auf die Gemeinde Vettweiß, am süd-östlichen Rand des Kreises gelegen. Flach, ohne nennenswerte Erhebungen, erstreckt sich das Gemeindegebiet mit seinen Ortsteilen Ginnick, Froitzheim, Soller, Jakobwüllesheim, Kelz, Lüxheim, Gladbach, Müddersheim, Disternich und Sievernich rund um den Zentralort Vettweiß.

Intensive Landwirtschaft prägt die Gemeinde. In den letzten Jahren hat Vettweiß zusätzlich die Ansiedlung von Gewerbe- und Industriebetrieben vorangetrieben und mit der Bereitstellung von entsprechenden Flächen für den Handel wurde die Infrastruktur erheblich aufgewertet. Lebensmittelmärkte und eine Tankstelle decken nun ebenfalls den täglichen Bedarf innerhalb der Gemeinde komplett ab.

Die Ortskerne können und wollen ihre bäuerliche Vergangenheit nicht verbergen. An den Straßen stehen die alten Vierseithöfe, Backsteinbauten und Fachwerkhäuser. Daneben führen die für den Landstrich so typischen rundbogigen Toreinfahrten zu oft verwinkelten Hofflächen. Die Scheunen und Stallungen sind zu groß oder häufig funktionslos geworden. Ihre Wände sind mit Pferdegeschirr, Karrenrädern, Dreschflegeln und anderem alten Gerät dekoriert.

Im Gegensatz zu diesen gewachsenen Strukturen liegen etliche Neubaugebiete im Gemeindebereich. Dadurch wächst die Zahl der Einwohner stetig. Die Gemeinde

The municipality of Vettweiß, located on the south-eastern edge of the district, accounts for just under ten percent of the area of the district of Düren, which was established in 1972.

Flat, without any elevations worth mentioning, the municipal area with its districts of Ginnick, Froitzheim, Soller, Jakobwüllesheim, Kelz, Lüxheim, Gladbach, Müddersheim, Disternich and Sievernich stretches around the central town of Vettweiß.

Intensive agriculture characterises the municipality, but in recent years Vettweiß has also promoted the settlement of commercial and industrial enterprises, and with the provision of appropriate areas for trade, the infrastructure of the municipality has been considerably upgraded.

Food markets and a petrol station now also completely cover the daily needs within the municipality.

The village centres cannot and do not want to hide their rural past. The old foursided farmhouses, brick buildings and half-timbered houses stand along the streets. Next to them, the round-arched gateways so typical of the countryside lead to often winding courtyard areas.

The barns and stables are too large or have often become functionless. Their walls are decorated with horse harnesses, cart wheels, flails and other old equipment.

In contrast to these established structures, there are a number of new housing developments in the municipality. As a result, the

Vettweiß ist verkehrsgünstig gelegen und daher als Wohnort ideal für viele Menschen und junge Familien, die dem Großraum Köln entfliehen wollen. Vettweiß ist zusammen mit Nörvenich eine der am schnellsten wachsenden Gemeinden im Kreis Düren, der in den nächsten Jahren eine Einwohnerzahl von über 300 000 anstrebt.

Schon zu Urzeiten tangierte der „Heerweg", die von den Römern angelegte Militär- und Handelsstraße von Neuss bis Zülpich, das heutige Gemeindegebiet. Diese alte Trasse deckt sich über weite Teile mit der heutigen B 477. Ähnlich verhält es sich mit der heutigen Bundesstraße 56.

Ab der Mitte des 8. Jahrhunderts nutzten die deutschen Könige die von Frankfurt nach Aachen führende und von den Franken gebaute „Krönungsstraße". Auch nutzten damals viele Pilger aus aller Herren Länder diese Straße, um zu den Wallfahrtsorten Düren, Aachen, Maastricht und zu weiter im Westen gelegenen Reliquienstät-

Viele schöne, alte Fachwerkhäuser, hier in Ginnick und Froitzheim, flankieren die Straßenzüge in Vettweiß. An den Rändern der Orte gibt es rege Bautätigkeit. Die Kirche in Soller ist eine markante Landmarke. St. Antonius in Ginnick erreicht man durch eine schmale Gasse. In Disternich stammt das schmucke Haus aus dem Jahr 1765.

number of inhabitants is growing steadily. The municipality of Vettweiß is conveniently located for transport and is therefore an ideal place to live for many people and young families who want to escape the greater Cologne area.

Together with Nörvenich, Vettweiß is one of the fastest growing municipalities in the district of Düren, which is aiming for a population of over 300,000 in the next few years.

Even in ancient times, the „Heerweg", the military and trade route built by the Romans from Neuss to Zülpich, touched today's municipal area. This old route coincides over large parts with today's B 477. The situation is similar with today's Bundesstraße 56.

From the middle of the 8th century, the German kings used the „Coronation Road", which led from Frankfurt to Aachen and was built by the Franks.

At that time, many pilgrims from all over the world also used this road to reach the pil-

Many beautiful old half-timbered houses, here Ginnick and Froitzheim, flank the streets in Vettweiß. There is a lot of building activity on the outskirts of the villages. The church in Soller is a prominent landmark. St. Antonius in Ginnick can be reached through a narrow lane. In Disternich, the ornate house dates back to 1765.

Der alte Wasserturm bei Ginnick markiert mit 231 Metern über dem Meeresspiegel den höchsten Punkt in Vettweiß. Am Ende seiner technischen Nutzung wird er als regionale Landmarke und lokales Identifikationsobjekt erhalten und Teil eines ihn umgebenden Naturparks. Dazu gehört auch ein gesprengter Bunker, der nun als Fledermausquartier an die Zeit der „Luftverteidigungszone-West" erinnert. Träger des Erhaltungskonzeptes ist die Stiftung Umwelt- und Naturschutz Schmittmann (www.stiftung-schmittmann.de), die das Areal naturnah und nachhaltig für Pflanzen und Tiere entwickelt.

At 231 metres above sea level, the old water tower near Ginnick marks the highest point in Vettweiß. At the end of its technical use, it is preserved as a regional landmark and local identification object and of a nature park surrounding it. This also includes a blasted bunker, which now serves as a bat roost reminiscent of the time of the „Air Defence Zone West". The responsible body for the conservation concept is the Schmittmann Environmental and Nature Conservation Foundation (www.stiftung-schmittmann.de), which is developing the area in a near-natural and sustainable way for plants and animals.

Die Doppeltürme von St. Jakobus in Jakobwüllesheim. Prächtiges Fachwerk in Vettweiß und ein Wegekreuz in Müddersheim. Blick ins Revier über St. Martin, Froitzheim, hinweg.

The twin towers of St. Jakobus in Jakobwüllesheim. Magnificent half-timbered structure in Vettweiß and a crossroads in Müddersheim. View into the area over St. Martin, Froitzheim.

ten zu gelangen. Heute erinnert die „Via Regia" an die alten Routen.

Erste Ursprünge der Gemeinde reichen nachweislich 6 000 Jahre zurück. In den 50er Jahren wurde bei Ausgrabungsarbeiten belegt, dass der Bereich Müddersheim schon 4000 Jahre vor Christus besiedelt war.

Vier Burgen sind in der Gemeinde erhalten: Burg Sievernich, Burg Müddersheim, Burg Gladbach und die Hallenburg Disternich. Letztere war die erste Burg, mit der der später als Baulöwe und Burgenkönig bekannt gewordene Herbert Hillebrand seine „Burgensammlung" begründete.

Alle vier Burgen befinden sich in Privatbesitz und sind öffentlich nicht zugänglich.

Der 2012 verstorbene Friedrich Victor Rolff, früher Eigentümer von Braunkohlegruben und einer Brikettfabrik bei Zülpich, brachte Burg Gladbach in die von ihm gegründete Friedrich Victor Rolff-Stiftung ein.

Burg Sievernich

Burg Müddersheim

Burg Gladbach

Burg Disternich

grimage sites of Düren, Aachen, Maastricht and relic sites further west.

The first origins of the community can be traced back 6,000 years. In the 1950s, excavation work proved that the Müddersheim area had already been settled 4000 years before Christ.

Four castles have been preserved in the municipality of Vettweiß: Sievernich Castle, Müddersheim Castle, Gladbach Castle and Disternich Hall Castle.

The latter was the first castle with which Herbert Hillebrand, who later became known as the building lion and castle king, founded his „castle collection".

Sievernich Castle and Müddersheim Castle are privately owned and not open to the public. The late Friedrich Victor Rolff, former owner of lignite mines and a briquette factory near Zülpich, brought Gladbach Castle into the Friedrich Victor Rolff Foundation which he established in 2012.

KIRCHE, GOTT & HEILIGKEITEN

—

Schritt für Schritt. Es sind Traditionen, die seit Jahrhunderten in der Gesellschaft der Rurländer verwurzelt sind: Wallfahrten. Ihren Ursprung haben die „Pilgermärsche" meist in Nöten und Krankheiten, die in alten Zeiten ganze Dörfer und Landstriche bedroht haben.

Step by step. They are traditions that have been rooted in the society of the Rurlanders for centuries: Pilgrimages. The „marches" usually have their origins in hardships and diseases that threatened whole villages and areas in ancient times.

Die bekannteste Heiligenverehrung an der Rur steht mit dem Annahaupt in Düren in Zusammenhang. Seit dem frühen 16. Jahrhundert kommen jährlich tausende Gläubige, um das Haupt – in der kunstvoll aus Gold und Silber getriebenen Büste ist ein Schädelknochen der Hl. Anna eingearbeitet – zu verehren und um Segen und um Gnade zu bitten.

Ursprünglich war Mainz die Heimat der Reliquie. Dorthin war sie 1212 von Betlehem aus gebracht worden. In Mainz hatte der Steinmetz Leonhardt die Reliquie Ende 1500 entwendet. Bei einem Aufenthalt in Düren flog der Diebstahl auf und es entbrannte ein jahrelanger Streit um den Verbleib des handtellergroßen Schädelknochens. Papst Julius II. wurde eingeschaltet. 1506 entschied er per päpstlicher Bulle für den Verbleib in Düren. Seitdem strömen die Pilger in die Stadt. Die Martinskirche wurde in Annakirche umgetauft und der große Pilgerstrom, sogar Albrecht Dürer kam zur Anna, lockte Krämer und Händler in die Stadt. Aus diesem Treiben hat sich im Laufe der Zeit die Annakirmes entwickelt.

Die Tochter Annas, Maria, wird in der Gnadenkapelle in Aldenhoven, erbaut ca. 1659, angebetet. Herzog Philipp Wilhelm von Jülich konzipierte dieses kleine Gotteshaus für die Marienverehrung. Es gibt zwei Türen. Durch die erste betreten die Gläubigen die Kapelle, durch die zweite Tür verlassen sie den kleinen Raum. So entsteht kein Stau, denn in alten Zeiten war der Andrang riesig. Insgesamt sind 68 Mirakel überliefert, die in Zusammenhang mit der Marienverehrung in Aldenhoven stehen.

Maria steht auch in Düren, besonders im Mai, im Mittelpunkt. Das „Muttergotteshäuschen" im Süden der Stadt ist das Ziel der Wallfahrt zur Trösterin der Betrübten. Fast täglich gibt es dann dort Gelegenheit zur inneren Einkehr. Und ebenfalls Heimbach ist ein Ort der Marienverehrung. Nachtwallfahrten zum Gnadenbild der Maria sind gleich in mehreren

The most famous veneration of the saint on the Rur has the head of St. Anne in Düren as its destination. Since the early 16th century, thousands of believers have come every year to venerate the head - a skull bone of St. Anne is worked into the artfully chased bust of gold and silver - and to ask for blessings and for mercy.

Originally, Mainz was the home of the relic. It was brought there from Bethlehem in 1212. In Mainz, stonemason Leonhardt had stolen the relic at the end of 1500. During a stay in Düren, the theft was discovered and a dispute flared up over the whereabouts of the palm-sized skull bone that lasted for years.

Pope Julius II became involved. In 1506, he issued a papal bull in favour of the bone remaining in Düren. Since then, pilgrims have flocked to the town. St. Martin's Church was renamed St. Anne's Church

and the great stream of pilgrims - even Albrecht Dürer came to Düren this way - attracted merchants and traders to the town. In the course of time, this hustle and bustle developed into the Annakirmes (Anna fair).

Anna's daughter, Mary, is worshipped in the Chapel of Grace in Aldenhoven, built around 1659. This small place of worship was specially designed for the veneration of Duke Philipp Wilhelm of Jülich. There are two doors. The faithful enter the chapel through the first door and leave the small room through the second. This prevents traffic jams, because in the old days the crowds were enormous.

A total of 68 miracles have been handed down in connection with the veneration of Mary in Aldenhoven. Mary is also the focus in Düren, especially in May. The small "Mother of God House" in the

Pfarren jeweils im Mai Höhepunkte der Marienverehrung. Die Wallfahrt zum Gnadenbild nach Heimbach blickt auf eine mehr als 500-jährige Tradition zurück.

Eine Viehseuche in der Eifel ist Ursprung der seit 1534 stattfindenden Wallfahrt der Menschen aus dem Raum Zülpich. Sie wollen in St. Brigida die „Vieh-Heilige", von der in der Untermaubacher Pfarrkirche eine Reliquie verwahrt wird, um Beistand anflehen.

Die Tollwut, die Sorge um das Vieh und die eigene Gesundheit sind Ursprünge der jährlichen Wallfahrt nach Saint-Hubert in den Ardennen. Von Düren-Lendersdorf aus ist man vier Tage auf dem Hinweg unterwegs, genau so lange dauert der Rückweg. In Saint-Hubert wird der Hl. Hubertus verehrt, dem der Sage nach ein Hirsch mit einem leuchtenden Kreuz im Geweih erschien. 1720 fand die erste Wallfahrt statt. Es hat wohl geholfen, denn in dem Dürener Stadtteil ist die Tollwut nicht erneut aufgetreten.

Das Grab des Apostels Matthias in Trier ist jeden Herbst das Ziel der Pilger der Dürener Pfarre St. Lukas. Über 180 Kilometer führt der Weg durch die Eifel. Diese Wallfahrt dauert fünf Tage.

south of the city is the destination of the pilgrimage to the Comforter of the Afflicted. There is almost daily contemplation there. Heimbach is also a place of Marian devotion. A pilgrimage to the image of Mary from several parishes is a highlight of Marian devotion in May. The pilgrimage to the image of Mary in Heimbach looks back on a tradition of more than 500 years.

A cattle plague in the Eifel is the origin of the pilgrimage of people from the Zülpich area that has been taking place since 1534. They want to pray to St. Brigida, the "cattle saint", for help, of whom a relic is kept in the Untermaubach parish church. Rabies with concern for livestock and one's own health is the origin of the annual pilgrimage to Saint-Hubert in the Ardennes from Düren-Lendersdorf. Four days there, four days back. Saint Hubert is worshipped there, to who, according to legend, a stag with a shining cross in its antlers appeared. In 1720, the first pilgrimage took place and it helped, rabies did not reappear in the Düren district.

The grave of St. Matthias the Apostle in Trier is the pilgrimage destination of St. Luke's parish in Düren every autumn. The route leads over 180 kilometres through the Eifel. The pilgrimage lasts five days.

In Arnoldsweiler sind dem Hl. Arnold gleich zwei Kirchen gewidmet. Das steht ihm sicherlich auch zu. Denn während alle anderen Reliquien, die im Land „verstreut" sind, meist von weit her kamen, ist Arnold ein echter Junge von der Rur, der sich hier niederließ und auch in der Region wirkte.

Im Schatten von „Groß St. Arnold" mit seinen drei markanten Türmen steht gleich nebenan „Klein St. Arnold". Die Kirche, die auf das 11. Jahrhundert datiert wird, ist ein wahrer sakraler Schatz. Umgeben von prachtvollen Wandmalereien und Fresken ruhen in einem Sandstein-Sarkophag die Gebeine des Hl. Arnold von Arnoldsweiler.

Er selbst ruht in Stein gemeißelt als Skulptur auf dem Grab. Jeweils im Juli Pilgern die Menschen zu Arnold, der 1886 durch Papst Leo XIII. als Heiliger anerkannt wurde.

Ein Stück Wald, das erst in jüngster Geschichte als „Hambi" für Schlagzeilen sorgte, wird Arnold von Arnoldsweiler historisch zugesprochen. Als Ende des achten Jahrhunderts Karl der Große hier zur Jagd ging, bemerkte Arnold die große Not der Menschen um Arnoldsweiler und Ellen...

Klein St. Arnold ist ein prächtig geschmücktes Gotteshaus. In der Mitte der Kirche befindet sich der Sarkophag des Hl. Arnold. Die beiden Kirchen überragen das Umland.

In Arnoldsweiler, two churches are dedicated to St. Arnold of Arnoldsweiler. He certainly deserves that. For while all the other relics are „scattered" around the country and mostly came from far away, Arnold is a real boy from the Rur, who had made his way to the Rur region and worked here.

In the shadow of „Groß St. Arnold" with its three striking towers stands „Klein St. Arnold" right next door. The church, which dates back to the 11th century, is a true sacred treasure. Surrounded by magnificent murals and frescoes, the bones of St. Arnold of Arnoldsweiler rest in a sandstone sarcophagus.

He himself rests carved in stone as a lid on the grave. Every July, people make a pilgrimage to Arnold, who was recognised as a saint by Pope Leo XIII in 1886.

A piece of forest that only recently made headlines as „Hambi" is historically attributed to Arnold von Arnoldsweiler. When Arnold went hunting here with Charlemagne at the end of the eighth century, Arnold noticed the great need of the people around Arnoldsweiler and Ellen...

Little St. Arnold is a magnificently decorated place of worship. In the centre of the church is the sarcophagus of St. Arnold. The two churches tower above the surrounding countryside.

Er bat den Kaiser, ihm ein Waldstück von der Größe zu überlassen, welches er umreiten könne, während Karl der Große bei Tisch saß. Karl willigte ein und Arnold ritt los. Er hatte zuvor in jedem Dorf ein frisches Pferd angebunden, und schaffte so die große Runde um den späteren Bürgewald. Zwar durchschaute der Kaiser die List, gab sich allerdings geschlagen. Arnold öffnete dann den Wald für die darbenden Menschen der Orte ringsum.

He asked the emperor to let him have the piece of forest, which he could ride around while Charlemagne sat at table. Charlemagne agreed and Arnold rode off. He had previously tied up a fresh horse in each village, and so made the great circuit around what would later become the Bürgewald. The emperor saw through the trick, but admitted defeat. Arnold then opened the forest to the starving people of the surrounding villages.

Im Jahr 2000 wurde Sievernich bekannt. Der damals 35-jährigen Dürenerin Manuela Strack soll dort die Mutter Gottes erschienen sein. Diese bislang unbestätigten Marienerscheinungen sollen bis 2005 monatlich stattgefunden haben. Und nicht nur Maria, die Makellose, soll Manuela Strack erschienen sein, ebenso berichtet man von Papst Pius XII. und dem heiligen Erzengel Gabriel. Mit dem Bekanntwerden der Erscheinungen versammelten sich am ersten oder zweiten Montag eines Monats immer mehr Menschen an der Sievernicher Kirche St. Baptist.

Am 3. Oktober 2005 soll die Gottesmutter letztmalig Mal erschienen sein, habe aber versprochen, immer in Sievernich anwesend zu sein...

Sievernich became famous in the year 2000. Manuela Strack, 35 years old at the time from Düren, is said to have seen the Mother of God there.

These as yet unconfirmed Marian apparitions are said to have taken place monthly until 2005. And not only Mary the Immaculate is said to have appeared to Manuela Strack, there are also reports of Pope Pius XII and the holy archangel Gabriel. As the apparitions became known, more and more people gathered at St. Baptist's Church in Sievernich on the first or second Monday of each month.

On 3 October 2005, Our Lady appeared for the last time. However, she promised to always be present in Sievernich...

Von 2000 bis 2005 soll in Sievernich die Gottesmutter erschienen sein. Heute erinnert eine kleine Kapelle neben der Pfarrkirche an diese Ereignisse.

Der Jakobsweg führt seit Jahrhunderten durch Langerwehe. Dort deckten die sich die Pilger mit den Pilgerhörnern ein.

From 2000 to 2005, Our Lady is said to have appeared in Sievernich. Today, a small chapel next to the parish church commemorates these events.

The Way of St. James has passed through Langerwehe for centuries. The pilgrims used to stock up on pilgrim's horns there.

Die Grabstätte des Apostels Jakobus in Santiago de Compostela entwickelte sich im Mittelalter zu einem Hauptziel der christlichen Pilgerfahrt. Einer der Wege, die nach Galizien führen, der Jakobsweg, kreuzt den Kreis Düren. Von Kerpen über Merzenich, Düren, vorbei an der Annakirche, führt der Weg weiter durch den Meroder Wald, über Langerwehe und Kornelimünster nach Aachen. Viele Zeugnisse, wie ehemalige Klöster und Kirchen in der Gemeinde Langerwehe, belegen, dass der Ort seit Jahrhunderten als Station für die Pilger aus Deutschland und dem Norden Europas diente.

Die örtlichen Töpfer profitierten, da sie die Lieferanten der im Mittelalter beliebten Pilgerhörner, auch Aachhörner genannt, waren. Diese Hörner wurden während einer Prozession in Wallfahrtsorten von Pilgern bei der Präsentation von Reliquien geblasen.

The burial place of the Apostle James in Santiago de Compostela developed into a main destination of Christian pilgrimage in the Middle Ages. One of the routes leading to Galicia crosses the district of Düren. From Kerpen, via Merzenich, Düren, along the Annakirche, the path continues through the Meroder Wald, via Langerwehe and Kornelimünster to Aachen.

Many testimonies, such as former monasteries and churches in the municipality of Langerwehe, prove that the place had been a station for pilgrims from Germany and northern Europe for centuries. The local potters profited because they were the suppliers of the pilgrim horns, also called Aach horns, which were popular in the Middle Ages. These horns were blown by pilgrims during a procession in places of pilgrimage when presenting relics.

Der Verein Diyanet Türkisch Islamischer Kultur Verein e.V. unterhält an der Veldener Straße in Düren seine Fatih-Moschee, zu deutsch „Eroberer-Moschee".

1992 errichtete die moslemische Gemeinde das markante Minarett auf dem Gebäude. Seitdem erschallen öffentliche Gebetsrufe über Düren.

1980 hatte man das Gebäude, das einst die Verwaltung der Dürener Metallwerke beheimatete, übernommen und zur Moschee umgebaut. Die Moschee ist in die Denkmalliste eingetragen.

The Diyanet Türkisch Islamischer Kultur Verein e.V. (Turkish Islamic Culture Association) maintains its Fatih Mosque, or „Conqueror Mosque" in German, on Veldener Straße in Düren.

In 1992, the Muslim community erected the striking minaret on the building. Since then, public calls to prayer have resounded over Düren.

In 1980, the building, which once housed the administration of the Düren metal works, was taken over and converted into a mosque. The mosque is listed as a historical monument.

1906 hatte der Dürener Architekt Gustav Börstinghaus die Pläne für das Verwaltungsgebäude der Dürener Metallwerke gezeichnet. 1980 übernahm der Türkisch Islamische Kultur Verein die Immobilie und richtete die Fatih-Moschee ein.

Blick in die Moschee.

In 1906, the architect Gustav Börstinghaus from Düren had drawn the plans for the administration building of the Dürener Metallwerke. In 1980, the Turkish Islamic Culture Association took over the property and established the Fatih Mosque. View of the mosque.

Seit 1700 Jahren gibt es jüdisches Leben im Rheinland. Der Landsynagoge in Titz-Rödigen fällt dabei eine besondere Bedeutung zu: Es ist zusammen mit dem Wohnhaus der jüdischen Familie Ullmann das einzige weitgehend im Originalzustand erhaltene Gebäudeensemble dieser Art im westlichen Rheinland.

Im 19. Jahrhundert existierte in Rödingen eine kleine jüdische Gemeinde, die sich im Wohnhaus von Isaak Ullmann zum Gebet traf. Ullmann betrieb eine Metzgerei. Da die Betstube im Wohnhaus zu klein wurde, da die Gemeinde wuchs, errichtete Isaak Ullmann im Garten eine eigenständige Synagoge und sicherte den Gemeindemitgliedern über ein rückwärtiges Grundstück einen ungehinderten Zugang zu.

1934 mussten die Nachfahren Grundstück und Gebäude verkaufen. Da der Käufer, ein Schausteller, „arisch" war, entgingen Haus und Synagoge, die nun als Werkstatt diente, der Zerstörung.

Der Landschaftsverband Rheinland hat 1999 die inzwischen baufälligen Gebäude übernommen und über zehn Jahre lang behutsam restauriert.

Sonntags, jeweils von 11 bis 17 Uhr, ist das Kulturhaus geöffnet und bietet Einblick in das jüdische Leben im Rheinland.

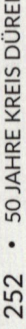

Cemeteries, above left in Düren, remind us of Jewish life in the Rhineland. View into the prayer room of the Rödingen country synagogue with the striking women's gallery. The Ullmann residence. Gravestones in the Jewish cemetery in Jülich and the country synagogue from 1841.

Friedhöfe, oben links in Düren, erinnern an das jüdische Leben im Rheinland. Blick in den Gebetsraum der Landsynagoge Rödingen mit der markanten Frauenempore. Das Wohnhaus Ullmann. Grabsteine auf dem jüdischen Friedhof in Jülich und die Landsynagoge aus dem Jahr 1841.

Jewish life has existed in the Rhineland for 1700 years. The country synagogue in Titz-Rödigen is of special significance: together with the home of the Jewish Ullmann family, it is the only building ensemble of this kind in the western Rhineland that has been preserved largely in its original condition.

In the 19th century, a small Jewish community existed in Rödingen, which met for prayer in the home of Isaak Ullmann. Ullmann ran a butcher's shop.

Since the prayer room in the residential house became too small as the congregation grew, Isaak Ullmann built an independent synagogue in the garden and ensured unhindered access for the congregation members via a rear property.

In 1934, the descendants had to sell the land and building. Since the buyer, a fairground showman, was "Aryan", the house and synagogue, which now served as a workshop, escaped destruction.

The Landschaftsverband Rheinland (Rhineland Regional Council) took over the now dilapidated buildings in 1999 and carefully restored them over a period of ten years.

On Sundays, from 11 a.m. to 5 p.m., the Kulturhaus is open and offers an insight into Jewish life in the Rhineland.

NACHHALTIGKEIT

Klimaneutral soll der Kreis Düren bis zum Jahr 2035 sein. Um das zu erreichen, gibt es eine Vielzahl von Maßnahmen. Zahlreiche Initiativen und kreative Ideen stehen für das Thema Nachhaltigkeit in der Region, mit dem Ziel, das Klima zu schonen. Ein Schlüssel dazu ist nachhaltiges Handeln.

Das Bemühen um ein nachhaltiges Wirtschaften ist nicht neu. In der Mitte des 20. Jahrhunderts gelangte man zu der Erkenntnis, dass die natürlich vorkommenden Ressourcen endlich sind. Um dem zu begegnen, begann man besonders in der Forstwirtschaft nachhaltig zu agieren. Es wurden nicht mehr Bäume in den Wäldern geschlagen als permanent nachwachsen.

Die Schlüsselindustrie an der Rur hat die Notwendigkeit der Nachhaltigkeit ebenfalls seit Jahrzehnten begriffen. Verstärkt kommt bei der Produktion von Papier und Pappe Altpapier zum Einsatz. Dadurch wird der Verbrauch von Zellstoff, der aus Holz gewonnen wird, reduziert.

Mit der aufkommenden Debatte, ausgelöst durch den Klimawandel, wurde der Nachhaltigkeitsgedanke forciert und soll nun jeden einzelnen im Alltag bei seinem Tun begleiten, damit die Umwelt geschützt wird, Rohstoffe möglichst geschont werden. Der Kreis Düren setzt in seinem Bemühen, bis 2035 klimaneutral zu werden,

auf die Unterstützung seiner Bürger. Um Anreize zu schaffen, wurden deshalb verschiedene Programme aufgelegt, die entsprechendes Handeln belohnen.

„1000 x 1000 Energie generieren - Energie einsparen" ist eine der Maßnahmen. Gefördert werden Photovoltaik-Anlagen auf Gebäuden, die Nachrüstung von Batteriespeichern für bestehende Photovoltaik-Anlagen, die Errichtung von Solarthermie-Anlagen und die energetische Sanierung alter Fenster und Außentüren für Bestandsgebäude im Kreis.

The district of Düren is to be climateneutral by 2035. There are a number of measures to achieve this. Numerous initiatives and creative ideas stand for the topic of sustainability in the region with the goal of protecting the climate. One key to this is sustainable action.

The effort to achieve a sustainable economy is not new. In the middle of the 20th century, it was realised that naturally occurring resources are finite.

In order to counter this, people began to act sustainably, especially in forestry. No more trees were felled in the forests than were

Vorherige Seite: Jeweils im Frühjahr lenkt der Raps die Blicke auf sich. Goldgelb leuchten die Felder in der Sonne. Raps ist ein nachwachsender Rohstoff und Öllieferant. Aus der Rapssaat wird in erster Linie Rapsöl gewonnen, das als Speiseöl und Futtermittel, aber auch als Biokraftstoff genutzt wird. Das bei der Ernte anfallende Stroh verbleibt in der Regel als Humus- und Nährstofflieferant auf dem Acker, kann allerdings ebenfalls energetisch genutzt werden. Ein Fest sind die blühenden Rapsfelder für die Bienen: Ein Hektar Raps kann in einer Saison bis zu 494 Kilo Honig einbringen.

Previous page: Every spring, the rape draws attention to itself. The fields glow golden yellow in the sun. Rapeseed is a renewable raw material and oil supplier. Rapeseed is primarily used to produce rapeseed oil, which is used as cooking oil and animal feed, but also as bio fuel.

The straw produced during harvesting usually remains on the field as a source of humus and nutrients, but can also be used for energy.

The flowering rape fields are a feast for the bees: One hectare of rape can yield up to 494 kilos of honey in one season.

Das „1000 x 1000 Dächer-Programm" hat 2019 den Fokus auf die Sonnenenergie gelegt. Solaranlagen auf dem Dach oder Ladestationen wurden mit jeweils 1000 Euro bezuschusst. Ein erfreulicher Nebeneffekt bei der Aktion: Pro Antrag wurde etwa das zwölffache an Investitionen ausgelöst. Das hat der heimischen Wirtschaft profitable Aufträge eingebracht.

Auf große Resonanz stieß das „1000 Bäume-Programm". In nur wenigen Stunden waren die 1000 Setzlinge – Buchen, Eichen, Kastanien und viele Baumsorten mehr – vergriffen, um in privaten Gärten in den nächsten Jahrzehnten zu wachsen, zu blühen und so das Klima im Positiven zu beeinflussen.

Nachhaltigkeit fängt schon im Kleinen an. Beim Griff nach Obst und Gemüse im Supermarkt müssen To-maten oder Erdbeeren nicht in einer Kunststoffverpackung lagern, Kekse oder Schokolade benötigen nicht zwingend eine Folienverpackung, Papier erfüllt den gleichen Zweck. Und auch für die Lagerung daheim gibt es alternative Möglichkeiten zu Kunststoffen. Um diese Gedanken schon Kindern mit auf den Weg zu geben, hat der Kreis Düren nachhaltige Brot- und Frischhaltedosen entwickeln lassen: Eine großartige Alternative zu den üblichen Einwickelfolien für die Vesper zur Mittagszeit oder eine Wanderrast, stellen Brot- oder Frischhaltedosen aus Weißblech dar. Sie sind praktisch, wiederverwendbar und sehen auch noch gut aus. Im Gegensatz zu wiederverwendbaren Plastikdosen enthalten Weißblechdosen keine gesundheitsschädigenden Weichmacher. Die nachhaltigen und umweltfreundlichen Brot- oder

Die Forstwirtschaft schlägt nur so viel Holz, wie nachwächst. Solaranlagen schonen fossile Energie und die Papierindustrie setzt immer mehr auf den Einsatz von Altpapier.

Forestry only cuts as much wood as grows back. Solar plants conserve fossil energy and the paper industry is increasingly relying on the use of waste paper.

permanently growing back. The key industry on the Rur, the papermakers, has also understood the need for sustainability for decades. Waste paper is increasingly used in the production of paper and cardboard. This reduces the consumption of pulp, which is obtained from wood.

With the emerging debate triggered by climate change, the idea of sustainability has been forced and should now accompany every individual in his or her everyday activities so that the environment is protected and raw materials are conserved as much as possible. In its efforts to become climate-neutral by 2035, the district of Düren relies on the support of its citizens.

In order to create incentives, various programmes have been launched to reward appropriate action.

„1000x1000 Energy Generation - Energy Saving" is one of the measures. Funding is provided for photovoltaic systems on buildings, the retrofitting of battery storage for existing photovoltaic systems, the installation of solar thermal systems and the

energyefficient renovation of old windows and exterior doors for existing buildings in the district.

The „1000x1000 Roofs Programme" has put the focus on solar energy in 2019. Solar installations on the roof or charging stations were subsidised with 1,000 euro for each of them.

A pleasing side effect of the campaign: about 12 times the investment was triggered per application. This has brought profitable orders to the local economy.

The „1000 Trees Programme" met with a great response. In just a few hours, the 1000 seedlings - beech, oak, chestnut and many other tree varieties - were sold out to grow and blossom in private gardens for the next decades and thus positively influence the climate.

Sustainability starts with small things. When you reach for fruit and vegetables in the supermarket, tomatoes or strawberries don't have to be stored in plastic packaging, biscuits or chocolate don't necessarily need foil packaging, paper serves the same purpose.

Frischhaltedosen besitzen zudem einen Stülpdeckel, mit dem das Behältnis leicht und sicher verschlossen werden kann. Der praktische Buchenholzdeckel kann nebenher als Verzehrunterlage oder Frühstücksbrettchen dienen.

Eine weitere Maßnahme ist die Förderung der nachhaltigen Mobilität. Über die allseits bekannten Maßnahmen und Förderungen für E-Automobile hinaus, unterstützt der Kreis Düren mit einer Kaufprämie für die Nutzung von Lastenfahrrädern.

Das Programm „50 E-Lastenpedelecs" richtet sich an Privatpersonen und Gewerbetreibende. Lastenräder eignen sich hervorragend insbesondere für den innerstädtischen Transport. Sie sind damit eine klimafreundliche Alternative im Verkehrsbereich und leisten einen wichtigen Beitrag zur Verringerung der Verkehrsbelastung.

Nicht zuletzt hofft der Kreis Düren auf bürgerschaftliches Engagement im lokalen Umfeld, um Klimaschutz und Nachhaltigkeit zu fördern. Mit dem Wettbewerb „Vereine für´s Klima" werden deshalb lokale Initiativen unterstützt. Ziel ist es, mit dem Vorleben positiver Beispiele die Bevölkerung für den Klimaschutz zu sensibilisieren und zu mobilisieren. Von der energiesparenden Beleuchtung über die energetische Sanierung des Vereinsheims bis zur insektenfreundlichen Umgestaltung des Außengeländes - jede kleine Maßnahme leistet einen Beitrag zum Klimaschutz. Ein Trend, der im Kreis Düren immer

größere Kreise zieht: Nahrungsmittel aus regionaler Produktion, unter umweltschonenden Gesichtspunkten produziert. Die boomenden Wochenmärkte in Jülich und Düren und die zahlreichen neu entstandenen Hofläden mit vielen tausend Legehennen zeugen von dem Trend „Frisch aus der Nachbarschaft auf den Tisch!"

Pflanzen, die hier angebaut werden, können noch viel mehr, als „nur" Früchte oder Gemüse liefern. So werden aus dem Rest der Pflanzen, der sonst auf dem Kompost landet, Medikamente, Klebstoffe oder Kosmetika hergestellt. Diese und ähnliche Produkte werden im Rahmen des Projektes Bioökonomie-Revier erforscht. Beim Strukturwandel soll das Rheinische Revier zu einer Modellregion für ressourceneffizientes und nachhaltiges Wirtschaften werden.

Dem Thema nachhaltiges Bauen ist ein ganzer Ortsteil gewidmet. In der „Faktor-X-Siedlung" in Inden geht es darum, energiesparendes und ressourcenschonendes Bauen und Sanieren hinsichtlich des gesamten Lebenszyklus eines Gebäudes zu optimieren.

Mit im Boot ist beim Thema Nachhaltigkeit die Deutsche Papierindustrie. In Düren wird derzeit die „Modellfabrik Papier", ein regional vernetztes Reallabor für die Papierindustrie, verwirklicht. In dieser Pilotanlage soll die künftige Entwicklung einer industriellen Wertschöpfungskette der nachhaltigen Papierproduktion erforscht werden.

And there are also alternative options to plastic for storage at home.

The district of Düren has had sustainable bread and fresh food tins developed in order to give children these ideas to take with them on their way: Bread and fresh food tins made of tinplate are a great alternative to the usual wrapping foil for a snack at lunchtime or a break on a hike. They are practical, reusable and also look good.

Unlike reusable plastic cans, tinplate cans do not contain any plasticisers that are harmful to health. The sustainable and environmentally friendly bread or fresh food tins also have a slip on lid with which the container can be easily and securely closed.

The practical beech wood lid can also be used as a breakfast board. Another measure is the promotion of sustainable mobility. In addition to the well-known measures and subsidies for evehicles, the district of Düren supports the use of cargo bicycles with a purchase premium. The „50 E-load pedelecs" programme is aimed at private individuals and businesses. Cargo bikes are ideal for in-

ner-city transport in particular. They are thus a climate-friendly alternative in the transport sector and make an important contribution to reducing traffic congestion. Last but not least, the district of Düren hopes for civic engagement in the local environment to promote climate protection and sustainability.

The competition „Clubs for the Climate" therefore supports local initiatives. The aim is to sensitise and mobilise the population for climate protection by setting positive examples.

From energy-saving lighting to energyefficient renovation of the clubhouse to insect-friendly redesign of the outdoor area - every small measure makes a contribution to climate protection. A trend that is becoming increasingly widespread in the Düren district: Food from regional production produced under environmentally friendly aspects.

The booming weekly markets in Jülich and Düren and the numerous newly established farm shops with many thousands of laying hens bear witness to the trend: „Fresh from the neighbourhood to the

table!" Plants grown here can provide much more than „just" fruits or vegetables. For example, medicines, adhesives or cosmetics are produced from the rest of the plants that would otherwise end up on the compost heap. These and similar projects are being researched as part of the Bioeconomy Region project.

In the context of structural change, the Rhenish mining area is to become a model region for resource-efficient and sustainable economic activity. An entire district is dedicated to the topic of sustainable building; the „Faktor-X-Siedlung (settlement)" in Inden is all about optimising energy-saving and resource-saving construction and renovation with regard to the entire life cycle of a building.

The German paper industry is also on board with the topic of sustainability. The „Model Paper Factory", a regionally networked real laboratory for the paper industry, is currently being realised in Düren. The future development of an industrial value chain for sustainable paper produc-tion is to be researched in this pilot plant.

Hoch über dem Dürener Markt hatte man Anfang der 70er Jahre die Möglichkeit, zu sehen, was die Stunde geschlagen hatte. Auf dem Dach der damaligen Stadtsparkasse drehte sich der überdimensionale, nachts beleuchtete Würfel. Nicht zum Vergnügen aller Dürener. Bei Sonnenschein warf die Uhr im Sekundentakt immer wieder Lichtreflexe ins Umland und durch die Fenster der Wohnungen im weiten Umfeld.

Es war die Zeit, als man in Düren noch im Hotel Kaiserhof, an der Ecke Goethestraße/Schillerstraße feierte. Es war die Zeit, zu der sich der junge Kreis Düren konsolidierte. Die Gegner der Zusammenlegung verstummten, aus dem Gegeneinander wurde mit jeder Umdrehung der großen Dürener Uhr ein Miteinander.

Der ehemalige Oberkreisdirektor Josef Hüttemann listet einige der Vorteile und genutzten Chancen auf, die sich durch die neue Verwaltungseinheit „Kreis Düren" für das Rurgebiet ergeben haben.

Es folgt – ohne Anspruch auf Vollständigkeit – der Versuch einer Zeitreise mit einigen Highlights durch fünf Jahrzehnte „Kreis Düren".

High above the Düren market in the early 70s, people had the opportunity to see what the hour had struck.

On the roof of the then municipal savings bank, the oversized cube rotated, illuminated at night. Not to the amusement of all the people of Düren.

When the sun was shining, the clock kept casting light reflections every second into the surrounding area and through the windows of the flats in the wide surroundings.

It was the time when people in Düren still celebrated in the Hotel Kaiserhof on the corner of Goethestraße and Schillerstraße, the time when the young Düren district was consolidating. The opponents of the amalgamation fell silent, and with every turn of the great clock in Düren, the opposition turned into togetherness.

The former head district director Josef Hüttemann lists some of the advantages and utilised opportunities that the new administrative unit „Kreis Düren" has brought to the Rur region.

The following is an attempt at a journey through time with some highlights of five decades of „Kreis Düren", without claiming to be complete.

Hotel Kaiserhof, Düren

1972

Der 1. Januar 1972 ist nicht nur der Geburtstag des Kreises Düren. Am gleichen Tag löst sich der Sparkassenzweckverband der Kreis- und Stadtsparkasse Jülich auf. Der neue Kreis Düren wird der alleinige Träger. Die damals schon gewünschte Fusion mit der Stadtsparkasse Düren wird erst später verwirklicht.

Die Gebäude der ehemaligen Wollgarnfabrik (Wollga) an der Mittel- und Gutenbergstraße (heute Haus der Stadt), zuletzt als Obdachlosenunterkunft genutzt, wird abgerissen.

1 January 1972 was not only the birthday of the Düren district. On the same day, the savings bank association of the Jülich district and municipal savings bank dissolved. The new district of Duren became the sole owner. The merger with the municipal savings bank, the Stadtsparkasse Düren, which was already desired at that time, could only be realised later.

The buildings of the former wool yarn factory (Wollga) at Mittel- and Gutenbergstraße (today Haus der Stadt), last used as a shelter for the homeless, are demolished.

1973

Düren bekommt ein neues Hallenbad. Am 17. Mai erfolgt der Spatenstich für das Hallenbad am Jesuitenhof.

Das 25-Meter-Becken ist in sechs Bahnen unterteilt. Der 1-Meter und 3-Meter-Sprungturm bieten zusätzlichen Spaß.

Die Mülldeponie des Kreises in Hürtgenwald-Horm nimmt ihren Betrieb auf. 1,8 Millionen Mark wurden in den ersten Bauabschnitt investiert, das Land teägt die Hälfte der Kosten.

Düren is getting a new indoor swimming pool. The groundbreaking ceremony for the indoor swimming pool at Jesuitenhof takes place on 17 May.

The 25-metre pool is divided into six lanes. The 1-metre and 3-metre diving tower offer additional fun.

The district's waste disposal site in Hürtgenwald-Horm goes into operation. 1.8 million Deutschmarks were invested in the first construction phase, with the state bearing half of the costs.

1974

Jedes Jahr findet in der Sporthalle der damaligen Kaufmännischen Schulen an der Euskirchener Straße ein Fechtturnier statt. 1974 nehmen 350 Fechter aus Deutschland, Belgien, Dänemark, Frankreich, Luxemburg, Italien und der Schweiz teil.

Größte Baustelle im Kreisgebiet ist der Neubau der Autobahn zwischen Aachen und Düsseldorf. In der Folge muss der Kreis Düren zwei Millionen Mark in seine Straßen investieren, um die Anbindung an die Autobahn zu ermöglichen. Die A 44 verläuft über 27 Kilometer durch das Kreisgebiet. Zwischen Aldenhoven und Titz gibt es vier Anschlussstellen.

JEvery year, a fencing tournament was held in the sports hall of the former commercial schools on Euskirchener Straße. In 1974, 350 fencers from Germany, Belgium, Denmark, France, Luxembourg, Italy and Switzerland took part.

The largest construction site in the district is the new construction of the motorway between Aachen and Düsseldorf. As a result, the district of Düren has to invest two million Deutschmarks in its roads to make the connection to the motorway possible. The A 44 runs for 27 kilometres through the district. There are four junctions between Aldenhoven and Titz.

1975

Anfang des Jahres wird die Riemann-Kaserne in Düren gesprengt.

Zu Beginn der Badesaison wird das neue beheizte Freibad in Jülich eröffnet. Der Kreis beteiligt sich mit 100 000 Mark an den Kosten. Auch in Vossenack lockt ein neues beheiztes Freizeitbad – hier gewährt der Kreis 140 000 Mark Beihilfe.

In Kreuzau ist ein neues Hallenbad im Bau. Kostenpunkt: 2,5 Millionen Mark.

Übergabe der Bundesautobahn Aachen-Jülich-Düsseldorf.

In Düren wird die Fußgängerzone eröffnet, der Wochenmarkt zieht vom Gelände rund um die Annakirche auf den Markt um.

At the beginning of the year, the Riemann barracks in Düren are demolished.

The new heated openair swimming pool in Jülich is opened at the beginning of the bathing season. The district contributes 100,000 Deutschmarks to the costs. A new heated leisure pool also attracts visitors to Vossenack - here the district grants 140,000 Deutschmarks in subsidies.

A new indoor swimming pool is under construction in Kreuzau. Cost: 2.5 million Deutschmarks.

The Aachen-Jülich-Düsseldorf motorway is handed over.
In Düren the pedestrian zone is opened, the weekly market moves from the area around the Annakirche to the market.

1976

Bundespräsident Walter Scheel besucht im April Düren aus Anlass des Weltgesundheitstages.

Im September werden nach fast sechsjähriger Bauzeit die neuen Krankenanstalten Düren bezogen. Träger ist eine von Kreis und Stadt Düren gebildete Gemeinnützige GmbH. Die Kosten betragen 70 Millionen Mark. Das Heeresinstandsetzungswerk eröffnet in Jülich eine Ausbildungswerkstatt für 72 Jugendliche.

Federal President Walter Scheel visits Düren in April on the occasion of World Health Day.

In September, after almost six years of construction, the new hospitals in Düren are occupied. A nonprofit limited company (Gemeinnützige GmbH) formed by the district and city of Düren is the responsible body. The costs amount to 70 million Deutschmarks. The Army Maintenance Works opens a training workshop for 72 young people in Jülich.

1977

Bundespräsident Walter Scheel ist wieder Gast im Kreis. Diesmal besucht er die Kernforschungsanlage.

Der „Teilplan Hambach" des Gesetzes über die Gesamtplanung im Rheinischen Braunkohlegebiet wird für verbindlich erklärt. Es ist das bis dato größte Tagebauvorhaben der Welt. Bis 2040 sollen 2,4 Milliarden Tonnen Braunkohle gefördert werden.

Über dem Kreishausneubau hängt im Dezember der Richtkranz.

Federal President Walter Scheel is once again a guest in the district. This time he visits the nuclear research facility.

The Hambach subplan of the Act on the Overall Planning of the Rhenish Lignite Region is declared binding. It is the largest opencast mining project in the world to date. By 2040, 2.4 billion tonnes of lignite are to be extracted.

The toppingout wreath hangs over the new district hall in December.

1978

In Stockheim nimmt der Kreis die Kreisbrandschutzzentrale, die Leitstelle für Feuerschutz, Rettungswesen und Katastrophenschutz in Betrieb. Die Zentrale ist rund um die Uhr in Betrieb.

Im Tagebau Hambach nimmt der erste Großbagger seine Arbeit auf.

In Stockheim, the district puts the district fire protection centre, the control centre for fire protection, rescue and disaster control, into operation. The control centre is in operation around the clock.

The first large excavator starts work in the Hambach opencast mine.

1979

Mit der Übertragung der Realschulen Bretzelnweg und Wernersstraße an die Stadt Düren hat der Kreis seine Realschulen an die Standortkommunen übergeben. Mit der Übernahme der Christophorusschule in Düren ist das Sonderschulwesen für geistig Behinderte nun in alleiniger Trägerschaft des Kreises.

Der Napoleonische Brückenkopf mit Zoo und Erholungsgebiet wird auf 130 000 Quadratmeter erweitert. Erster Spatenstich im neuen Stadtteil Lich-Steinstraß für die Umsiedlung der Bevölkerung von Lich-Steinstraß.

Der Landschaftsverband Rheinland richtet in der Burg Nideggen ein Burgenmuseum ein. Der Kreis überträgt der Stadt Heimbach die Burg Hengebach.

With the transfer of the Bretzelnweg and Wernersstraße Realschulen to the city of Düren, the district has transferred its Realschulen to the local municipalities. With the takeover of the Christophorusschule in Düren, special education for the mentally handicapped is now the sole responsibility of the district.

The Napoleonic Bridgehead with zoo and recreation area is expanded to 130,000 square metres. Groundbreaking ceremony in the new district of Lich-Steinstraß for the resettlement of the population of Lich-Steinstraß.

The Rhineland Regional Association sets up a castle museum in Nideggen Castle. The district transfers Hengebach Castle to the town of Heimbach.

1980

Das 1. Regiment der belgischen Lanciers verabschiedet sich von Düren mit einer Truppenparade. Düren war nach dem Zweiten Weltkrieg die größte belgische Garnison im Ausland. Sie umfasste zeitweise bis zu 6 000 Personen. Die Infrastruktur für die Angehörigen des belgischen Heers war hervorragend. Sie hatten eigene Kindergärten, Schulen, ein königliches Gymnasium, Supermärkte, eine Kirche, ein Hallen- und Freibad mit Sprungturm, Sportanlagen, eine Pfadfinderschaft, einen Motorclub, Tennis- und Fechtclub, Fußball-, Schwimm- und Reitgruppen und an der Stockheimer Landstraße eine Kirche sowie ein Kino mit 1000 Plätzen. Die Heimatschutzbrigade 53 der Bundeswehr zieht mit etwa 700 Soldaten in die Panzerkaserne ein.

Jugendliche besetzen die Pleußmühle, um gegen die Untätigkeit von Rat und Verwaltung in Sachen „Latz-Hallen" an der Veldener Straße zu protestieren. Dort sollte ein kultureller Jugendtreff errichtet werden.

The 1st Regiment of Belgian Lancers bids farewell to Düren with a parade of troops. Düren was the largest Belgian garrison abroad after the Second World War. At times, it comprised up to 6,000 people. The infrastructure for the members of the Belgian army was excellent.

They had their own kindergartens, schools, a royal grammar school, supermarkets, church, indoor and outdoor swimming pools with diving towers, sports facilities, scouts, motor club, tennis and fencing club, football, swimming and riding groups. On Stockheimer Landstraße a church and a cinema with 1000 seats.

The Homeland Security Brigade 53 of the Bundeswehr moves into the tank barracks with about 700 soldiers.

Young people occupy the Pleußmühle to protest against the inactivity of the council and administration regarding the „Latz-Hallen" on Veldener Straße. A cultural youth centre was to be built there.

1981

DFB-Pokal 1981/1982, 1. Runde, Samstag, 29. August 1981, 14:30 Uhr, Olympiastadion, München: Bayern München gegen den SC Jülich 1910. Das Ergebnis: 8:0.

Einweihung des Neubaus der Feuer- und Rettungswache an der Brüsseler Straße in Düren. Wegen der damals mutigen Farbgebung im Volksmund auch „Papageienkäfig" genannt.

Die Heimatschutzbrigade 53, die seit etwa einem Jahr die ehemalige belgische Kaserne, jetzt „Panzerkaserne", belegt hat, stellt sich den Dürener Honoratioren vor.

Im Dezember findet das erste feierliche, öffentliche Gelöbnis junger Rekruten statt.

Der türkisch-islamische Kulturverein kauft das Haus Veldener Str. 61. Er nutzt es als Kulturzentrum und Moschee.

DFB Cup, 1981/1982, 1st round, Saturday, 29 August 1981, 2:30 p.m., Olympiastadion, Munich, Germany, Bayern Munich vs. SC Jülich 1910. The result: 8:0.

Inauguration of the new fire and rescue station building on Brüsseler Straße in Düren. Popularly known as the „parrot cage" because of the bold colour scheme at the time.

The Homeland Security Brigade 53, which has occupied the former Belgian barracks, now „Panzerkaserne", for about a year, introduces itself to the Düren dignitaries.

In December, the first ceremonial, public pledge of young recruits takes place.

The Turkish-Islamic Cultural Association buys the house at Veldener Str. 61 and uses it as a cultural centre and mosque.

1982

An allen Schulen wird die Fünf-Tage-Woche eingeführt. Samstags ist ab sofort unterrichtsfrei. Seit den 1970er Jahren sind die freien Samstage, ausgehend von einem pro Monat, ständig gesteigert worden.

Das Gebäude des Jülicher Amtsgerichts wird um ein Geschoss aufgestockt, um Raum für Geschäftszimmer der Mahn- und Registerabteilungen und Rechtspflegerzimmer zu schaffen. Das Gebäude wird renoviert, neu möbliert und die beiden Sitzungssäle für Straf- und Zivilverhandlungen im ersten Obergeschoss neugestaltet.

DThe five-day week is introduced at all schools. Saturdays are now free of lessons. Since the 1970s, the number of free Saturdays had steadily increased from one per month, etc.

One storey was added to the building of the Jülich district court to create space for business offices of the order for payment and registry departments and judicial officers' offices.

The building was renovated, refurnished and the two courtrooms for criminal and civil hearings on the first floor were redesigned.

Die 25 Millionen Kubikmeter Wasser fassende, 70 Millionen Mark teure Wehebachtalsperre wird nach sechs Jahren Bauzeit offiziell ihrer Bestimmung übergeben.

Auf der EBV-Schachtanlage Emil Mayrisch in Siersdorf wird zum ersten Mal Kohle aus dem Grubenfeld Anna gefördert.

Erstmals zeichnet der Kreis Düren seine erfolgreichsten Sportler aus und Embken wird beim Bundeswettbewerb „Unser Dorf soll schöner werden" mit einer Goldplakette ausgezeichnet – eine Premiere für den Kreis Düren.

Gleich in der Nähe der A4 erschließt Düren sein erstes großes Gewerbegebiet „Im Großen Tal". Die Gesamtfläche ist 900 000 Quadratmeter groß.

In Nörvenich endet beim JaBoG 31 „Boelke" die Ära des Starfighters. 22 Jahre ist die F104G bei dem Geschwader geflogen, über 200 000 Flugstunden sind ab Nörvenich absolviert worden.

Das Flugzeug schaffte es während seiner Dienstzeit immer wieder in die Schlagzeilen.

13 Piloten des Nörvenicher Geschwaders bezahlten ihren Einsatz mit der F104G mit dem Tod.

The Wehebach reservoir, which holds 25 million cubic metres of water and cost 70 million Deutschmarks, is officially opened after six years of construction.

Coal is extracted from the Anna mine field for the first time at the EBV Emil Mayrisch shaft in Siersdorf.

For the first time, the district of Düren awards its most successful athletes and Embken is awarded a gold plaque in the national competition „Our village shall become more beautiful" - a premiere for the district of Düren.

Düren is developing its first large industrial estate, „Im Großen Tal", right next to the A4 motorway. The total area covers 900,000 square metres.

The era of the Starfighter ends at JaBoG 31 „Boelke" in Nörvenich. For 22 years, the F104G was flown by the squadron and more than 200,000 flying hours were completed from Nörvenich.

The aircraft made the headlines time and again during its time in service.

Thirteen pilots of the Nörvenich squadron alone paid for their deployment with the F104G with their lives.

In der KFA Jülich geht der 30 Millionen Mark teure „Cray X-MP" offiziell in Betrieb, der als der schnellste Computer in Westeuropa gilt.

Der Kreistag verabschiedet nach fünfjähriger Vorbereitung den Landschaftsplan „Ruraue". Er umfasst die Rurniederungen von Merken bis Körrenzig mit einer Gesamtfläche von 135 Quadratkilometern.

Mitte des Jahres wird die kreiseigene Mülldeponie in Inden wegen Verfüllung geschlossen.

Das neue Polizeidienstgebäude Jülich wird seiner Bestimmung übergeben. 119 Menschen arbeiten an der Neusser Straße.

Ein 14 Kilometer langes Teilstück des vom Kreis Düren geplanten Ruruferradwegs zwischen Jülich und Körrenzig wird offiziell vorgestellt.

At the KFA Jülich, the 30-million Deutschmark „Cray X-MP" officially goes into operation, considered the fastest computer in Western Europe.

After five years of preparation, the district council adopts the „Ruraue" landscape plan. It covers the Rura lowlands from Merken to Körrenzig with a total area of 135 square kilometres.

In the middle of the year, the district's own landfill site in Inden is closed for backfilling.

The new Jülich police station building is opened. 119 people work on the Neusser Straße

A 14-kilometre section of the cycling path "Ruruferradweg" planned by the Düren district between Jülich and Körrenzig is officially presented.

1985

Beispiellos in Europa ist die Forensische Klinik in Düren, in der 120 psychisch kranke Rechtsbrecher therapiert werden.

40 Millionen Mark hat der Landschaftsverband Rheinland im Auftrag des Landes NRW in die Anlage investiert, die von einer 5,50 Meter hohen, elektronisch gesicherten Mauer umgeben ist.

Unprecedented in Europe is the Forensic Clinic in Düren, where 120 mentally ill lawbreakers are treated.

The Landschaftsverband Rheinland (Rhineland Regional Association) has invested 40 million Deutschmarks on behalf of the state of North Rhine-Westphalia in the facility, which is surrounded by a 5.50 metre high, electronically secured wall.

1986

Das Kinosterben erreicht Düren. Das Kino „Schauburg" schließt. Das Park-and-Ride-System von Nord-Düren über den Kaiserplatz zum Annakirmesplatz wird in Düren in Betrieb genommen. Beginn der Innenstadtsanierung mit der zentralen Tiefgarage „Schlossplatz-Garage" in Jülich.

Kammersänger Rudolf Schock wird in seinem Haus in der Gürzenicher Parkstraße tot aufgefunden.

The death of the cinema reaches Düren. The „Schauburg" cinema closes. The park-and-ride system from Nord-Düren via Kaiserplatz to Annakirmesplatz is put into operation in Düren. Start of the inner city redevelopment with the central underground car park Schlossplatz-Garage.

Chamber singer Rudolf Schock is found dead in his house in Parkstraße, Gürzenich.

1987

Die Malteser übernehmen die Trägerschaft des kreiseigenen St. Elisabeth-Krankenhauses in Jülich.

Umfassende Modernisierung des Jülicher Hallenbades.

Bei Tiefbauarbeiten in der Jülicher Innenstadt werden aus einem römisch-fränkischen Gräberfeld über 200 Gräber geborgen sowie die ältesten Siedlungsspuren im Stadtzentrum aus römisch-augustinischer Zeit entdeckt.

Die 10. Rheinlandschau, eine seit 1967 zweijährig in Jülich ausgerichtete Verbrauchermesse, zählt über 500 000 Besucher.

Im Spätsommer wird in Düren der Spatenstich für das Haus der Stadt getan und im ehemaligen Gebäude von Opel Meisenberg an der Wallstraße soll das Papiermuseum eingerichtet werden.

Es ist das Jahr der letzten Kampagne der Dürener Zuckerfabrik, sie schließt zum Ende des Jahres.

Malteser International takes over the management of the St. Elisabeth Hospital in Jülich.

Extensive modernisation of the Jülich indoor swimming pool.

During civil engineering work in the centre of Jülich, more than 200 graves are recovered from a Roman-Franconian burial ground and the oldest traces of settlement in the town centre from the Roman-Augustinian period are discovered.

The 10th Rheinlandschau, a consumer fair held biennially in Jülich since 1967, attracts over 500,000 visitors.

In late summer the groundbreaking ceremony for the House of the City is held in Düren and the Paper Museum is to be set up in the former Opel Meisenberg building on Wallstraße.

It is the year of the last campaign of the Düren sugar factory which closes at the end of the year.

1988

Der kreiseigene Jugendzeltplatz Finkenheide in Kleinhau wird eröffnet.

The district-owned youth campsite Finkenheide in Kleinhau is opened.

Baubeginn des zweiten Dürener Parkhauses in der Arnoldsweiler Straße. An der Ecke Josef-Schregel-Straße/Eisenbahnstraße wird in Düren der Zentrale Omnibusbahnhof (ZOB) eröffnet.

Die Annakirmes wird 350 Jahre alt. Schausteller und Besucher feiern das Jubiläum mit einem großen Umzug während der neuntägigen Kirmes.

Construction begins on the second multistorey car park for Düren in Arnoldsweiler Straße and the central bus station (ZOB) is opened at the corner of Josef-Schregel-Straße and Eisenbahnstraße in Düren.

The Annakirmes is 350 years old, showmen and visitors celebrate the anniversary with a large parade during the nineday fair.

1989

Ein großer historischer Umzug ist der Höhepunkt und gleichzeitig Abschluss des Stadtjubiläums „2000 Jahre Jülich - 750 Jahre Stadtrecht". In Jülich wird die Fußgängerzone eröffnet.

Das erste Hallenbad Dürens an der Bismarckstraße wird komplett umgebaut und präsentiert sich nun als Spaßbad mit Rutschen und allerlei Wasserspielen.

Das 1933 erbaute und außer Betrieb genommene Bahnbetriebswerk Düren, der Vorbahnhof, zwischen Düren und Merzenich, wird abgebrochen. Der Wasserturm war wegen Baufälligkeit schon 1986 abgerissen worden.

Die „Gewerblich-hauswirtschaftliche Schule" an der Zülpicher Straße wird in „Nelly-Pütz-Schule" umbenannt.

Inbetriebnahme des Parkhauses an der Arnoldsweiler Straße.

A large historical parade is the highlight and, at the same time, the conclusion of the town anniversary „2000 years of Jülich - 750 years of town charter". The pedestrian zone is opened in Jülich.

The first indoor swimming pool in Jülich on Bismarckstraße is completely rebuilt and now presents itself as a fun pool with slides and all kinds of water games.

The Düren railway depot, the preliminary station, between Düren and Merzenich, built in 1933 and taken out of service, is demolished. The water tower had already been demolished in 1986 due to dilapidation.

The „Gewerblich-hauswirtschaftliche Schule" on Zülpicher Straße is renamed the „Nelly-Pütz-Schule".

The multi-storey car park on Arnoldsweiler Straße is opened.

1990

Umbenennung des Jülicher Rurstadions in Karl-Knipprath-Stadion.

Die KFA wird zum Forschungszentrum Jülich umbenannt.

In Düren ist das Papiermuseum fertig. Hier ist es nun möglich, in die Historie der Papiererzeugung an der Rur einzusteigen.

The Jülich Rurstadion is renamed the Karl Knipprath Stadium.

The Nuclear Research Centre, KFA, is renamed the Jülich Research Centre.

The Paper Museum is completed in Düren. Here it is now possible to delve into the history of paper production on the Rur.

1991

Die renovierte Pleußmühle in Düren wird als Kulturzentrum eingeweiht.

Aufgrund des Golfkrieges fällt der Karnevalszug aus. Viele Saalveranstaltungen werden abgesagt.

Das „Haus der Stadt" in der Stefan-Schwer-Straße in Düren wird eröffnet. Die Stadtbücherei hat in dem Ensemble jetzt eine großzügige Bleibe.

The renovated Pleußmühle in Düren is inaugurated as a cultural centre.

The carnival procession is cancelled due to the Gulf War. Many hall events are cancelled.

The „Haus der Stadt" in Fritz-Erler-Straße in Düren is opened. The municipal library now has a spacious home in the ensemble.

1992

Inbetriebnahme des Wasserrades an der Pleußmühle. Die Stadtwerke speisen den mit dem Wasserrad erzeugten Strom ins öffentliche Netz ein.

In Jülich ist das Kulturhaus im Hexenturm fertiggestellt. Es ist die neue Heimat des Jülicher Stadtmuseums und des Archivs.

Am Morgen des 13. April erschüttert um 3:20 Uhr ein Erdbeben der Stärke 5,8 auf der nach oben offenen Richterskala das Land an der Rur. Es gibt keine nennenswerten Schäden. Das Zentrum des Bebens war Roermond/NL.

Commissioning of the water wheel in the pond at the Pleußmühle. The public utility company feeds the electricity generated by the water wheel into the public grid.

In Jülich, the Kulturhaus in the Hexenturm is completed. It is the new home of the town museum and the archive.

On the morning of 13 April, at 3:20 a.m., an earthquake with a magnitude of 5.8 on the upwardly open Richter scale shakes the land on the Rur. There is no significant damage. The centre of the quake was Roermond/NL.

Der Wasserverband Eifel-Rur (WVER) wird gegründet. Der Verband kümmert sich fortan um alle Fließgewässer im Einzugsgebiet der Rur und die Klärung der Abwässer der verschiedenen Kanalnetze.

Die Kläranlage Merkener Busch wird nach vierjähriger Planungs- und Bauzeit in Betrieb genommen.

Der TTC Jülich gewinnt zum 2. Mal den Europapokal der Landesmeister.

Erste Fahrt eines Schienenbusses der Dürener Kreisbahn. Die Bahnlinien Düren – Heimbach und Düren – Jülich wurden von der Deutschen Bundesbahn zum Preis von 1,00 DM gekauft. Die Bahn wird Rurtalbahn getauft.

Anlässlich des 500. Geburtstages des italienischen Baumeisters Pasqualini wird auf dem Jülicher Marktplatz der Pasqualini-Gedenkstein an die Öffentlichkeit übergeben. Die Jülicher Stadtteile Pattern und Barmen feiern ihr 1100-jähriges Bestehen.

The Eifel-Rur Water Association (WVER) is founded. From then on, the association takes care of all flowing waters in the catchment area of the Rur and the treatment of wastewater from the various sewer networks.

The Merkener Busch sewage treatment plant is put into operation after four years of planning and construction.

TTC Jülich wins the European Cup of National Champions for the 2nd time.

First journey of a rail bus of the Dürener Kreisbahn. The railway lines Düren - Heimbach and Düren - Jülich were bought from the Deutsche Bundesbahn at a price of 1.00 DM. The railway is christened the Rurtalbahn.

On the occasion of the 500th birthday of the Italian master builder Pasqualini, the Pasqualini memorial stone is handed over to the public on Jülich's market square. The Jülich districts of Pattern and Barmen celebrate their 1100th anniversary.

Jülich feiert anlässlich des 30-jährigen Bestehens der Städtepartnerschaft mit dem französischen Haubourdin, das sechs Kilometer südlich von Lille liegt.

Auf der Deponie Horm wird der Grundstein für die Mechanisch-Biologische Restmüllbehandlungsanlage gelegt. Durch das 54-Millionen-Mark-Projekt soll das vorhandene Deponievolumen deutlich geschont werden.

Die Bergämter Köln und Aachen werden zusammengelegt. Standort des neuen Bergamtes wird Düren.

Auf dem Annakirmesplatz findet erstmals eine Wirtschaftsmesse statt.

In der Innenstadt wird der neugestaltete Marktplatz eröffnet.

Jülich celebrates 30 years of twinning with the French town of Haubourdin, six kilometres south of Lille.

The foundation stone for the mechanical-biological residual waste treatment plant is laid at the Horm landfill site. The 54-million Deutschmarks project is intended to significantly conserve the existing landfill volume. The MBRA starts trial operation in April 1995.

The mining offices of Cologne and Aachen are merged. The new mining office is located in Düren.

A business fair is held for the first time on Annakirmesplatz.

The redesigned market square is opened in the city centre.

In Jülich wird die Umgestaltung des Schlossplatzes fertiggestellt. Der Jülicher Stadtteil Koslar feiert 1050 Jahre.

Umbau des Jülicher Bahnhofes zum „KuBa" (Kultur-Bahnhof). Das Programm „Programm Jülich 98" ermöglicht weitere Maßnahmen. Spatenstiche dazu gibt es für Restaurierungsarbeiten am napoleonischen Brückenkopf, für Sanierungsarbeiten an der Kontramauer der Zitadelle und für die Grünverbindungen Promenade und Xantener Straße.

Die Mechanisch-Biologische Restmüllbehandlungsanlage (MBRA) nimmt an der Deponie Horm den Probebetrieb auf.

Das Hausmeistergebäude am Rathaus in der Dürener Wilhelmstraße wird abgerissen, um dem Neubau des City-Karrees Platz zu machen. Später fallen an der Schenkelstraße das legendäre Weinhaus Kockelkorn und der stolze Bau der ehemaligen Filiale der Deutschen Bank dem Bagger zum Opfer.

In Jülich, the redesign of the Schlossplatz is completed. The Jülich district of Koslar celebrates 1050 years.

Conversion of the railway station into a „KuBa" (cultural station) within the framework of the „Jülich 98 Programme". This programme makes further measures possible. Ground has been broken for restoration work on the Napoleonic bridgehead, for renovation work on the counterwall of the citadel, for the Promenade green link and for the Xantener Straße green link.

The mechanical-biological residual waste treatment plant (MBRA) starts trial operation at the Horm landfill site.

The caretaker's building at the town hall in Wilhelmstraße is demolished to make way for the new City-Karree building. Later, the legendary Kockelkorn wine house on Schenkelstraße and the proud building of the former Deutsche Bank branch fall victim to the excavator.

1996

Die Straßenmeisterei an der Nideggener Straße in Düren wird aufgegeben.

Die Glashütte Peill & Putzler stellt endgültig die Produktion ein. Von den ursprünglichen 1 500 Arbeitern werden noch 50 weiterbeschäftigt, die nur noch mit Importen aus Slowenien, Polen und Südfrankreich handeln.

Die Bahnstrecke Düren–Neuss wird stillgelegt.

Im Amtsgerichtsgefängnis wird die sozial-therapeutische Modellanstalt für rückfallgefährdete Gesetzesbrecher, ausgelegt für 33 Personen, geschlossen.

Der Aufsichtsrat der Stadtwerke beschließt den Verkauf des City-Bades an der Bismarckstraße. Nach dem Abriss soll dort 1998 ein Einkaufszentrum entstehen. Heute steht dort das Haus der „job-com".

The road maintenance depot on Nideggener Straße in Düren is abandoned.

The Peill & Putzler glassworks ceases production for good. Of the original 1,500 workers, 50 are still employed, trading only in imports from Slovenia, Poland and southern France.

The Düren-Neuss railway line is closed down.

The social-therapeutic model institution for lawbreakers at risk of recidivism, designed for 33 people, is closed in the local court prison.

The supervisory board of the public utility company decides to sell the City-Bad in Bismarckstraße. After demolition, a shopping centre is to be built there in 1998. Today is there the „Job-Com-Building".

1997

Der Bundeswehrstandort Düren, die Panzerkaserne, wird aufgegeben.

Der Rurtal-Express (REX) befährt erstmals seit 1983 wieder die Bahnstrecke Düren-Euskirchen-Olef. Die Dürener Kreisbahn will die Strecke wieder für den Personenverkehr übernehmen.

Das 1958 erbaute City-Bad in der Bismarckstraße schließt endgültig und wird abgerissen.

The Bundeswehr (German Armed Forces) Base in Düren, the tank barracks, is abandoned.

The Rurtal Express (REX) runs on the Düren-Euskirchen-Olef railway line again for the first time since 1983. The Dürener Kreisbahn wants to take over the line again for passenger transport.

The City-Bad in Bismarckstraße, built in 1958, closes permanently and is demolished.

1998

Düren feiert in diesem Jahr sein 1250-jähriges Bestehen.

Das Comet-Cinema mit sieben Kinos eröffnet in Düren. Das UT-Kino in der Kleinen Zehnthofstraße kapituliert vor dem Comet-Cinema und gibt auf.

Düren celebrates its 1250th anniversary this year.

The Comet-Cinema with seven cinemas opens in Düren. The UT cinema in Kleine Zehnthofstraße capitulates to the Comet Cinema and gives up.

Die Kreis-Volkshochschule wird in das Guinness-Buch der Rekorde aufgenommen, da 687 Gitarristen insgesamt acht Lieder gemeinsam spielen.

Mit einem „Tag der offenen Tür" wird das City-Karree eröffnet.

Das Straßenverkehrsamt zieht von der Aachener Straße an die Kölner Landstraße.

Johannes Kaptain (CDU), Landrat von 1964 bis 1989, stirbt am 23. Dezember.

The Kreis-Volkshochschule is entered in the Guinness Book of Records as 687 guitarists play a total of eight songs together.

The City-Karree is opened with an „open day".

The Road Traffic Office moves from Aachener Straße to Kölner Landstraße.

Johannes Kaptain (CDU), District Administrator from 1964 to 1989, dies on 23 December.

1999

Der Kreistag beschließt die Fusion der Kreissparkasse mit der Stadtsparkasse zum 1. Januar 2001.

Im Dezember fasst der Stadtrat Düren den Beschluss zur Fusion der beiden Sparkassen zur Sparkasse Düren.

The district council decides to merge the Kreissparkasse (District Savings Bank) with the Stadtsparkasse (Municipal Savings Bank) on 1 January 2001.

In December, the Düren city council also passes a resolution to merge the two savings banks to form Sparkasse Düren.

2000

Spatenstich für den Erweiterungsbau des Polizeigebäudes auf dem Gelände des ehemaligen Straßenverkehrsamtes an der Aachener Straße in Düren.

Die Christophorus-Schule zieht zum Schulzentrum „Athenée Royal" an der Stockheimer Landstraße.

Der Aufsichtsrat der Dürener Kreisbahn (DKB) beschließt die Teilprivatisierung des Busbereiches. Eine neue Tochtergesellschaft soll gebildet werden, an der die DKB mit 49 % und das Aachener Busunternehmen Taeter mit 51 % beteiligt sein sollen.

Die „job-com", eine Gesellschaft für Beschäftigungsförderung von Stadt und Kreis Düren, nimmt ihre Arbeit auf.

Die Stadtsparkasse Düren und die Kreissparkasse Düren fusionieren. Ab sofort gibt es nur noch die Sparkasse Düren.

Groundbreaking ceremony for the extension of the police building on the site of the former road traffic office on Aachener Straße in Düren.

The Christophorus School moves to the „Athenée Royal" school centre on Stockheimer Landstraße.

The supervisory board of the Dürener Kreisbahn (DKB)(District Railway) decides to partially privatise the bus division. A new subsidiary is to be formed in which DKB will hold a 49% stake and the Aachen bus company Taeter a 51% stake.

The job-com GmbH, a company for employment promotion of the city and district of Düren, starts its work.

Stadtsparkasse Düren and Kreissparkasse Düren merge. From now on there is only Sparkasse Düren.

2001

In Düren diskutiert man über den Bau einer Tiefgarage unter dem Kaiserplatz. Dabei bleibt es.

Die Missionare der hl. Familie verlassen Düren wegen Nachwuchsmangels und die letzten Nonnen der Ursulinen verlassen das Kloster in der Bismarckstraße.

Erste Windräder, 77 Meter hoch, werden bei Merzenich gebaut.

Mit dem Jahresende endet ebenfalls die Ära der Deutschen Mark. Ab dem 1. Januar 2002 ist der Euro das neue Zahlungsmittel.

In Düren, the construction of an underground car park under the Kaiserplatz is being discussed. That is where it remains.

The missionaries of the Holy Family leave Düren due to a lack of new recruits and the last nuns of the Ursulines leave the convent in Bismarckstraße.

The first wind turbines, 77 metres high, are built near Merzenich.

The end of the year also marks the end of the era of the German Mark. From 1 January 2002, the euro is the new currency.

2002

Der Otmar-Alt-Sprinter der DKB bricht zu seiner Jungfernfahrt auf und die Reaktivierung der Schienenstrecke Jülich-Linnich wird gefeiert.

Marion Larue, Gattin des Dürener Bürgermeisters Paul Larue, tauft auf dem Frankfurter Flughafen einen Airbus A340 auf den Namen „Düren". Die Maschine hat 247 Sitzplätze und fliegt hauptsächlich in die Metropolen Nord- und Südamerikas, nach Afrika und Asien.

Premiere des DKB-BeachCups auf dem Kaiserplatz in Düren.

Das internationale Radrennen „Giro d'Italia" passiert Düren auf der Etappe von Köln nach Lüttich. Zuletzt kam dieses Radrennen vor 29 Jahren durch Düren.

Die Erde wackelt. Das Zentrum des Erdbebens liegt bei Alsdorf und erreicht eine Stärke von 4,8 auf der nach oben offenen Richterskala.

The Otmar Alt Sprinter of the DKB sets off on its maiden ride and the reactivation of the Jülich-Linnich railway line is celebrated.

Marion Larue, wife of the Mayor of Düren, Paul Larue, christens an Airbus A340 at Frankfurt Airport with the name „Düren". The aircraft has 247 seats and flies mainly to the metropolises of North and South America to Africa and Asia.

Premiere of the DKB-Beach Cup on the Kaiserplatz in Düren.

The international cycling race „Giro d'Italia" passes through Düren on the stage from ne to Liège.

The last time this cycle race passed through Düren was 29 years ago.

The earth shook. The centre of the earthquake was near Alsdorf and reached a magnitude of 4.8 on the upwardly open Richter scale.

2003

Der erste Müll aus dem Kreis Düren – mittlerweile Teil des Zweckverbandes Entsorgungsregion West (ZEW) – wird in Weisweiler verbrannt.

Nach umfangreichen Vorarbeiten beginnt der Bau des dritten Kreishausgebäudes, Haus C, mit dem ersten Spatenstich auf dem Gelände des abgerissenen Citybades.

Merzenich erhält mit der Eröffnung der S-Bahnhaltestelle Bahnanschluss.

Durch den ersten Bürgerentscheid in der Geschichte Dürens wird die Zeder am jetzigen Stadtcenter nicht gefällt.

Die zum Abbruch freiliegende Johannesbrücke stürzt abends mit lautem Getöse in die Rur. Sie ist schon so altersschwach, dass sie von selbst zusammenfällt.

The first waste from the Düren district - now part of the Zweckverband Entsorgungsregion West (ZEW) - is incinerated in Weisweiler.

After extensive preparatory work, construction of the third district hall building, House C, begins with the groundbreaking ceremony on the site of the demolished Citybad.

Merzenich receives a railway connection with the opening of the suburban railway station.

The first referendum in Düren's history means that the cedar tree at the current city centre is not felled.

In the evening, the Johannesbrücke bridge, which had been left open for demolition, falls into the Rur with a loud roar. It was already so decrepit that it collapsed by itself.

2004

Der Nationalpark Eifel ist das erste Schutzgebiet dieser obersten Güteklasse in NRW. Es schützt 30 gefährdete Pflanzen und Tierarten und umfasst Teile des Kreises Düren. Er wird sich in den nächsten Jahren zu einer Erfolgsgeschichte entwickeln.

Erstmals gibt es die Kreis-Düren-Tage: Ein Sonderzug der Rurtalbahn bringt die Teilnehmer ins Rheinische Landesmuseum nach Bonn.

Mit einem Konzert der „Ten Tenors" wird die Arena Kreis Düren eröffnet und in der Innenstadt erfolgt der erste Spatenstich für das neue StadtCenter. Die Zeiten, zu denen in Düren im Matsch geparkt wurde, sind vorüber. Auch, weil ein neues Parkhaus in der Schützenstraße eröffnet wird. Im Dezember ist der Neubau der Johannes-Brücke über die Rur im Zuge der Aachener Straße fertig.

The Eifel National Park is the first protected area of this highest quality class in NRW. It protects 30 endangered plant and animal species and covers parts of the district of Düren. It will develop into a success story in the coming years. For the first time, there will be the Kreis-Düren-Tage: a special train on the Rurtalbahn will take participants to the Rheinisches Landesmuseum in Bonn. The „Arena Kreis Düren" is opened with a concert by the „Ten Tenors" and the groundbreaking ceremony for the new StadtCenter takes place in the city centre.

The days of parking in the mud in Düren are over, also due to the fact that a new multistorey car park is being opened in Schützenstraße. In December, the new construction of the Johannes Bridge over the Rur in the course of Aachener Straße will be finished.

2005

Landrat Wolfgang Spelthahn empfängt eine Delegation des Dorchester County, Maryland, westlich von New York gelegen. Der Kontakt zu diesem Kreis wird von der Fa. Gebr. Kufferath initiiert. Der Kreis Düren hat nun einen Partnerkreis.

Die militärische Nutzung der Drover Heide ist Geschichte. Für Wanderer wird ein 20 Kilometer großes Wegenetz freigegeben.

Auf der Zechenbrache Emil Mayrisch wird die Filmautobahn eröffnet. Auf der 2,3 Kilometer langen Asphaltschleife werden Stuntszenen für Actionfilme gedreht.

Die Kulturinitiative im Kreis Düren veranstaltet auf Burg Nideggen die Festspiele „Bühne unter Sternen".

District Administrator Wolfgang Spelthahn receives a delegation from Dorchester County, Maryland, located west of New York. The contact to this county was initiated by the company Gebr. Kufferath. Düren County now has a partner county.

The military use of the Drover Heath is history. A 20-kilometre network of paths is opened up for hikers.

The film highway is opened on the Emil Mayrisch colliery wasteland. Stunt scenes for action films are shot on the 2.3-kilometre-long asphalt loop.

The cultural initiative in the district of Düren organises the festival „Stage under the Stars" at Nideggen Castle.

2006

In Düren findet der erste Kinderkarnevalszug statt. Ab diesem Jahr wird sich der närrische Lindwurm jeweils am letzten Sonntag im Januar durch die Dürener Innenstadt winden.

In Jülich wird die „gute Stube" Haus Hesselman abgerissen.

Im Bahnhof Heimbach wird das Nationalparktor eröffnet.

Boris Becker, Henri Leconte, Charly Steeb und Patrick Kühnen gastieren auf Einladung des Kreises Düren in der Arena.

The first children's carnival procession takes place in Düren. From this year on the last Sunday in January the närrische Lindworm will wind its way through the city centre of Düren. In Jülich the „good parlour" Haus Hesselman is demolished.

The National Park Gate opens at Heimbach railway station.

Boris Becker, Henri Leconte, Charly Steeb and Patrick Kühnen make guest appearances in the arena at the invitation of the Düren district.

2007

„Brauweilers Max" ist Geschichte. Die Traditionskneipe reist jetzt im Container über die Annakirmes. Projektentwickler Hermann-Josef Schneider gibt bekannt, dass die Stadthalle in der Bismarckstraße zu einem Hotel ausgebaut wird. Gleichzeitig soll die Stadthalle als Versammlungsstätte genutzt werden können. 2008 erfolgt mit viel Rummel der Spatenstich.

Brauweiler's Max" is history. The traditional pub now travels in a container over the Annakirmes. Project developer Hermann-Josef Schneider announces that he wants to develop the Stadthalle (City Hall) into a hotel and at the same time use the Stadthalle as a meeting place. In 2008, the groundbreaking ceremony for the project takes place with much fanfare.

2008

Der Braunkohlenausschuss bei der Bezirksregierung Köln beschließt den Indesee. Damit bleibt dem Kreis Düren eine 90 Meter breite Bandtrasse zwischen den Tagebauen Hambach und Inden erspart.

Der Kreis Düren eröffnet landesweit als erster Kreis einen Pflegestützpunkt, in dem Pflegebedürftige und deren Angehörige Rat und Hilfe bekommen.

Herbert Grönemeyer tritt „Open Air" auf dem Parkplatz der Firma tedrive in Düren vor etwa 35 000 Zuschauern auf.

Die letzten vier Schwestern der „Schwestern des heiligen Franziskus, Töchter der heiligen Herzen Jesu und Mariä" verlassen nach 140 Jahren das St. Marien-Hospital in Birkesdorf und kehren in das Mutterhaus nach Salzkotten zurück.

The lignite committee at the Cologne district government decides on the Indesee. The district of Düren is thus spared a 90-metre-wide belt route between the Hambach and Inden opencast mines.

The district of Düren is the first district in the country to open a care support centre where people in need of care and their relatives can get advice and help.

Herbert Grönemeyer performs „Open Air" at the tedrive car park in Düren in front of about 35,000 spectators.

The last four nuns of the „Sisters of St. Francis, Daughters of the Sacred Hearts of Jesus and Mary" leave St. Mary's Hospital in Birkesdorf after 140 years and return to the motherhouse in Salzkotten.

2009

Monte mare, einer der größten Freizeitbadanbieter, übernimmt das kreiseigene Freizeitbad in Kreuzau.

In Berlin wird der Kreis Düren von der Bundesregierung als „Ort der Vielfalt" ausgezeichnet.

Erster Helfertag auf dem Annakirmesplatz mit Feuerwehr, Polizei, THW, DRK, MHD, ASB und vielen weiteren Hilfsorganisationen.

Der mit über 40.000 LED-Leuchten gespickte, 36 Meter hohe Indemann auf der Goltsteinkuppe am Rande des Tagebaus Inden, Wahrzeichen für den landschaftlichen Wandel in der Region, wird offiziell eröffnet.

Monte mare, one of the largest leisure pool providers, takes over the district's own leisure pool in Kreuzau.

In Berlin, the Düren district receives an award from the Federal Government as a „Place of Diversity".

First Helpers' Day at the Annakirmesplatz with fire brigade, police, THW, DRK, MHD, ASB and many other aid organisations.

The 36-metre-high Indemann on the Goltstein hilltop on the edge of the Inden open-cast mine, which is equipped with more than 40,000 LED lights and is a landmark for the landscape change in the region, is officially opened.

Es reicht! Im Bundeskanzleramt in Berlin übergeben Landrat Wolfgang Spelthahn und Städteregionsrat Helmut Etschenberg Kanzleramtsminister Ronald Pofalla eine Resolution, mit der über 50 Hauptverwaltungsbeamte aus der Region ein Ende der finanziellen Überforderung der Kommunen fordern.

September 2010: Im Kreishaus Düren verabschiedet die erste Regionale Verkehrskonferenz eine Resolution, in der die Region den Bau eines dritten Gleises zwischen Düren und Aachen fordert.

Im Automobiltestzentrum Aldenhoven beginnt die RWTH Aachen auf der Dynamikfläche mit ihren Fahrversuchen. Die Wissenschaftler entwickeln Automobiltechnologien von morgen.

Spatenstich für das neue Jobcenter an der Bismarckstraße, ehemals City-Bad.

Auf der Kläranlage „Merkener Busch" werden die drei Faultürme (Ostereier) und drei Blockheizkraftwerke, die etwa 75 % des benötigten Energiebedarfs erzeugen, in Betrieb genommen. Die Maßnahme kostet 23,5 Millionen Euro. Die Türme sind 28 m hoch und haben ein Fassungsvermögen von je 6000 Kubikmetern.

Eröffnung des Stadt- und Kreisarchives nach dem Umzug vom Rathaus in das Haus der Stadt.

Enough is enough! At the Federal Chancellery in Berlin, District Administrator Wolfgang Spelthahn and Councillor of the City Region Helmut Etschenberg hand over a resolution to Chancellor's Office Minister Ronald Pofalla, with which more than 50 chief administrative officers from the region demand an end to the financial overstretching of the municipalities.

September 2010: In the Düren District Hall, the first Regional Transport Conference adopts a resolution in which the region calls for the construction of a third track between Düren and Aachen.

At the Automobile Test Centre in Aldenhoven, RWTH Aachen University begins its driving tests on the dynamics area. The scientists are developing automotive technology of tomorrow.

Groundbreaking ceremony for the new job centre on Bismarckstraße, formerly City-Bad.

At the „Merkener Busch" sewage treatment plant, the three digestion towers (Easter eggs) and three combined heat and power plants, which generate about 75 % of the required energy, are put into operation. The measure cost 23.5 million euros. The towers are 28 m high and have a capacity of 6000 cubic metres each.

Opening of the City and District Archives after the move from the Town Hall to the Haus der Stadt (City House).

Im Schloss Bellevue unterzeichnen Landrat Wolfgang Spelthahn und sein Amtskollege Viktor Azarov aus Mytischtschi vor den Augen von Bundespräsident Christian Wulff die Partnerschaftsurkunde ihrer Kreise.

Vor dem Leopold-Hoesch-Museum in Düren wird die 80 Tonnen schwere Steinskulptur „Ursprung", die aus „Anröchter Dolomit" besteht, vom Künstler Ulrich Rückriem installiert.

In der ehemaligen Stadtgärtnerei in Düren wird von der chinesischen Partnerstadt Jinhua in China ein Glückspavillon von chinesischen Arbeitern errichtet.

Die Stadtwerke Düren (SWD) erklären, dass Merzenich und Düren 3,2 Millionen Kubikmeter Trinkwasser aus der Wehebachtalsperre beziehen werden. Das Wasserwerk in Obermaubach bleibt in Reserve bestehen. Das Wehebachwasser ist weniger belastet und braucht daher weniger Aufbereitung.

„Blauhelme" an der Rur: 170 blaue Fahrradhelme mit dem Kreis Düren-Schriftzug und dem Logo des Sponsors Sparkasse Düren gibt es für die Teilnehmer des Radaktionstag des Kreises.

Stadt Düren und Kreis legen ihre Ausländerbehörden im Kreishaus zusammen.

In Bellevue Palace, District Administrator Wolfgang Spelthahn and his counterpart Viktor Azarov from Mytischi sign the partnership certificate of their districts in front of the eyes of Federal President Christian Wulff.

In front of the Leopold-Hoesch-Museum in Düren, the 80-ton stone sculpture „Ursprung", made of „Anröchter Dolomit", is installed by the artist Ulrich Rückriem.

In the former city garden centre in Düren, a happiness pavilion is erected by Chinese workers from the Chinese twin city of Jinhua in China.

The Düren municipal utility (SWD) declares that Merzenich and Düren will draw 3.2 million cubic metres of drinking water from the Wehebach-Reservoir. The waterworks in Obermaubach will remain in reserve. The Wehebach water is less polluted and therefore needs less treatment.

„Blue helmets" on the Rur: 170 blue bicycle helmets with the Kreis Düren lettering and the logo of the sponsor Sparkasse Düren were given to the participants of the district's bicycle action day.

The city of Düren and the district combine their Foreigners Authorities (Ausländerbehörden) in the district house.

2012

An einem Windrad zwischen Düren und Merzenich bricht nach einem Blitzeinschlag am Vortag ein Rotorblatt ab. Der Sockel bleibt jahrelang stehen. Erst 2016 wird ein neues Windrad aufgebaut.

Düren räumt sein Rathaus aus und verpackt es. Drei Jahre wird die Sanierung dauern.

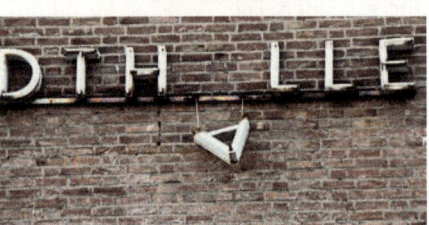

A rotor blade breaks off a wind turbine between Düren and Merzenich after a lightning strike the day before. The base remained standing for years. It was not until 2016 that a new wind turbine was erected.

Düren clears out its town hall and packs it away. The renovation will take three years.

2013

Das Dürener CometCinema wechselt den Besitzer. Das Lichtspieltheater nennt sich nun „Das Lumen" und hat acht Kinos.

Der Projektentwickler Hermann-Josef Schneider teilt mit, das Erbbaurecht nebst aufstehender Immobilie der Stadthalle verkauft zu haben. Die Pläne des neuen Eigentümers, neben einem Hotel auch Einzelhandelsflächen zu schaffen, werden von der Politik abgelehnt.

The CometCinema in Düren changes hands. The cinema is now called „Das Lumen" and has eight cinemas.

The project developer Hermann-Josef Schneider announces that he has sold the hereditary building right together with the upcoming property of the Stadthalle. The new owner's plans to create retail space in addition to a hotel are rejected by the politicians.

2014

Das neue Autobahnteilstück von Düren nach Köln zwischen Ellen und Elsdorf wird in Fahrtrichtung Köln freigegeben, somit auch die neue Autobahnauffahrt in Merzenich Richtung Köln.

Krankenhaus-Geschäftsführer Gereon Blum und Hartmut Krabs-Höhler, Vorsitzender des DRK-Landesverbands Nordrhein, unterzeichnen eine bislang in Nordrhein-Westfalen einmalige Kooperationsvereinbarung.
Erstmals richtet das DRK an einem Akutkrankenhaus eine Berufsfachschule für den Rettungsdienst ein.

The new motorway section from Düren to Cologne between Ellen and Elsdorf is opened in the direction of Cologne, and so is the new motorway slip road in Merzenich in the direction of Cologne.

Hospital Managing Director Gereon Blum and Hartmut Krabs-Höhler, Chairman of the DRK North Rhine Regional Association, sign a cooperation agreement that is so far unique in North Rhine-Westphalia.
For the first time, the DRK is setting up a vocational school for rescue services at an acute hospital.

2015

Erster Spatenstich für den Anbau an das Verwaltungsgebäude des Wasserverbandes Eifel-Rur an der Josef-Schregel-Straße. Baukosten: fünf Millionen Euro.

Der Bördeexpress wird zur Eifel-Bördebahn und verkehrt an Sonn- und Feiertagen viermal täglich ganzjährig auf der Strecke Düren-Euskirchen und zurück als RB 28.

Groundbreaking ceremony for the extension to the administrative building of the Eifel-Rur Water Board on Josef-Schregel-Straße. Construction costs: five million euros.

The Bördeexpress becomes the Eifel-Bördebahn and runs four times a day on Sundays and public holidays all year round on the Düren-Euskirchen route and back as RB 28.

2016

Grundsteinlegung für die Erweiterung und den Neubau des Papiermuseums in Düren.
Der Wasserverband baut an der Talsperre Schwammenauel einen neuen Grundablass ein.
Höhner und Circus Roncalli gastieren in Düren.

Grundsteinlegung für die Erweiterung und den Neubau des Papiermuseums in Düren.

Der Wasserverband baut an der Talsperre Schwammenauel einen neuen Grundablass ein.

The 'Höhner' and Circus Roncalli make guest appearances in Düren.

2017

Nachdem die Dürener Stadthalle Geschichte ist, beginnt der Neubau des Bismarck-Quartiers. Die Tour de France kreuzt den Kreis. Beim Papiermuseum wird derweil schon das Richtfest gefeiert und auch über dem Neubau des Gebäudes des Rhein. Blindenfürsorgevereins (RBV) Ecke Schoellerstraße/Roonstraße hängt der Richtkranz.

Der Schriftzug RWE auf dem Bürogebäude Neue Jülicher Straße wird durch WESTNETZ ersetzt.

Now that the Düren Stadthalle is history, the new construction of the Bismarck Quarter is beginning. The Tour de France crosses the county. Meanwhile, the toppingout ceremony is being celebrated at the Paper Museum and the toppingout wreath is also hanging over the new building of the Rhein. Blindenfürsorgeverein (RBV) (Blind Welfare Association) building on the corner of Schoellerstraße and Roonstraße. The RWE logo on the Neue Jülicher Straße office building is replaced by WESTNETZ.

2018

Ein weiteres Stück Alt-Düren geht verloren: Das erste Elektrizitätswerk der Stadt Düren von 1901 an der Ecke Paradiesstraße / Glashüttenstraße wird abgerissen.

Bei Neapco beginnt die Produktion des Streetscooters.

Das Papiermuseum wird im September eröffnet und im Dezember folgt das im Bismarck-Quartier beheimatete Dorint-Hotel.

Another piece of old Düren is lost: the first electricity plant of the city of Düren from 1901 on the corner of Paradiesstraße / Glashüttenstraße is demolished.

Production of the Streetscooter begins at Neapco.

The paper museum opens and in December the Dorint Hotel, located in the Bismarck Quarter, follows.

2019

Die Bördebahn fährt an Werktagen zwischen 6 und 20 Uhr alle zwei Stunden fahrplanmäßig von Düren nach Euskirchen.

Der Weihnachtsmarkt findet vor dem Leopold-Hoesch-Museum mit Riesenrad statt.

Beim Nibirii-Festival am Badesee feiern 15 000 Musikfans.

The Bördebahn runs every two hours on weekdays between 6 am and 8 pm from Düren to Euskirchen.

The Christmas market takes place in front of the Leopold Hoesch Museum with a Giant wheel.

At the Nibirii Festival at the bathing lake, 15,000 music fans celebrate.

2020

Keine Annakirmes. Coronabedingt gibt es ein „Sommer-Special" mit gesteuertem Zugang.

Der 1. FC Düren spielt im DFB-Pokal 2020/21 in der Allianz-Arena in München gegen den FC Bayern München und verliert dort 0:3.

Stadt und Kreis unterschreiben den Kaufvertrag über das 32 000 Quadratmeter große Gelände zwischen der Schoellerstraße und der Lagerstraße.

No Annakirmes. Due to Corona, there is a „summer special" with controlled access.

The 1st FC Düren plays against FC Bayern Munich in the DFB Cup 2020/21 in the Allianz Arena in Munich and loses 0:3 there.

The city and district sign the purchase contract for the 32,000 square metre site between Schoellerstraße and Lagerstraße.

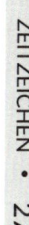

2021

Über 40 Jahre hat es gedauert: Jetzt kann man mit dem Auto einen Bogen um Düren machen. Die B 56n ist für den Verkehr freigegeben. Die Corona-Pandemie hat die Nation im Griff. In den ersten sechs Monaten kommt das öffentliche Leben zum Stillstand.

Land unter an der Rur. Nach den heftigsten Regenfällen seit Menschengedenken laufen alle Talsperren über und fluten, besonders im Raum Jülich, den Kreis.

It took over 40 years: now you can drive around Düren, the B 56n is open to traffic. The Corona pandemic has the nation in its grip. Public life comes to a standstill in the first six months.

Land under water on the Rur. After the heaviest rainfall in living memory, all the dams overflow and flood the district, especially in the Jülich area.

MUSEEN & KULTUR

Unterschiedlicher können museale Welten nicht sein. Während das Dürener Leopold-Hoesch-Museum unzweifelhaft mit seinen Sammlungen der Star der Szene an der Rur ist und über einen gewaltigen Fundus verfügt, fristet das „Minimuseum" bei Vettweiß-Soller sein Dasein quasi im Straßengraben. Dabei ist das „Minimuseum" eines der kleinsten Museen weltweit.

Nun ja, viel zu sehen gibt es in dem Kleinod – hinter der meist verschlossenen Tür – nicht, außer einem Stück römischer Wasserleitung, die zu einem technischen Meisterwerk der Antike zählt, dem Drover-Berg-Tunnel. Damals „zapften" die Römer eine kleine Quelle, genannt der „Heilige Pütz" bei Drove, an und transportierten das saubere Wasser durch einen 1660 Meter langen Tunnel unter dem Berg hindurch bis nach Soller. Eine beachtliche Ingenieur-Leistung, das Tunnelbauwerk ist das größte seiner Art nördlich der Alpen.

Das Leopold-Hoesch-Museum ist 1905 eröffnet worden. Benannt ist es nach dem Industriellen Leopold Hoesch. Dieser

Das Papiermuseum Düren bei Nacht und ein Blick in die Ausstellung (oben und unten). Das „Minimuseum" mit dem Stück einer römischen Wasserleitung ist eines der kleinsten Museen der Welt.

Links: Teil der Hubertus-Schoeller-Stiftung im Leopold-Hoesch-Museum die die ZERO-Bewegung und Konkrete Kunst zum Gegenstand hat.

The Düren Paper Museum at night and a view of the exhibition (above and below). The „minimuseum" with a piece of a Roman water pipe is one of the smallest museums in the world.

Left: Part of the Hubertus Schoeller Foundation in the Leopold Hoesch Museum which focuses on the ZERO movement and Concrete Art.

Museum worlds could not be more different. While the Leopold Hoesch Museum in Düren is undoubtedly the star of the scene on the Rur with its collections and has an enormous fund, the „minimuseum" near Vettweiß Soller virtually ekes out an existence in the ditch. Yet the „Minimuseum" is one of the smallest museums in the world.

Well, there is not much to see in the gem, except for a piece of Roman water conduit, which is one of the technical masterpieces of antiquity, the Drove Mountain Tunnel. Back then, the Romans „tapped" a small spring, the „Heilige Pütz" near Drove, and transported the clean water through a 1,660metre tunnel under the mountain to Soller. A remarkable engineering feat, the tunnel structure is the largest of its kind north of the Alps.

The Leopold Hoesch Museum was opened in 1905. It is named after the industrialist Leopold Hoesch. He founded the Hoesch AG iron and steel works in Dortmund in 1871. Leopold Hoesch died in 1899 and his son later donated 300,000 marks to the city of Düren

hatte 1871 in Dortmund das Eisen- und Stahlwerk Hoesch AG begründet. Leopold Hoesch starb 1899. Sein Sohn schenkte später der Stadt Düren 300 000 Mark für die Errichtung eines Museums. Im Krieg ging die Sammlung von Werken zeitgenössischer Künstler verloren. Seit den 50er Jahren wurde eine neue Sammlung aufgebaut. Wie zu Beginn, Anfang des 20. Jahrhunderts, profitiert das Museum von starkem Mäzenatentum. Es beherbergt drei private Stiftungen: Die Günther-Peill-Stiftung, die Josef-Zilcken-Stiftung und die Hubertus-Schoeller-Stiftung. Der Neubarocke Altbau wurde 2010 um einen Anbau, das "Günther Peill Forum", erweitert.

Erst wenige Jahre alt ist das neue Papiermuseum in Düren. Der mutige Baukomplex erinnert außen an eine Papierfaltung. Innen barrierefrei und sehr straight gestaltet, gibt es alle nur erdenklichen Informationen zum „Stoff" der seit Jahrhunderten an der Rur von zentraler Bedeutung ist. Die Besucher erfahren, dass heute Papier längst nicht mehr nur zum Beschreiben, Verpacken oder Basteln genutzt wird.

Papier ist „erwachsen" geworden und findet immer mehr Eingang in hoch-technisierte Welten. So nutzt man heute Papier ebenfalls als Baustoff und auch im Automobilbau hat das Papier „tragende" Rollen übernommen.

Blick auf das Bergbau-Museum Aldenhoven, Glaskunst im Garten des Glasmalerei-Museums und Kinderbesuch im Dürener Feuerwehrmuseum.

View of the Aldenhoven Mining Museum, glass art in the garden of the Stained Glass Museum and children's visit to the Düren Fire Brigade Museum.

for the establishment of a museum. The collection of works by contemporary artists was lost during the war. Since the 1950s, a new collection has been built up. As in the beginning, at the beginning of the 20th century, the museum benefits from strong patronage. It is home to three private foundations: The Günther Peill Foundation, the Josef Zilcken Foundation and the Hubertus Schoeller Foundation. An extension, the „Günther Peill Forum", was added to the neobaroque old building in 2010.

The new paper museum in Düren is only a few years old. The bold building complex is reminiscent of a paper fold on the outside. Inside, barrierfree and very straight, there is all kind of information about the „material" that has been the focus of attention on the Rur for centuries. Visitors learn that paper is no longer just used for writing, packaging or handicrafts.

Paper has „grown up" and is increasingly finding its way into highly technical worlds. Today, paper is also used as a building material and has also taken on „supporting" roles in automobile construction.

The gap between the LeopoldHoesch-Museum and the Minimuseum is full to bursting in the district of Düren. With the International Art Academy in Heimbach as the southernmost „art point" and the German Stained Glass Museum in Linnich in the north, one has the opportunity to visit the Nideggen Castle Museum, various town and local museums, the Zitadelle Museum,

Rechts: 2010 kam Otto Piene, bekannt als Wegbereiter der Licht- und Feuerkunst, nach Düren, um seine Installation „Lichtraum", anlässlich der Eröffnung der Erweiterung des Leopold-Hoesch-Museums zu realisieren. Dank der Unterstützung der Kunststiftung NRW wurde dieses bedeutende Werk von der Hubertus Schoeller Stiftung erworben und ist den Museumsbesuchern dauerhaft zugänglich.

Right: In 2010, Otto Piene, known as a pioneer of light and fire art, came to Düren to realise his installation „Lichtraum" (Lightdream), on the occasion of the opening of the extension to the Leopold Hoesch Museum. Thanks to the support of the Kunststiftung (art foundation) NRW, this important work was acquired by the Hubertus Schoeller Foundation and is permanently accessible to museum visitors.

Kurz nach seinem Tod zeigte die Internationale Kunstakademie Heimbach eine viel beachtete Rizzi-Ausstellung. Sogar das Rad, mit dem der Künstler durch New York cruiste, gab es zu sehen. Das Dürener Stadtmuseum bietet tiefe Blicke in die Vergangenheit. So gibt es einen Modell-Nachbau der mittelalterlichen Stadt und Einblicke in das Leben anno dazumal.

Shortly after his death, the International Academy of Art in Heimbach held a highly acclaimed Rizzi exhibition. Even the bicycle on which the artist cruised through New York was on display.

The Düren City Museum offers a deep look into the past. There is a model replica of the medieval town and insights into life in those days.

Die Lücke zwischen Leopold-Hoesch-Museum und Minimuseum ist im Kreis Düren prall gefüllt. Mit der Internationalen Kunstakademie in Heimbach als südlichster „Kunstpunkt" und dem Deutschen Glasmalerei-Museum in Linnich im Norden hat man die Möglichkeit, das Burgenmuseum Nideggen, verschiedene Stadt- und Heimatmuseen, das Museum Zitadelle, das Bergbaumuseum, das Feuerwehrmuseum und das Karnevalsmuseum oder das Museum Europäischer Kunst in Nörvenich zu besuchen.

Nicht zu vergessen das Töpfereimuseum in Langerwehe, das Museum „Hürtgenwald 1944 und im Frieden" oder die Ausstellung des Landschaftsverbandes Rheinland in Titz, das nach vielen Grabungen Einblicke in die Geschichte, des Kreises Düren bietet.

the Mining Museum, the Fire Brigade Museum and Carnival Museum or the Museum of European Art in Nörvenich. Not to forget the pottery museum in Langerwehe, the museum „Hürtgenwald 1944 und im Frieden" (Hürtgenwald 1944 and in peace) or the exhibition of the Landschaftsverband Rheinland (Rhineland Regional Association) in Titz, which offers insights into the history of the district of Düren after many excavations.

The „German Museum of Stained Glass" in Linnich is the only one of its kind in Germany. It shows historical and contemporary exhibits by various glass artists in changing exhibitions.

The museum is housed in a former water mill that was powered by the mill pond outside the former town gates of Linnich.

Tausende Orden, Kostüme und Uniformen bestaunt man im Karnevalsmuseum in Lendersdorf.

Schloss Nörvenich beherbergt das Museum Europäischer Kunst.

Zurück bis in die Antike führt der Rundgang in den Gewölben der Zitadelle in Jülich.

Thousands of medals, costumes and uniforms can be admired in the Carnival Museum in Lendersdorf.

Nörvenich Castle houses the Museum of European Art.

The tour in the vaults of the citadel in Jülich takes you back to ancient times.

Das „Deutsche Glasmalerei-Museum" in Linnich ist das einzige seiner Art in Deutschland. Es zeigt in wechselnden Ausstellungen historische und zeitgenössische Exponate verschiedener Glaskünstler. Das Museum ist in einer ehemaligen Wassermühle beheimatet, die vor den ehemaligen Stadttoren Linnichs durch den Mühlenteich angetrieben wurde. Auch heute noch fließt der Abzweig der Rur unter dem Museum hindurch.

Even today, the branch of the Rur flows under the museum. There is 1,400 square metres of exhibition space on eight levels. In a small workshop, the museum offers an insight into the creation of glass paintings and works of glass art.

The exhibition of the late New York artist James Rizzi in the rooms of the International Academy of Art at Hengebach Castle experienced a huge rush of visitors. Rizzi had died shortly before.

The castle museum in Nideggen immerses visitors in the world of the knights. On several floors of the keep you learn all the secrets, and you can look into the dungeon as well as the bower.

Auf acht Ebenen stehen 1400 Quadratmeter Ausstellungsfläche zur Verfügung. Das Museum bietet in einer kleinen Werkstatt Einblick in Entstehung von Glasmalereien und Glaskunstwerken.

Die Ausstellung des verstorbenen New Yorker Künstlers James Rizzi in den Räumen der Internationalen Kunstakademie auf Burg Hengebach erlebte einen riesigen Besucheransturm. Rizzi war kurz zuvor gestorben.

Das Burgenmuseum in Nideggen lässt die Besucher in die Welt der Ritter eintauchen. Auf mehreren Etagen des Bergfrieds erfährt man alle Geheimnisse, und man blickt sowohl in den Kerker wie in die Kemenate.

Das Stadtmuseum Düren ist ein recht lebendiges Museum. Ein reges Team interessierter Dürener belässt es nicht dabei, allerhand Dinge aus der Vergangenheit zu sammeln und auszustellen. Die Forschung zu den verschiedenen Phasen der Stadtgeschichte nimmt breiten Raum ein und mündet in diversen Publikationen.

Eine Zeitreise erlebt man im Karnevalsmuseum. Neben Orden und Kostümen gibt es tiefe Einblicke in das närrische Brauchtum im Dürener Land.

Informationen zur Römerstraße „Via Belgica", eine Gemäldesammlung mit Werken des Künstlers Johann Wilhelm Schirmer und tiefe Einblicke in die Jülicher Stadtgeschichte über viele Jahrhunderte bietet das Museum Zitadelle Jülich. Ausgestellt sind auch viele alte Waffen.

Die gibt es ebenfalls im Museum „Hürtgenwald 1944 und im Frieden". Bewohner der Kampforte haben zusammengetragen, was auf der verbrannten Erde nach 1944 gefunden wurde.

Das Töpfereimuseum in Langerwehe zeigt nicht nur Objekte 1000 jähriger Töpfertradition. Es ist ein lebendiger Ort mit vielen Märkten und aktiven Töpfereien.

The pottery museum in Langerwehe not only displays objects from 1000 years of pottery tradition. It is a lively place with many markets and active potteries.

In Vossenack erinnert das Museum „Hürtgenwald 1944 und im Frieden" an die Kämpfe des Zweiten Weltkrieges. Waffen, allerdings aus dem Mittelalter, sind im Burgenmuseum ebenso präsent wie Ritter und die Burgfräuleins.

In Vossenack, the museum „Hürtgenwald 1944 and in Peace" recalls the battles of the Second World War.

Weapons, however, from Napoleonic times are present in the castle museum, as are knights and damsels.

The Düren City Museum is quite a lively museum. A lively team of interested Düren residents does not leave it at collecting and exhibiting all kinds of things from the past. Research into the various phases of the city's history takes up a lot of space. A journey through time can be experienced in the carnival museum. In addition to medals and costumes, there are deep insights into the carnival customs in the Düren region.

Information on the Roman road „Via Belgica", a collection of paintings by the artist Johann Wilhelm Schirmer and deep insights into the history of the town of Jülich over many centuries can be found in the Jülich Citadel Museum. There are also many old weapons.

These are also available in the museum „Hürtgenwald 1944 and in Peace". Residents of the battle sites have collected what was found on the scorched earth after 1944.

Zu einem international geschätztes Refugium hat sich das Heinrich-Böll-Haus in Langenbroich entwickelt. Seit 1989 wurde dort weit über 150 politisch verfolgten Künstlern und Autoren die Möglichkeit geboten, ihren Gedanken freien Lauf zu lassen. Das Heinrich-Böll-Haus ist Teil eines internationalen Netzwerkes von Institutionen, die politisch verfolgte Autorinnen und Autoren unterstützen.

Aus Afrika, Asien, Lateinamerika, Ost- und Südosteuropa stammen die Gäste, die in der Regel für vier Monate vom „Heinrich-Böll-Haus Langenbroich e.V." nach Langenbroich eingeladen werden. Bevorzugt angesprochen werden dabei besonders solche Künstlerinnen und

Künstler – Autoren, Maler oder Komponisten – deren Schaffen meist aus politischen Gründen in ihren Ländern behindert oder gar verhindert wird. Neben dem freien Aufenthalt in einer der vier Wohnungen im Heinrich-Böll-Haus werden die Gäste ebenfalls finanziell unterstützt.

Den symbolischen Grundstein zu dem heutigen „Heinrich-Böll-Haus Langenbroich e.V." legte Heinrich Böll als er 1974 Alexander Solschenizyn nach dessen Ausweisung in seinem Sommerhaus in Langenbroich aufnahm. (siehe auch Seite 106)

The Heinrich Böll House in Langenbroich has developed into an internationally appreciated refuge. Since 1989, well over 150 politically persecuted artists and authors have been given the opportunity to give free rein to their thoughts there. The Heinrich Böll House is part of an international network of institutions that support politically persecuted authors.

The guests, who are usually invited to Langenbroich for four months by the Heinrich Böll House Langenbroich e.V., come from Africa, Asia, Latin America, Eastern and South-Eastern Europe. Preference is given to artists - authors, painters or composers - whose work is usually hindered or even prevented for political reasons in their countries. In addition to the free stay in one of the four flats in the Heinrich Böll House, the guests are also supported financially.

Heinrich Böll laid the symbolic foundation stone for today's „Heinrich-Böll-Haus Langenbroich e.V." when he took in Alexander Solzhenitsyn in his summer house in Langenbroich in 1974 after his expulsion. (see also page 106)

Ein Fest der Kammermusik findet jährlich mit der Veranstaltung „SPANNUNGEN: Musik im RWE-Kraftwerk Heimbach" statt. Seit 1998 bieten unter der künstlerischen Leitung des Pianisten Lars Vogt international renommierte Künstler ein anspruchsvolles Programm zwischen alten Turbinen, glänzenden Messinginstrumenten und Art-Deco-Lampen in dem einmaligen Jugendstilkraftwerk. Der Veranstalter, der Kunstförderverein Kreis Düren e.V., setzt in dem eine Woche andauernden Konzertreigen allerdings nicht nur auf hochkarätige Künstler, sondern bindet ebenfalls die Jugend, sowohl auf der passiven wie auf der aktiven Seite ein.

Bereits 1961 fanden in Düren Jazztage statt. Bis 1968. 1991 erlebte der Veranstaltungsreigen eine Neugeburt und ist seitdem ein fester Bestandteil des jährlichen Kalenders in Düren. Jeweils von Mittwoch bis Sonntag schallen die Stimmen und Klänge bekannter Musiker durch die Stadt, von der Garage der Müllwagen beim Dürener Servicebetrieb bis in die Christuskirche. Zeitweise gab es sonntags eine Jazzparade, mit über 1000 teilnehmenden Musikern. Angeblich die größte ihrer Art in Europa.

A celebration of chamber music takes place annually with the event „SPANNUNGEN: Musik im RWE-Kraftwerk Heimbach". Since 1998, under the artistic direction of pianist Lars Vogt, internationally renowned artists have offered a demanding programme between old turbines, gleaming brass instruments and art deco lamps in the unique art nouveau power station. The organiser, the Kunstförderverein Kreis Düren e.V., is not only relying on top-class artists for the week long concert series, but is also involving young people, both passively and actively.

Jazz days were held in Düren as early as 1961. Until 1968. In 1991, the event was reborn and has since been a permanent fixture in the annual calendar in Düren. From Wednesday to Sunday, the voices and sounds of well-known musicians resound through the city, from the rubbish truck garage at Dürener Servicebetrieb to the Christuskirche. At times there was a jazz parade on Sundays, the largest of its kind in Europe with over 1000 musicians taking part.

Beim Kammermusikfestival SPANNUNGEN: greift ebenfalls der Nachwuchs in die Tasten. Der Dürener Kaiserplatz ist ein zentraler Ort bei den Jazztagen bei denen auch Harfenklänge, hier musiziert Andreas Vollenweider, zu hören sind.

At the chamber music festival SPANNUNGEN: young musicians also take up the keys. The Kaiserplatz in Düren is a central location for the Jazz Days, where the sounds of the harp, in this case Andreas Vollenweider, can also be heard.

Beim Dürener Annamarkt spielt die Stadt ihre Geschichte. Ritter werden aktiv, Schalmeien erklingen. Militärisch geht es bei den Schützen zu, in Jülich lebt die Zeit der Renaissance in Italien auf.

The town plays out its history at the Düren Annamarkt. Knights become active, shawms sound. The riflemen are military, and medieval Italy comes to life in Jülich.

Hunderte Feste ziehen alljährlich die Menschen an. Besonders beliebt sind Feiern, die in die Historie entführen, wie der Dürener Annamarkt oder das Epochenfest in Jülich. Festlich geht es bei den Schützen zu, die in fast jedem Dorf präsent sind. Immer gerne besucht werden die Stadtfeste und Märkte, die spezielle Angebote bieten oder wie der KuHaMa in Jülich nur von Frauen beschickt werden. Die Annakirmes ist der Besuchermagnet schlechthin.

Hundreds of festivals attract people every year. Particularly popular are celebrations that take you back in time, such as the Annamarkt or the Epochenfest in Jülich. The Schützen (marksmen), who are present in almost every village, have a festive atmosphere. The town festivals and markets are always popular, with special offers or, like the KuHaMa in Jülich, only attended by women. The Annakirmes is the visitor magnet par excellence.

Das Dürener Stadt-fest ist das Forum, bei dem sich die Vereine einem großen Publikum präsentieren. Sport, Spiel und Gesang stehen an.

Der Dürener Mai-markt ist einer der Spe-zial-Märkte mit eigenen Angeboten: Es gibt nichts, was es nicht gibt.

Karneval ist eine große Nummer an der Rur. Bis zum Ascher-mittwoch steht das Le-ben still. Dafür regnet es Konfetti und Kamelle.

Beim Stadtfest Jü-lich fühlen sich die Kin-der in ein Märchen von H. C. Andersen versetzt.

Mit einer Million Besucher schlägt die Annakirmes in Düren alle Rekorde.

The Düren town festival is the forum where the clubs present themsel-ves to a large audience.

Sports, games and singing are on the agen-da.

The Maimarkt is one of the special markets with its own offerings: There is nothing that do-esn't exist.

Carnival is a big thing on the Rur. Life stands still until Ash Wednesday. But it's rai-ning confetti and Kamelle (candies).

At the Jülich town festival, children feel trans-ported to a fairy tale by H. C. Andersen.

With one million visitors, the Annakirmes in Düren beats all records.

Auf der Rur bei Düren ermitteln die Rennenten jährlich ihre Meister. Der Erlös des Lions-Events kommt dem guten Zweck zu.

Musik ist bei den Jazztagen Trumpf, lokale Größen und internationale Namen spielen auf.

Beim KuHaMa stehen Frauen im Mittelpunkt, als Künstlerinnen oder mit ihrem Handwerk.

Der Badesee ist die ideale Location für Konzerte mit vielen Tausend Besuchern

On the Rur near Düren, the racing ducks determine their champions every year. The proceeds of the Lions event go to a good cause.

Music is the trump card at the Jazz Days, with local stars and international names playing.

At KuHaMa, women take centre stage, as artists or with their crafts.

The bathing lake is the ideal location for concerts with thousands of visitors.

INDUSTRIE

Spricht man im Kreis Düren über das Thema Industrie, führt kein Weg an den Vereinigten Industrieverbänden (VIV) vorbei. Der Zusammenschluss ist schon mehr als doppelt so alt wie der Kreis: 1918 wurde die „Vereinigung der Industriellen von Düren und Umgegend" gegründet. Unmittelbar nach Ende des Ersten Weltkrieges schlossen sich Vertreter von 77 Unternehmen zusammen, um gemeinsam als Industrie Fragen der Übergangswirtschaft zu behandeln. Dazu gehörte auch „die schwierige Frage der Verhütung einer Arbeitslosigkeit in der ersten Zeit der Umstellung der Betriebe von der Kriegswirtschaft auf die Friedenswirtschaft".

Die Industrie kämpfte zu jener Zeit mit Rohstoffknappheit, Kohlenmangel und Absatzschwierigkeiten und die Menschen sorgten sich um die Lebensmittelversorgung und ihren Lebensunterhalt. Die politischen Ereignisse der Nachkriegszeit und die Auswirkungen der Novemberrevolution waren auch in Düren zu spüren. Es galt, Unruhen zu vermeiden – eine Verantwortung, der sich die versammelten Unternehmensvertreter bewusst waren.

Heute vertreten die VIV, die ein Wirtschaftsverbund und Zusammenschluss von fünf fachlichen Arbeitgeberverbänden sind, rund 150 Unternehmen. Das Verbandsgebiet umfasst die Region Düren, Jülich, Euskirchen und Umgebung. Zu den Mitgliedern zählen überwiegend mittelständische Industrieunternehmen aus der Metall-, Papier- und Textilindustrie, der Chemischen Industrie und aus anderen Branchen. Mit über 20 000 Beschäftigten erwirtschaften die Mitgliedsunternehmen der VIV jährlich einen Umsatz von mehr als vier Milliarden Euro.

Der Aufgabenbereich umfasst die Beratung der Mitglieder in puncto Tarif- und Sozialpolitik, beim Arbeitsrecht, hinsichtlich der Arbeitswirtschaft, der Bildungs- und Öffentlichkeitsarbeit.

Unter dem Vorsitz von Hans-Helmuth Schmidt und der Geschäftsführung von Dr. Stefan Cuypers ist der VIV heute unter der Adresse Tivolistraße 76 in der 1893 vom Fabrikanten Karl Schleicher erbauten neobarocken Villa beheimatet.

Vorherige Seite: Auch wenn heute meist fast saubere heiße Luft aus den Kaminen strömt, sind „Rauchende Schlote" ein gutes Zeichen. Das Bild zeigt den Blick vom Burgberg bei Bergstein über die Niederauer Mühle in Kreuzau und das Marienkloster, den Dürener Stadtwald, die Hochhäuser am Miesheimer Weg bis zur Ville und dem Kraftwerk Neurath. Rechts im Bild die Pfarrkirche St. Laurentius Merzenich.

Das Haus der Industrie in Düren. Die neobarocke Villa wurde vom Industriellen Karl Schleicher um 1893 erbaut.

The House of Industry in Düren. The neobaroque villa was built by the industrialist Carl Schleicher around 1890.

If you talk about industry in the district of Düren, there is no way around the United Industrial Associations (VIV). The association is already more than twice as old as the district: The „Association of Industrialists of Düren and the Surrounding Area" was founded in 1918.

Immediately after the end of the First World War, representatives of 77 companies joined together in order to deal with issues of the transition economy as an industry.

This also included „the difficult question of preventing unemployment in the initial period of the conversion of businesses from the war economy to the peace economy".

Industry at that time was struggling with shortages of raw materials, coal shortages and sales difficulties, and people were worried about food supplies and their livelihoods.

The political events of the postwar period and the effects of the November Revolution were also felt in Düren. The aim was to avoid unrest - a responsibility that the assembled company representatives were well aware of.

Today, the VIV, which is a business association and federation of five professional employers' associations, represents about 150 companies.

The association's territory covers the region of Düren, Jülich, Euskirchen and the surrounding area.

The members are mainly medium-sized industrial companies from the metal, paper and textile industries, the chemical industry and other sectors.

With well over 20,000 employees, the member companies of the VIV generate an annual turnover of more than four billion euro.

Its tasks include advising members on collective bargaining and social policy, labour law, labour economics, education and public relations. Under the chairmanship of Hans-Helmuth Schmidt and the management of Dr. Stefan Cuypers, the VIV today has its home at 76 Tivolistraße, in the neobaroque villa built by the factory owner Karl Schleicher in 1893.

Previous page: Even though today almost pure hot air usually flows out of the chimneys, „smoking chimneys" are a good sign. The picture shows the view from the Burgberg near Bergstein over the Niederau mill in Kreuzau and the Marienkloster monastery, the Düren city forest, the highrise buildings on Miesheimer Weg to Sophienhöhe and the Neurath power station. On the right, the parish church of St. Laurentius Merzenich.

Mit fast 900 weltweit tätigen Mitarbeitern an insgesamt sechs Produktionsstätten ist die GKD-Gebr. Kufferath AG einer der Global-Player an der Rur. Die technische Weberei wurde 1925 gegründet und befindet sich bis heute im Eigentum der Familie.

Die Branchen, für die GKD Lösungen entwickelt und bereit hält, reichen von der Automobil-, Luft- und Raumfahrtindustrie, der Medizin- und Umwelttechnik, über Rohstoffe und Bergbau, bis zu Chemie-, Pharma-, Nahrungsmittel- und Textilindustrie. Auch die holz- und papierverarbeitende Industrie und Anwendungen in Architektur und Design sind zu nennen.

Während die rein technischen Gewebe vielfach im „Verborgenen", etwa für Trenntechnik oder Filtration, eingesetzt werden, sind es die Architekturgewebe, mit denen das Dürener Unternehmen in den letzten Jahrzehnten immer wieder international für Aufsehen gesorgt hat. So haben die Metallgewebe und die von GKD mit entwickelten transparenten Medienfassaden etlichen markanten Gebäuden ein unverwechselbares „Gesicht" gegeben.

Edelstahl-Gewebeverkleidungen aus Düren von GKD an der Universität Lausanne (oben) oder dem Elwick Place Einkaufszentrum in Ashford.
Unten: Blick in die riesige Produktionshalle für Prozessbänder.

Stainless steel-mesh cladding from Düren by GKD at The University of Lausanne (above) or Elwick Place Shopping Centre in Ashford.
Below: View into the huge production hall for process belts.

With almost 900 employees worldwide at a total of six production sites, GKD - Gebr. Kufferath AG is one of the global players on the Rur.

The technical weaving mill was founded in 1925 and is still owned by the family today.

The industries for which GKD develops and provides solutions range from the automotive, aerospace, medical and environmental technology, raw materials and mining, chemical, pharmaceutical, food and textile industries to the wood and paper processing industry and applications in architecture and design.

While the purely technical meshes are often used in „hidden" applications such as separation technology or filtration, it is the architectural meshes with which the Düren-based company has repeatedly caused an international stir in recent decades.

The metal meshes and transparent media façades developed by GKD have given many striking buildings an unmistakable „face".

KANZAN Spezialpapiere GmbH in Düren veredelt mit seinen rund 300 Beschäftigten Papier zur Nutzung in Thermodruckern und für die Bedruckung im Inkjet-Verfahren. Den Produkten aus Düren begegnet man täglich. Der Parkscheinautomat spuckt intelligentes Papier aus und der Lottoschein dokumentiert die Glückszahlen per Thermodruck. Und überall dort, wo Etiketten individuelle Informationen über den Inhalt zeigen - vom Paket bis zum TK-Hähnchen - kommt das Papier aus Düren.

KANZAN ist Teil der Oji Group, dem größten japanischen Papierhersteller, der

KANZAN Spezialpapiere GmbH (special paper) in Düren employs around 300 people and refines paper for use in thermal printers and for inkjet printing. The products from Düren are encountered every day.

The parking ticket machine spits out intelligent paper and the lottery ticket documents the lucky numbers by thermal printing.

And wherever labels show individual information about the contents - from parcels to frozen chicken - the paper comes from Düren.

KANZAN is part of the Oji Group, Japan's largest paper manufacturer, with 36,000 em-

mit 36 000 Mitarbeitern einen Jahresumsatz von rund 13 Milliarden Euro erzielt. Die Oji-Gruppe ist der weltweit führende Hersteller von Thermopapieren.

Das Unternehmen ist in Düren an einer geschichtsträchtigen Stelle beheimatet. Der Standort „Neumühl" an der Nippesstraße ist der Ort, an dem Rütger von Scheven am 9. Juli 1710 die Konzession zum Bau der ersten Papiermühle erhielt.

ployees and an annual turnover of around 13 billion euro.

The Oji Group is the world's leading manufacturer of thermal papers.

The company is located in Düren at a place steeped in history. The „Neumühl" site on Nippesstraße is where Rütger von Scheven was granted the concession to build the first paper mill on 9 July 1710.

Die SCHOELLERSHAMMER GmbH produziert Basispapiere für die Wellpappenfabrikation. Der boomende Onlinehandel hat dem Werk einen erheblichen Schub gegeben. Mit der neuen Papiermaschine 6 wird der „Hammer" dieser gestiegenen Nachfrage aus ganz Europa gerecht. 2020 hat das Unternehmen mit über 250 Beschäftigten 530 000 Tonnen Papier produziert. Dabei kamen 600 000 Tonnen Altpapier zum Einsatz, das so erneut Verwendung fand.

Zwei Papiermaschinen sind rund um die Uhr im Einsatz. Sie fertigen pro Tag und Maschine rund 1 500 Kilometer Papier in verschiedenen Qualitäten zwischen 80 Gramm und 180 Gramm pro Quadratmeter.

Seit 1784 ist SCHOELLERSHAMMER im Familienbesitz. Dabei sind Integrität und der Respekt für Menschen und Natur die Eckpfeiler der Unternehmenspolitik. So wird das in der Abwasserreinigungsanlage entstehende Biogas zur Erzeugung von regenerativem Strom genutzt. SCHOELLERHAMMER wurde mit der EcoVadis Medaille in Gold ausgezeichnet.

SCHOELLERSHAMMER GmbH produces base papers for corrugated board production. The booming online trade has given the mill a considerable boost. With the new paper machine 6, Hammer is meeting this increased demand from all over Europe.

In 2020, the company produced 530 000 tonnes of paper with over 250 employees. In the process, 600 000 tonnes of waste paper were used, which was thus put to use again.

Two paper machines are in operation around the clock. They produce around 1, 500 kilometres of paper per day and machine in various qualities between 80 grams and 180 grams per square metre.

SCHOELLERSHAMMER has been family-owned since 1784. Integrity and respect for people and nature are the cornerstones of the company's policy.

For example, the biogas produced in the wastewater treatment plant is used to generate renewable electricity. SCHOELLERHAMMER was awarded the EcoVadis Gold Medal.

SCHOELLERSHAMMER

The Heimbach Group has been a partner to the paper industry for 210 years. Around 1250 employees work for the Düren based company at eight locations. Thomas Josef Heimbach founded a textile company in Düren's Oberstraße which, in addition to clothing cloth, also started producing handmade felts for paper production.

To dewater the paper, the rapidly growing paper industry needed more and more paper machine felts and so it was Heimbach which concentrated on their production.

In addition to paper machine coverings, Heimbach also produces other technical textiles for use around the world.

Seit 210 Jahren ist die Heimbach Gruppe Partner der Papierindustrie. Neben Bespannungen für Papiermaschinen sind es technische Textilien, die Heimbach heute weltweit zum Einsatz bringt. Die rund 1250 Mitarbeiter sind an neun Standorten für das Dürener Unternehmen aktiv.

They are used in many different ways in the food, chemical, construction, wood and automotive industries. Every day, everyone comes into contact with products that Heimbach may have been involved in manufacturing.

Thomas Josef Heimbach hat, zunächst mit der Absicht, Berufskleidung herzustellen, die Firma in der Dürener Oberstraße gegründet. Rasch erkannte er, dass die Papierindustrie Filz benötigte, um das frische Papier vom Wasser zu trennen. In der Folge entwickelte sich Heimbach zur größten Filztuchfabrik Europas.

Technische Textilien von Heimbach finden Verwendung in der Lebensmittel-, Chemie-, Bau- oder Autoindustrie. Somit kommt jeder täglich mit Produkten in Berührung, an deren Herstellung Heimbach eventuell beteiligt war.

Carl KRAFFT & Söhne GmbH & Co. KG ist besser bekannt unter dem Begriff KRAFFT WALZEN. 2020 feierte der Spezialist für Walzen und Zylinder sein 150 jährigen Betriebsjubiläum.

Das Unternehmen befindet sich seit der Gründung im Familienbesitz und wird heute in der fünften Generation geführt.

Hatte Carl Krafft ursprünglich komplette Papiermaschinen gefertigt, konzentrierte sich das Unternehmen später auf Spezialitäten wie die „Nebel-Wickelpappenmaschine" und schließlich auf Walzen für verschiedenste industrielle Anwendungen.

So kommen KRAFFT WALZEN heute nicht nur in der Papierbranche zum Einsatz. Von der Spanplatte bis zum Rollenprüfstand der Formel1, bei der Herstellung und Beschichtung von Laminatfußböden oder bei der Produktion hoch anspruchsvoller Folien für Bildschirme und Displays sorgt KRAFFT WALZEN für Qualität.

Einen Namen hat sich KRAFFT WALZEN auch im Bereich des Sport-Sponsoring gemacht. Viele bekannte Fahrer und Teams im Motorsport wurden besonders durch den Seniorchef Eberhard Iless unterstützt.

Carl KRAFFT & Söhne GmbH & Co. KG is better known as KRAFFT WALZEN.

In 2020, the specialist for rollers and cylinders celebrated its 150th anniversary. The company has been family-owned since its foundation and is now managed by the fifth generation.

While Carl Krafft originally manufactured complete paper machines, the company later concentrated on facilities for specific purposes such as the „Nebel winding board machine" and finally on rollers for a wide range of industrial applications.

Today, KRAFFT WALZEN are not only used in the paper industry. From simple chipboard to the Formula 1 roller test bench, in the production and coating of laminate flooring or in the production of highly demanding films for screens and displays, KRAFFT WALZEN ensure quality.

KRAFFT WALZEN has also made a name for itself in the field of sports sponsoring. Many wellknown drivers and racing teams in motor sports have been supported in particular by senior boss Eberhard Iless.

Whether it's milk, tomato sauce or orange juice: the probability of holding a product in your hand whose roots lie in Linnich is high. After all, up to 30 million beverage cartons leave the SIG production plant every day.

SIG is a system and solution provider for aseptic packaging and is one of the world's largest manufacturers of beverage cartons and the associated filling machines. SIG employs over 5,500 people worldwide and supplies customers in more than 60 countries.

In 2020, SIG produced 38 billion cartons and achieved a turnover of 1.8 billion euro. SIG employs around 1,500 people at its Linnich site. On average, the company produces between 25 and 30 million carton sleeves there per day.

SIG was founded in 1853 and its headquarters are located in Neuhausen, Switzerland. The company has packaging material plants in Australia, Brazil, China, Austria, Saudi Arabia, Thailand and at two locations in Germany - one of which is in Linnich.

The Linnich plant was founded in 1958 as the „Papier- und Kunststoffwerke Linnich GmbH"(PKL).

In 1962, PKL introduced the brickshaped „blocpak" system and the associated filling machines. In 1975, PKL presented the „combibloc" packaging system for the aseptic filling of beverages. Starting with milk and juices, soups, sauces, tomato products, water, wine or pudding were later also filled into SIG carton packs.

In 1983, PKL built a siding on the Jülich-Linnich railway line.

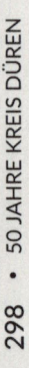

Ob Milch, Tomatensoße oder Orangensaft: Die Wahrscheinlichkeit, damit auch ein Produkt in der Hand zu halten, dessen Wurzeln in Linnich liegen, ist hoch. Denn bei der Firma SIG verlassen täglich bis zu 30 Millionen Getränkekartons das Band.

SIG ist System- und Lösungsanbieter für aseptische Verpackungen und zählt zu den weltweit größten Herstellern von Getränkekartons und den dazugehörigen Füllmaschinen.

Über 5 500 Mitarbeiter beschäftigt SIG weltweit, beliefert Kunden in mehr als 60 Ländern. 2020 produzierte SIG 38 Milliarden Packungen und erzielte einen Umsatz von 1,8 Milliarden Euro. Am Standort Linnich beschäftigt SIG rund 1 500 Mitarbeiter. Durchschnittlich fertigt das Unternehmen dort pro Tag zwischen 25- und 30 Millionen Kartonpackungsmäntel. SIG wurde 1853 gegründet und hat seinen Hauptsitz in Neuhausen, Schweiz. Das Unternehmen hat Packstoffwerke in Australien, Brasilien, China, Österreich, Saudi-Arabien, Thailand und an zwei Standorten in Deutschland – einer davon ist in Linnich. Gegründet wurde das Linnicher Werk 1958 als Papier- und Kunststoffwerke Linnich GmbH (PKL). 1962 führte PKL das backsteinförmige „blocpak"-System und die zugehörigen Füllmaschinen ein. 1975 präsentierte die Firma PKL das Verpackungssystem „combibloc" für das aseptische Abfüllen von Getränken. Angefangen mit Milch und Säften werden später auch Suppen, Soßen, Tomatenprodukte, Wasser, Wein oder Pudding in Kartonpackungen von SIG gefüllt. 1983 errichtete PKL einen Gleisanschluss an die Bahnstrecke Jülich-Linnich.

Produkte aus Düren helfen den Menschen weltweit bei ihrer Mobilität. Differenziale und Antriebswellen, verbaut in Personenwagen und Nutzfahrzeugen, stammen von Neapco. Mit 600 Mitarbeitern ist das Unternehmen Dürens größter gewerblicher Arbeitgeber.

Der Industriekomplex an der Henry-Ford-Straße im Südosten von Düren, jetzt gleich an der B56n angesiedelt, wurde 1968 von Ford errichtet.

Zeitweise firmierte man unter dem Namen „Visteon". 2010 wurde die Neapco Europe GmbH mit Verwaltungssitz in Düren gegründet. Die Neapco-Muttergesellschaft hat ihren Sitz in Belleville im US-Bundesstaat Michigan.

Mit Blick auf die Zukunft ist Neapco ein starker Entwicklungstreiber der Automobilindustrie. Technische Lösungen werden meist in Zusammenarbeit mit den Automobilwerken erarbeitet und unter hohen Qualitätsstandards umgesetzt und dann später in die Serienfertigung überführt.

Schwerpunkte sind dabei Komponenten, die in den Bereichen Fahrwerk und in den Antriebssträngen Verwendung finden.

Neben den hohen Anforderungen bei der Produktion gilt es für Neapco ebenfalls logistisch auf der Höhe der Zeit zu sein. Die Automobilhersteller haben in der Regel selbst keine Lagerhaltung. Die benötigten Teile für die Autos werden von den Zulieferern wie Neapco in Düren, passend zur Montage „just in time", an die Bandstraßen geliefert.

Das Dürener Unternehmen setzt verstärkt auf den Trend zur E-Mobilität. Neben der Montage der elektrischen StreetScooter-Modelle Work und Work L werden sowohl die bestehenden Produkte gezielt auf die Nutzung in E-Fahrzeugen optimiert als auch neue elektrische Antriebssysteme entwickelt.

Products from Düren help people all over the world with their mobility. Differentials and drive shafts, installed in passenger cars and commercial vehicles, come from Neapco. With 600 employees, the company is Düren's largest industrial employer.

The industrial complex on Henry-Ford-Straße in the south-east of Düren, now located just off the B56n, was built by Ford in 1968.

For a time it operated under the name „Visteon". In 2010, Neapco Europe GmbH was founded with administrative headquarters in Düren. The Neapco parent company is based in Belleville in the US state of Michigan.

Looking to the future, Neapco is a strong development driver in the automotive industry. Technical solutions are mostly developed in cooperation with the automotive plants and implemented under high quality standards and then later transferred to series production.

The focus is on components that are used in the chassis and in the drive units.

In addition to the high production requirements, Neapco also has to be up to date in terms of logistics. The car manufacturers usually do not have any stock themselves. The parts required for the cars are delivered „just in time" to the assembly lines by suppliers such as Neapco in Düren, to match the assembly process.

The Düren-based company is increasingly focusing on the trend towards e-mobility. In addition to assembling the electric StreetScooter models Work and Work L, both existing products are being specifically optimised for use in e-vehicles and new electric drive systems are being developed as well.

In der Papiermanufaktur Rössler werden seit mehr als 80 Jahren hochwertige Papeterie-Produkte in präzisionsreicher Handarbeit hergestellt.

Zum Sortiment zählt unter anderem das moderne Ordnungssystem S.O.H.O. (Smart Office | Home Office), das durch puristisches Design, praktische Funktionalität und eine attraktive Farbauswahl besticht. Außerdem gehören edle Briefpapierkassetten, Notizbücher, Fotoalben sowie eine breite Palette loser Papiere in großer Farb- und Formatauswahl zum Portfolio von Rössler. Dank der eigenen Produktion hat sich das Familienunternehmen zu einem Spezialisten für Sonderanfertigungen entwickelt – so im Bereich von hochwertigen Verpackungen mit individueller Logoprägung.

Besonders stolz ist man bei Rössler auf die außergewöhnliche Kunst des „Handränderns": Auf einem langen Tisch werden von Hand hunderte Karten, Briefbögen und Briefumschläge in millimetergenauen Abständen ausgefächert und mit Farbe bestrichen. Das Ergebnis ist ein farbiger Rand in einzigartiger Brillanz – besonders intensiv und deckend. So wird jedes Blatt zu einem Unikat. Rössler wendet diese Technik für Trauerpapiere und für moderne Lifestyle-Produkte an. So verbindet sich traditionelle Handwerkskunst mit modernem Design.

In the Rössler paper manufactory, highquality stationery products have been produced by hand with precision for more than 80 years.

The range includes the modern filing system S.O.H.O. (Smart Office | Home Office), which impresses with its purist design, practical functionality and attractive colour selection. In addition, Rössler's portfolio includes elegant stationery boxes, notebooks,

photo albums as well as a wide range of loose papers in a large selection of colours and formats. Thanks to its own production, the family-owned company has developed into a specialist for custommade products - for example, in the field of high-quality packaging with individual logo embossing.

Rössler is particularly proud of the extraordinary art of „handedging": on a long table, hundreds of cards, letterheads and envelopes are fanned out by hand at millimetre-precise intervals and coated with colour. The result is a coloured border of unique brilliance - particularly intense and opaque. This makes each sheet unique. Rössler uses this technique for mourning papers and for modern lifestyle products. In this way, traditional craftsmanship is combined with modern design.

Im gleichen Jahr, in dem der Kreis Düren seine neue Struktur bekam, stellte man bei Hoesch in Kreuzau-Schneidhausen die Weichen Richtung Zukunft. Das von Leonhard Hoesch 1847 errichtete Zinkwalzwerk stellte seinen Betrieb ein und Hoesch konzentrierte sich auf die Fertigung von Sanitärprodukten.

Damit legte Hoesch den Grundstein, um Badewannen oder Duschtassen in bislang nicht gekannten Formen und Farben herzustellen.

Das erstmals von Hoesch angewandte Verfahren mit der Verwendung von „Sanicryl" löste auf dem Sanitärmarkt eine Revolution aus, die die Welt der Badezimmer und der Wellnessbereiche massiv veränderte.

2005 übernahm die polnische Sanplast-Gruppe Hoesch und baute den Standort Kreuzau weiter aus.

Die enorme Flexibilität des Grundmaterials „Sanicryl"

bei der Gestaltung hat etliche bekannte Designer auf den Plan gerufen. Das führte bei Hoesch zu attraktiven innenarchitektonischen Lösungen, deren derzeitiger Höhepunkt in Monoblockwannen, die freistehend im Raum zum Baden einladen, ihren Höhepunkt gefunden hat. Etliche Auszeichnungen für Form und Funktion unterstreichen die Innovationskraft des Kreuzauer Unternehmens.

Längst sind es nicht nur Wannen, denen Hoesch sein Augenmerk widmet. Duschen, Waschen, Dampfen oder Whirlen sind weitere zentrale Themen. Neue Werkstoffe, deren Komponenten wiederverwendbar sind, haben die Grenzen der Gestaltung erweitert und stehen für die Schaffung nachhaltiger Produkte.

Über das Design hinaus legt Hoesch ein Augenmerk auf barrierefreie Bade- und Duschwannen, die rutschhemmend ausgestattet werden und zur Haut einen warmen Kontakt herstellen.

HOESCH

In the same year that the district of Düren got its new structure, Hoesch in Kreuzau-Schneidhausen set its course for the future. The zinc rolling mill built by Leonhard Hoesch in 1847 ceased operations and Hoesch concentrated on manufacturing sanitary products.

Hoesch thus laid the foundation for producing bathtubs or shower trays in previously unknown shapes and colours.

The process first used by Hoesch with the use of „Sanicryl" triggered a revolution in the sanitary market that massively changed the world of bathrooms and wellness areas.

In 2005, the Polish Sanplast Group took over Hoesch and further expanded the Kreuzau site.

The enormous flexibility of the basic material „Sanicryl" in terms of design has brought quite a few wellknown desig-

ners onto the scene. At Hoesch, this has led to attractive interior design solutions, the current highlight of which is monobloc bathtubs that are freestanding in the room and invite you to take a bath. Several awards for form and function underline the innovative strength of the Kreuzau-based company.

For a long time now, it has not only been bathtubs to which Hoesch devotes its attention. Showers, washing, steaming or whirling are other central themes. New materials whose components are reusable have expanded the boundaries of design and stand for the creation of sustainable products.

Beyond design, Hoesch pays attention to barrierfree bathtubs and shower trays that are equipped with anti-slip features and create warm contact with the skin.

Die CWS Powder Coatings GmbH ist ein Familienunternehmen mit Wurzeln, die bis in das Jahr 1864 zurück reichen. Mit heute über 300 Mitarbeitern weltweit nimmt das in Düren-Merken beheimatete Familienunternehmen eine führende Rolle im Bereich der Pulverlackherstellung ein. CWS hat Tochterunternehmen in Dänemark, Polen und in den USA.

Der Leitspruch „Feel the Future of Powder" ist Programm. Mit stets frischen Innovationen in der Produktentwicklung hat CWS seine Position im Markt kontinuierlich ausgebaut. Das Ergebnis sind maßgeschneiderte Pulverlacke, die speziell an die Wünsche und Anforderungen der Kunden angepasst sind.

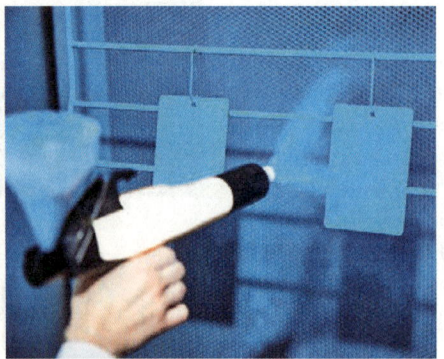

Industrielle Pulver-Lackierungen sind nachhaltig und bieten in unzähligen technischen Produktionsprozessen ein ökoeffizientes Beschichtungsverfahren. Pulverlacke finden Verwendung in den verschiedensten Branchen und Produkten des täglichen Bedarfs.

Für fast jeden vergeht kein Tag, ohne dass man mit einem solchen Produkt sei- en es Büromöbel, Tore oder Feuerlöscher, in Kontakt kommt, dessen Beschichtung unter anderem auch an der Rur entwickelt und produziert wurde.

„CWS bleibt nie stehen!" So die Moti- vation des CWS-Teams und das Geheimnis des langjährigen Erfolges. CWS ist nicht nur bei seinen Produkten, sondern auch in den Unternehmensabläufen immer einen Schritt voraus.

So wurden zuletzt die logistischen Rahmenbedingungen effizienter gestaltet. In diesem Zuge wurde ein Fertigwarenla- ger mit über 10 000 Stellplätzen realisiert. Konsequenter Weise wurden dabei etliche Abläufe automatisiert und die Produkti- ons- und Lagerprozesse mit einer digitalen Steuerung optimiert.

CWS Powder Coatings GmbH is a fami- ly business with roots dating back to 1864. With over 300 employees world-wide today, the family-owned company based in Düren Merken plays a leading role in the field of powder coatings production. CWS has sub- sidiaries in Denmark, Poland and the USA.

The motto „Feel the Future of Powder" is the programme. With constantly fresh innovations in product development, CWS has continuously expanded its position in the market. The result is tailormade powder coatings that are specially adapted to the wishes and requirements of the customers.

Industrial powder coatings are sus- tainable and offer an eco-efficient coating process in countless technical production processes. Powder coatings are used in a wide variety of industries and everyday products.

For almost everyone, not a day goes by without coming into contact with such a product, be it office furniture, gates or fire extinguishers, whose coating was also de- veloped and produced at the Rur, among other places.

„CWS never stands still!" This is the mo- tivation of the CWS team and the secret of its many years of success. CWS is always one step ahead, not only in its products but also in its corporate processes.

The logistical framework conditions were recently made more efficient. In the course of this, a finished goods warehouse with over 10,000 storage spaces was built. Several processes were automated and the production and storage processes were op- timized with a digital control system.

Der Deutsche Bundestag profitiert ebenso von Know-how aus Düren wie die Gäste des Kameha Hotel in Bonn oder die Besucher des Mercedes Benz Museums in Stuttgart. Sie alle sind mit Teppichböden aus Düren ausgestattet, auf deren Rückseite das ANKER-Logo leuchtet.

Neben Qualität, Nachhaltigkeit und einer verantwortungsvollen Nutzung natürlicher Ressourcen setzt Anker branchenweite Benchmarks hinsichtlich Design und Innovation. Dank der großartigen Zusammenarbeit mit international renommierten Architekten und Innenarchitekten sind Anker-Teppiche vielfach ausgezeichnet worden.

Die ANKER Gebr. Schoeller GmbH + Co. KG wurde 1854 als Teppichkontor von Leopold Schoeller gegründet. ANKER produziert mit 220 Mitarbeitern zu 100 % Made in Germany und ist mit seinen innovativen Produkten weltweit in unzähligen Bürogebäuden, Hotels und vielen öffentlichen Gebäuden vertreten. Ebenso vertrauen Premium-Automarken auf die gewebten Teppiche aus Düren und verwenden diese zur Auskleidung ihrer Fahrzeuge.

ANKER ist einer der international führenden Lieferanten für Airline-Teppichböden. In diesem anspruchsvollen Marktsegment können ausschließlich Hersteller liefern, die die allerhöchsten Qualitätsanforderungen, Flugsicherheitsnormen und Anforderungen an die Liefersicherheit der internationalen Luftfahrtindustrie erfüllen. So beliefert ANKER die Lufthansa, Boeing, Airbus, Emirates, Cathay Pacific, Air New Zealand oder Virgin America, um die Böden der Passagierabteile in den Flugzeugen auszulegen.

Die "Neue Nationalgalerie" in Berlin ist ebenso mit Teppichböden aus Düren ausgestattet wie hunderte weitere Büros, Hotels oder Flugzeuge. Viele Fäden laufen im Webstuhl zusammen, um einen Teppich zu weben.

The „Neue Nationalgalerie" in Berlin is furnished with carpets from Düren, as are hundreds of other offices, hotels or aeroplanes. Many threads come together in the loom to weave a carpet.

The German Bundestag benefits just as much from know-how from Düren as the guests of the Kameha Hotel in Bonn or the visitors of the Mercedes Benz Museum in Stuttgart. They are all furnished with carpets from Düren with the ANKER logo shining on the back.

In addition to quality, sustainability and responsible use of natural resources, Anker sets industrywide benchmarks in terms of design and innovation. Thanks to great collaboration with internationally renowned architects and interior designers, Anker carpets have won many awards.

ANKER Gebr. Schoeller GmbH + Co. KG was founded in 1854 as a carpet branch by Leopold Schoeller. With 220 employees,

ANKER produces 100% Made in Germany and is represented with its innovative products in countless office buildings, hotels and many public buildings worldwide. Premium car brands also rely on the woven carpets from Düren and use them to line their vehicles.

ANKER is one of the leading international suppliers of airline carpets. In this demanding market segment, only manufacturers who meet the very highest quality requirements, flight safety standards and delivery reliability requirements of the international aviation industry can supply.

For example, ANKER supplies Lufthansa, Boeing, Airbus, Emirates, Cathay Pacific, Air New Zealand or Virgin America to lay out the floors of the passenger compartments in their aircraft.

Mit rund 350 Mitarbeitern in den vier Werken am Standort Jülich entwickelt und fertigt das Traditionsunternehmen GISSLER & PASS nachhaltige Produkte aus Wellpappe, denen man täglich im Supermarkt, im Fachhandel oder beim Online-Shopping begegnet. Ob zum optimalem Schutz oder zur attraktiven Warenpräsentation – das Leistungsspektrum reicht von individuellen Displays in den Geschäften bis hin zu intelligenten, maßgeschneiderten Lösungen für Transport- und Verkaufsverpackungen. Das nachhaltige Material ist zu 100 % recycelbar und wird in Jülich hergestellt, weiterverarbeitet, bedruckt und veredelt.

Ein Pluspunkt des Mittelständlers ist sein ganzheitlicher Leistungsgedanke, dem Kunden alles aus einer Hand anzubieten: von der Ideenfindung, Konzeption und Beratung über die Herstellung bis hin zu Logistikdienstleistungen wie Co-Packing, Lagerung und Transport.

GP | GISSLER & PASS

Bereits 1882 gegründet, hat sich das Familienunternehmen GISSLER & PASS als Spezialist in der Wellpappen- und Verpackungsindustrie zum starken Partner von Top-Marken aus den unterschiedlichsten Branchen entwickelt. Mit Thomas Gissler-Weber wird das Unternehmen in der vierten Generation geführt, und viele Beschäftigte sind schon in der zweiten oder dritten Generation bei GISSLER & PASS tätig – ganz klar eine Stärke von Familienunternehmen und Folge des starken Zusammengehörigkeitsgefühls sowie des gegenseitigen Vertrauens von Unternehmern und Mitarbeitern.

With around 350 employees in the four plants at the Jülich site, the long-established company GISSLER & PASS develops and manufactures sustainable products made of corrugated cardboard that you encounter every day in supermarkets, specialist shops or when shopping online. Whether for optimal protection or attractive presentation of goods, the range of services extends from individual instore displays to intelligent, customised solutions for transport and sales packaging. The sustainable material is 100 % recyclable and is manufactured, processed, printed and finished in Jülich.

A plus point of the medium-sized company is its holistic service concept of offering the customer everything from a single source: from brainstorming, conception and consulting to production and logistics services such as copacking, storage and transport.

Founded back in 1882, the familyowned company GISSLER & PASS has developed as a specialist in the corrugated cardboard and packaging industry into a strong partner for top brands from a wide range of industries. Thomas Gissler-Weber is the fourth generation of the GISSLER & PASS family to run the company, and many of the employees are already in their second or third generation – a clear strength of family businesses and the result of the strong sense of togetherness and mutual trust between entrepreneurs and employees.

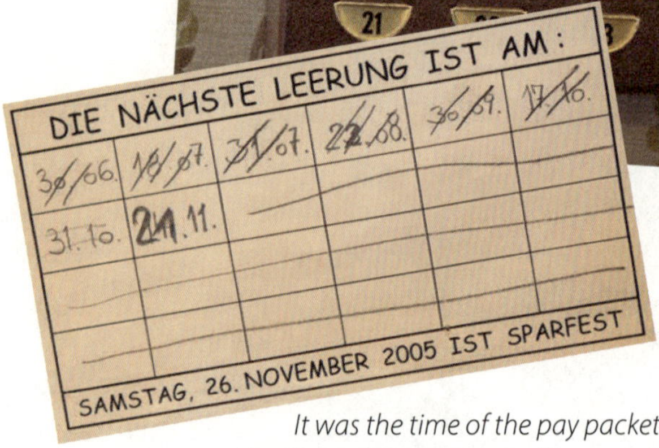

Es war die Zeit der Lohntütenbälle, die Zeit, zu der man in der Kneipe im Sparkästchen Kapital für Weihnachten aufbaute, die Zeit, in der Bargeld Dreh- und Angelpunkt des täglichen Lebens war. Bei Banken und Sparkasse kam gerade erst das Girokonto in Mode. Wer es wagte, ein Haus zu bauen, nahm eine Hypothek auf. Und wollte man bargeldlos bezahlen, so nutzte man einen Postkartenverrechnungsscheck. Die gab es als Blöckchen bei der Sparkasse.

Fast in jedem Dorf des Kreises Düren war eine Sparkassenfiliale oder eine Spar- und Darlehnskasse präsent. Letztere nahm nicht nur die Groschen zur Verwahrung entgegen.

Die genossenschaftlich organisierten Dorfbanken handelten ebenso mit Hühnerfutter, Baumaterialien oder Dünger für die benachbarten Bauern.

Anders aufgestellt war da die Sparkasse, die den öffentlichen Auftrag – Gewährträger waren die Städte Jülich, Düren und der Kreis Düren mit seinen Gemeinden – hatten, breiten Bevölkerungsschichten Möglichkeiten zur Geldanlage anzubieten, den Zahlungsverkehr durchzuführen und die örtlichen Kreditbedürfnisse ihrer Kunden zu befriedigen, den Sparsinn der Bevölkerung zu pflegen und den bargeldlosen Zahlungsverkehr zu fördern.

DIE NÄCHSTE LEERUNG IST AM:

SAMSTAG, 26. NOVEMBER 2005 IST SPARFEST

Bis 2001 war die D-Mark das Maß aller Dinge. In vielen Gaststätten hingen Sparkästchen, um den Spargedanken zu fördern.

Vorherige Seite: Hinter der Tresortür der Sparkasse Düren lagern Werte sicher.

It was the time of the pay packet balls, the time when people built up capital for Christmas in the savings box in the pub, the time when cash was the linchpin of daily life.

The current account was just coming into fashion at banks and savings banks, and anyone who dared to build a house took out a mortgage. And if you wanted to pay without cash, you used a postcard cheque. These were available as small blocks at the savings bank. There was a savings bank branch or a savings and loan bank in almost every village in the district of Düren. The latter not only accepted the pennies for safekeeping.

The village banks, which were organised as cooperatives at the time, also traded in chicken feed, building materials or fertiliser for the neighbouring farmers. The savings banks, which had the public mandate - the guarantors were the cities of Julich, Düren and the district of Düren with its municipalities - to offer broad sections of the population opportunities to invest money, to carry out

Until 2001, the D-Mark was the measure of all things. Savings boxes were hung in many restaurants and pubs to promote the idea of saving.

Previous page: Values are stored safely behind the vault door of the Sparkasse (savings bank) Düren.

Mit einer Bilanzsumme von rund 4.7 Milliarden Euro ist die Sparkasse Düren der finanzielle Platzhirsch an der Rur. Die Bargeldversorgung erfolgt weitgehend mit dem großzügigen Automatennetz, Im Dialogcenter werden die Kundenwünsche entgegengenommen.

With a balance sheet total of around 4.7 billion euro, Sparkasse Düren is the financial top dog on the Rur. Cash is largely supplied by the generous network of automatic teller machines, and customer requests are received in the dialogue centre.

Die örtlichen genossenschaftlichen Banken verloren in den folgenden Jahrzehnten ihre ursprüngliche Bedeutung, viele Fusionen reduzierten das Angebot für die Kunden. Heute sind es die Aachener Bank, die Volksbank Düren, die Raiffeisenbank Simmerath und die Volksbank Euskirchen und die Sparda-Bank, die den Genossenschaftsgedanken im Kreis Düren noch hochhalten.

Fusionen begleiteten ebenfalls die Sparkassen im Kreis. Als Folge der kommunalen Neugliederung schlossen sich zum 1. Januar 1974 die Kreissparkassen Düren und Jülich zur Kreissparkasse Düren zusammen.

In der Stadt Düren wehrte man sich bis 2000 heftig dagegen, die Stadtspar-

payment transactions and to satisfy the local credit needs of their customers, to cultivate the savings spirit of the population and to promote cashless payment transactions, were in a different position.

The local cooperative banks lost their original importance in the following decades, many mergers reduced the offer for the customers, today it is the Aachener Bank, the Volksbank Düren, the Raiffeisenbank Simmerath and the Volksbank Euskirchen that still hold the cooperative idea high in the district of Düren. Mergers also accompanied the savings banks in the district. As a result of the municipal reorganisation, the Kreissparkassen (district savings banks) Düren and Jülich merged on 1 January 1974 to form the Kreissparkasse Düren.

kasse mit der Kreissparkasse zu vereinen. Seit dem 1. November 2000 ist dieser Schritt vollzogen.

Die neue Sparkasse Düren ist mit einem Bilanzvolumen von rund 4,7 Milliarden Euro der unumstrittene Platzhirsch an der Rur. Das Institut hat sich nicht vom Spargedanken gelöst, aber sein Portfolio permanent weiterentwickelt. So steht die Sparkasse Düren heute mit Großbanken auf einem Level.

Als sich 1972 der Kreis Düren neu erfand und das Bargeld noch Dreh- und Angelpunkt war, wurde jede Geldein- und Geldauszahlung manuell erfasst. Die eigentliche Verbuchung auf den Sparkonten erfolgte im Beisein der Kunden. Die Belege der Girokonten wurden gesammelt und in einem – heute nennt man es Backoffice – verbucht. Hilfestellung bekamen die Sparkassenmitarbeiter durch einen raumfüllenden Großrechner auf Lochkartenbasis. Damit wurden dann die Kontoauszüge erstellt, die manuell in die Kontotasche einsortiert wurden. Später, in den 80er Jahren, unterhielt die Kreissparkasse an der Pulvermühle ein eigenes Rechenzentrum, in dem die Hardware ausreichend Raum fand. Das sollte sich ändern.

vorstellig werden, wurde das digitale Angebot enorm ausgeweitet. Die Bargeldversorgung erfolgt über Automaten, falls Bargeld überhaupt noch nötig ist. Das Bargeld hat sich in Bits und Bytes verwandelt, statt Geld zu zählen ist eine umfassende Beratung der Kunden heute der primäre Auftrag der Sparkassenmitarbeiter.

Verschwunden sind schon lange die Sparkästchen in den Kneipen des Kreises. Apple pay und giropay in der Sparkassen-App nutzt man heute, um für Weihnachtsgeschenke zu sparen und diese zu kaufen. Das allerdings nicht mehr mit der bewährten D-Mark.

1976 präsentierte Apple den ersten Personal-Computer (PC) und Anfang der 80er Jahre folgte MS-DOS und damit der Beginn einer weltweiten Veränderung. Heute nimmt die Bedeutung von Bargeld stetig ab. Längst hat das Smartphone dem Geldbeutel den Rang abgelaufen. Längst musste die Sparkasse Düren dem digitalen Weg folgen, um den Kunden alle Türen der Finanzwelt zu öffnen. Da immer weniger Kunden für ihre Geldgeschäfte persönlich in den Filialen und Geschäftsstellen

Zum 1. Januar 2002 wurde der Euro eingeführt, eine Umstellung, die ebenfalls Banken und Sparkasse vor eine Herausforderung stellte. Der Umrechnungsfaktor D-Mark zu Euro beträgt 1,95583 DM. Ab sofort gab es europaweit 144 gültige Münzen die in allen Eurostaaten gültig sind.

Begehrt war das Starter-Set, das ab dem 17. Dezember 2002 ausgegeben wurde, um die Menschen mit den neuen Münzen vertraut zu machen. Für 20 DM erhielt man zwei Zwei-Euro-Münzen, drei Ein-Euro-Münzen, vier 50- und 20-Cent-münzen, drei Zehn-Cent-Münzen, zwei Fünf-Cent-Münzen und ein Zwei- und Ein-Cent-Stück. Insgesamt also 10,23 Euro.

Die meisten Kundenkontakte werden heute digital und online bewältigt. Im Beratungscenter Niederzier laufen die Drähte zusammen. Mit 10,23 Euro im Plastikbeutel begann für die meisten in Deutschland das Euro-Zeitalter. Die Kundenhalle der Hauptstelle in Düren der Sparkasse Düren ist den aktuellen Anforderungen angepasst.

Most customer contacts today are handled digitally and online. In the advisory centre in Niederzier, the wires run together. The euro age began for most people in Germany with 10.23 euros in the plastic bag.
The customer hall of the main branch in Düren of the Sparkasse Düren has been adapted to current requirements.

Until 2000, the city of Düren strongly resisted merging the Stadtsparkasse (municipal savings bank) with the Kreissparkasse (district savings bank). This step was taken on 1 November 2000. With a balance sheet volume of around 4.7 billion euro, the new Sparkasse Düren is the undisputed top dog on the Rur. The bank has not abandoned the idea of savings, but has permanently developed its portfolio.

Today, Sparkasse Düren is on a par with major commercial banks. When the district of Düren reinvented itself in 1972 and cash was still the linch-pin, every deposit and withdrawal was recorded manually. The actual posting to the savings accounts was done in the presence of the customers.

The vouchers of the current accounts were collected and booked in what is now called a back office.

The savings bank employees were assisted by a room-filling mainframe computer based on punch cards.

This was then used to create the account statements, which were manually sorted into the account pocket. Later, in the 1980s, the Kreissparkasse maintained its own computer centre at the Pulvermühle, where the hardware found sufficient space. That was about to change. In 1976, Apple presented the first personal computer (PC) and in the early 1980s MS-DOS followed, marking the beginning of a worldwide change. Today, the importance of cash is steadily declining. The smart phone has long since overtaken

the wallet. For quite a long time now Sparkasse Düren has had to follow the digital path in order to open all the doors of the financial world to its customers. Since fewer and fewer customers come to the branches and offices in person for their money transactions, the digital offer has been expanded enormously. Cash is supplied via vending machines, if cash is still necessary at all.

Cash has turned into bits and bytes; instead of counting money, providing comprehensive advice to customers is now the primary job of savings bank employees.

The savings boxes in the pubs of the district have long since disappeared. Apple pay and giro-pay in the Sparkasse app are now used to save for and buy Christmas presents.

However, this is no longer possible with the tried and tested D-Mark.

On 1 January 2002, the euro was introduced, a changeover that also presented banks and savings banks with a challenge. The conversion factor D-Mark to Euro is 1.95583 DM. From now on, there were 144 coins valid throughout Europe, valid in all euro countries.

In great demand was the starter set, which was issued from 17 December 2002 to familiarise people with the new coins. For 20 DM, you got two two-euro coins, three one-euro coins, four 50- and 20-cent coins, three ten-cent coins, two five-cent coins and a two- and one-cent piece. So a total of 10.23 euro.

AUSGEZEICHNETE BÜRGER

„In dem Wunsche, verdienten Männern und Frauen des deutschen Volkes und des Auslandes Anerkennung und Dank sichtbar zum Ausdruck zu bringen, stifte ich am 2. Jahrestag der Bundesrepublik Deutschland den Verdienstorden der Bundesrepublik Deutschland. Er wird verliehen für Leistungen, die im Bereich der politischen, der wirtschaftlich-sozialen und der geistigen Arbeit dem Wiederaufbau des Vaterlandes dienten, und soll eine Auszeichnung all derer bedeuten, deren Wirken zum friedlichen Aufstieg der Bundesrepublik Deutschland beiträgt."

Diese Worte findet man im Stiftungserlass zum Verdienstorden der Bundesrepublik Deutschland vom 7. September 1951, den Bundespräsident Theodor Heuss zusammen mit Kanzler Konrad Adenauer und Innenminister Robert Lehr unterzeichnete.

Heute ist es der Bundespräsident, der den Verdienstorden verleiht. Verdienstorden ist die offizielle Bezeichnung der Auszeichnung, die im allgemeinen Sprachgebrauch „Verdienstkreuz" genannt wird.

Der Verdienstorden ist in zehn Klassen eingeteilt. Es beginnt bei der untersten Stufe mit der Verdienstmedaille und endet mit der Sonderstufe des Großkreuzes, welches nur an Staatsoberhäupter verliehen wird.

Seit 1972 wurden im Kreis Düren 934 Personen mit dem Verdienstorden für ihr außergewöhnliches Engagement in den verschiedensten Bereichen geehrt.

Alle ausgezeichneten Bürger der vergangenen fünf Jahrzehnte sind hier in der Reihenfolge der Ehrung aufgelistet. Während es in den 80er Jahren förmlich Orden „regnete", ist der Bundespräsident in den vergangenen Jahren sparsamer mit der Auszeichnung umgegangen. Bemerkenswert: 2012 wurde niemand im Kreis Düren geehrt.

Verdienstkreuz am Bande

„In the desire to visibly express recognition and gratitude to deserving men and women of the German people and abroad, I endow the Order of Merit of the Federal Republic of Germany on the second anniversary of the Federal Republic of Germany. It is awarded for achievements in the political, economic-social and intellectual fields that have served the reconstruction of the fatherland, and is intended to honour all those whose work has contributed to the peaceful rise of the Federal Republic of Germany."

These words can be found in the Foundation Decree on the Order of Merit of the Federal Republic of Germany of 7 September 1951, which Theodor Heuss signed together with Chancellor Konrad Adenauer and Interior Minister Robert Lehr.

Today it is the Federal President who awards the Order of Merit. Order of Merit is the official name of the award, which in common parlance is called the „Cross of Merit".

The Order of Merit is divided into ten grades. It starts at the lowest level with the Medal of Merit and ends with the special level of the Grand Cross, which is only awarded to heads of state.

Since 1972, 934 people have been honoured with the Order of Merit in the district of Düren for their exceptional commitment in a wide variety of areas.

All honoured citizens of the last five decades are listed here in the order in which they were honoured. While in the 1980s it literally „rained" medals, in recent years the Federal President has been more sparing with the award. Remarkably, no one in the Düren district was honoured in 2012.

1972

Frenken, Hans, Düren
Pressel, Dr. Felix, Düren
Palm, Baptist, Hürtgenwald
Adels, Jakob, Düren
Schüsseler, Theo, Düren
Henschel, Otto Vinzenz, Jülich
Michels, Arnold, Düren
Pfafferott, Johannes, Kreuzau

Reinhold, Herbert, Düren
Drössler, Karl, Kreuzau
Metz, Nicolaus, Nörvenich
Pohl, Heinrich , Düren
Thoma, Ernst, Nörvenich
Timmoszeit, Fritz, Düren
Winands, Joseph, Düren
Coenen, Karl, Düren
Krinke, Dr. Johannes, Düren

1973

Berg, Hubert, Kreuzau-Bogheim
Clemens, Peter Josef, Kreuzau
Heinen, Johann Wilhelm, Kreuzau
Valter, Konstantin, Kreuzau
Emunds, Peter, Linnich-Körrenzig
Küpper, Karl, Nideggen-Embken
Braun, Gottfried, Vettweiß
Engels, Dr. Mathias Anton, Linnich
Meier, Helmut, Düren
Bierhoff, Dr. Eduard, Düren
Nießen, Ernst, Üdingen bei Kreuzau
Breuer, Arnold, Titz
Deutgen, Felix, Düren
Vit, Franz, Aldenhoven
Frey, Karl, Niederzier-Hambach
Dünschede, Dr. Elmar, Düren
Gerards, Josef, Düren-Birgel
Langela, Klara, Hürtgenwald-Vossenack

1974

Hennes, Jakob, Düren
Heinen, Josef, Jülich-Kirchberg
Hens, Heinrich, Aldenhoven-Dürboslar
Kelzenberg, Wilhelm, Inden-Altdorf
Schneider, Hans, Jülich
Klein, Wilhelm, Niederzier
Rhiem, Balthasar, Langerwehe
Tewes (Schwester Lanthilde), Katharina, Düren
Tönse, Werner, Inden
Wirtz, Heribert, Hürtgenwald-Vossenack
Steffens, Hubert, Jülich
Wiederroth, Otto, Inden-Lucherberg
Schwede, Hans-Hermann, Nörvenich-Rath
Lengersdorf, Adelheid, Jülich
Staß, Peter, Niederzier-Hambach
Claßen, Peter, Düren
Kallscheuer, Heinrich, Düren-Niederau
Mertens, Josef, Jülich
Nicolin, Arnold, Düren
Nork, Wilhelm, Jülich
Pohle, Dr. Richard, Jülich
Mohr, Matthias, Nörvenich
Frankenberg, Theodor, Düren
Müller, Hubert, Niederzier
Jong, de, Leo, Jülich
Schubert, Rosalie Margarethe, Kreuzau-Winden
Schröder, Willi Karl-Heinz, Kreuzau - Broich

1975

Schnock, Johann, Merzenich-Golzheim
Spies, Hans-Jörg, Nideggen
Boeck, Reiner, Hürtgenwald-Hürtgen
Wirth, Therese, Jülich
Hecker, Johannes, Düren
Prumbach, Wilhelm, Düren-Birgel
Dohmen, Heinrich, Kreuzau
Flatten, Goswin, Inden
Heidmann, Anton, Jülich
Lüttgen, Katharina, Kreuzau
Heinrichs, Josef, Düren-Lendersdorf

Siebeneick, Dr. Hans, Düren
Gregoritsch, Max, Düren-Birkendorf
Innecken, Dr. Gustav Friedrich, Jülich
Kaptain, Johannes Paul, Kreuzau
Rosskamp, Heinz, Düren
Schürmann, Josef Christian, Linnich
Reuter, Matthias, Düren
Beyß, Heinrich, Linnich-Rurdorf

1976

Boeck, Bertram, Nideggen
Gruber, Franz Xaver, Kreuzau
Nellesen, Hubert, Heimbach
Schmidt, Werner, Langerwehe-Hamich
Winter, Hugo, Kreuzau
Nolden, Adolf, Düren
Schall, Josef, Düren-Niederau
Grümmer, Karl, Heimbach
Mußmann, Prof. Dr. Heinrich, Jülich
Boving, Christian Josef, Düren
Arnold, Fritz, Nideggen
Heyder, Max Johannes, Düren
Reuter, Heinrich, Düren
Thelen, Bartel, Heimbach
Dreiner, Josef Heinrich, Langerwehe
Gülden, Anton Peter, Düren
Everschorn, Peter, Jülich
Klein, Wilhelm, Nörvenich
Däumichen, Wilhelm Karl, Langerwehe
Engels, Hubert, Hürtgenwald
Novak, Rudolf Karl, Hürtgenwald
Bartoldus, Clemens Anton, Jülich
Ohrem, Christine, Nörvenich-Hochkirchen
Mickisch, Helmut Werner, Kreuzau
Wolff, Peter Jakob, Hürtgenwald
Gerards, Leonhard Josef, Vettweiß
Peters, Karl Joseph, Jülich
Hammans, Ernst-Günther, Düren
Korn, Dr. Wilhelm Hubert, Jülich
Reich, Erich Ewald, Kreuzau
Bergs, Josef, Düren
Kuss, Heinrich, Nörvenich
Jüdermann, Egon Aloys, Düren
Mengler, Franz Josef, Hürtgenwald
Backhaus, Dr. Maria Johanna, Kreuzau
Guthke, Wilhelm, Düren

1977

Esser, Peter Friedrich, Nörvenich
Neumann, Peter, Düren
Springer, Hermann Robert, Langerwehe
Schramm, Dr. Johann Goswin, Heimbach
Schröder, Albert-Eduard, Jülich
Renn, Dr. Heinrich, Jülich
Schröder, Else, Düren
Dreßen, Ludwig, Jülich
Lacour, Franz, Kreuzau-Langenbroich
Deutgen-Heyder, Ernst, Düren
Hucko, Hubert Werner, Jülich
Pickart, Paul, Düren
Suck, Peter, Düren

Franke, Walter, Düren
Lennartz, Johann, Jülich
Schmitt, Josef, Jülich
Wolf, Emil, Hürtgenwald
Lübbe, Johannes Gerhard, Linnich
Thoma, Johann, Aldenhoven
Otten, Peter, Jülich
Dohmen, Mathias, Jülich
Joisten, Jakob, Düren
Wollgarten, August, Hürtgenwald
Cramer, Jakob, Jülich
Lütjens, Carl-Otto, Düren-Hoven
Pütz, Wilhelm, Düren

1978

Vit, Franz, Aldenhoven
Bischof, Georg Eugen , Jülich
Becker, Johann-Josef, Düren
Meisen, Josef, Jülich
Preuß, Walter, Düren
Schindler, Amalie, Düren
Dohmen, Gerhard Leonhard, Jülich
Goertz, Hermann, Aldenhoven
Miesler, Hasso, Nörvenich
Lewin, Gerhard, Nörvenich
Ostrop, Heinrich Egon, Kreuzau
Krosch, Peter, Düren
Radler, Dr. Kurt, Düren
Groß, Joseph, Düren
Schumacher, Wilhelm, Hürtgenwald
Zens, Johann, Kreuzau
Heinrich, Kurt Otto Kalr, Hürtgenwald
Lentz, Dr. Hubert, Düren
Schumacher, Josef Christoph, Heimbach
Hellmanns, Peter, Jülich
Nobis, Johann Franz, Hürtgenwald
Jaquett, Otto Gustav, Hürtgenwald
Ebertz, Josef, Düren-Echtz
Keul, Peter-Josef, Hürtgenwald
Klöther, Jakob, Titz
Schaaf, Heinrich Hubert, Titz-Müntz
Sachse, Heinrich, Düren-Birgel
Wieland, Dieter, Düren
Paschke, Paul, Düren
Scheidt, Alfons, Titz

1979

Jentgens, Gerhard Hubert, Niederzier
Pikalo, Dr. Alfred, Düren
Gude, Gerda, Düren
Plum, Heinrich, Jülich
Schößer, Friedrich, Jülich
Mertes, Josef, Düren
Müthrath, Hubert, Niederzier
Abels, Hubert, Kreuzau
Cremer, Willy, Düren
Labroier, Josef, Düren
Merken, Franz, Aldenhoven
Dohmen, Christian, Merzenich-Golzheim
Schiffer, Josef (1)*, Linnich
Gromotka, Hubert, Düren

Wagner, Peter, Jülich
Weiler, Jakob, Langerwehe
Löwenkamp, Lambert, Linnich
Pütz, Hubert, Kreuzau
Faust, Christian, Kreuzau
Despineux, Ludwig, Düren

Verdienstmedaille

Esser, Johann Wilhelm, Kreuzau
Fischer, Kurt, Linnich
Korff, Dr. Gottfried, Jülich
Gehlen, Engelbert, Nörvenich
Brinkmann, Ottomar, Nideggen
Flink, Hubert, Kreuzau
Thoma, Ernst, Nörvenich

1980

Hagemeier, Johannes, Düren
Schmitz, Anton, Jülich
Demel, Adolf, Kreuzau
Mandewirth, Arnold, Jülich
Mundt, Johann Leonhard, Jülich
Geue, Helmut, Düren
Hamacher, Wilhelm Josef, Linnich
Schneider, Karl, Kreuzau
Steffens, Johann Paul, Düren
Genreith, Heinrich, Düren
Lorenz, Karl-Heinrich, Düren
Cordel, Peter Leo, Düren
Jumperzt, Elisabeth, Jülich
Küpper, Jakob Matthias, Heimbach
Mathes, Ernst Josef, Düren
Cohnen, Hippolyt, Düren
Hüsch, Dr. Ludwig, Jülich
Langer, Rudolf, Düren
Merz, Prof. Dr. Erich, Jülich
Nickel, Prof. Dr. Hubertus, Jülich
Klein, Johann, Nörvenich-Rath
Kuch, Berthold, Hürtgenwald
Panke, Lothar, Hürtgenwald
Tischer, Heinz, Düren
Claßen, Engelbert Theodor, Vettweiß
Bädorf, Josef, Jülich
Ornoth, Josef, Nörvenich
Nobis, Heinrich, Linnich
Berger, Theodor, Nörvenich-Neu-
Gutzmann, Heinz, Jülich
Klein, Bernhard, Düren

1981

Innecken, Dr. Gustav Friedrich, Jülich

Schürmann, Josef Christian, Linnich
Jordan, Hermann, Jülich
Mays, Johann, Düren
Neumann, Rudolf, Düren
Bücher, Hubert, Jülich
Dolfus, Franz, Jülich
Hommelsheim, Franz, Nörvenich-Irresheim
Knipprath, Karl, Jülich
Bergsch, Heinrich, Hürtgenwald
Keul, Matthias, Düren
Lennartz, Wilhelm, Nörvenich
Mevis, Jakob, Nörvenich-Eschweiler
Roß, Ludwig, Düren
Momper, Nikolaus, Jülich
Beuel, Ludwig, Hürtgenwald
Mickisch, Paul, Kreuzau
Schleicher, Franz-Josef, Hürtgenwald
Schlösser, Gerhard, Linnich
Schmülgen, Josef, Nideggen
Esser, Wilhelm, Heimbach
Leipertz, Karl Josef, Jülich
Fietkau, Erich, Jülich
Roeb, Heinrich, Hürtgenwald
Vogt, Wolfgang, Düren
Hoffsimmer, Hubert, Heimbach
Capellmann, Peter Hubert, Jülich
Maus, Johann Peter, Vettweiß
Meurer, Jakob, Merzenich
Brüning, Hermann, Kreuzau
Westermann, Franz, Hürtgenwald
Gerhards, Joseph, Langerwehe
Engels, Johannes, Kreuzau
Linnartz, Johannes, Hürtgenwald
Willems, Peter, Niederzier
Keller, Nikolaus, Vettweiß
Dahmen, Heinrich Hubert, Hürtgenwald
Klages, Werner August , Düren
Esch, Christian, Hürtgenwald
Laschet, Hubert Josef, Jülich
Müller, Josef, Aldenhoven
Keimes, Franz-Josef, Düren
Johnen, Johann Anton, Düren
Hemrich, Hans, Linnich
Ittner, Hermann Erich, Nörvenich
Overhoff, Theodor, Niederzier
Braun, Karl August, Hürtgenwald
Clemens, Josef, Titz
Palm, Günter, Aldenhoven
Kremer, Philipp Josef, Hürtgenwald
Kuss, Heinrich, Nörvenich
Loewenkamp, Walter, Kreuzau
Blecher, Klaus, Nörvenich
Menge, Hermann, Niederzier
Jung, Friedrich, Düren-Birkesdorf

1982

Baumgarten, Engelbert, Nideggen
Parting, Joseph Wilhelm, Düren
Palm, Baptist, Hürtgenwald
Müller, Peter Josef , Jülich
Bierth, Dr. Heinrich Matthias, Jülich
Clemens, Hans Georg, Kreuzau

Kley, Wilhelm Josef, Vettweiß
Prell, Willi, Aldenhoven
Hensel, Hubert, Aldenhoven
Pörner, Heinz, Aldenhoven
Krings, Alexander, Nörvenich
Heidbüchel, Johann Martin, Merzenich
Pütz, Hans Günther, Heimbach
Breuer, Matthias, Heimbach
Pohl, Josef, Düren
Lieven, Wilhelm, Titz
Plum, Peter Matthias, Vettweiß
Reiche, Gustav Josef Adolf, Kreuzau
Wolff, Jakob Peter, Niederzier
Kendziora, Alfred, Düren
Mettmann, Peter, Jülich
Jungherz, Paul, Düren
Wiesen, Bernhard, Jülich
Iven, Johann, Düren
Hütten, Josef, Titz
Falter, Hans-Dieter, Nideggen
Tertel, Bernhard, Aldenhoven
Gülden, Anton Peter, Düren
Feinendegen, Prof. Dr. Ludwig, Jülich-Stetternich
Gunkel, Rolf, Düren
Küpper, Josef, Vettweiß
Müller, Wilhelm, Vettweiß
Deller, Rudolf, Nörvenich
Klein, Matthias, Vettweiß
Klinkhammer, August, Nideggen
Savelsberg, Jacob, Düren
Savelsberg-Müllbauer, Luise, Düren
Schneiders, Hubert, Linnich-Gereonsweile
Schröder, Albert-Eduard, Jülich
Hoensbroech, Graf von und zu, Reinhard Heinrich, Jülich
Winkler, Rudolf, Düren
Gratz, Stephan, Vettweiß
Schüßler, Franz, Jülich
Zimmer, Johann, Hürtgenwald
Hammes, Peter, Kreuzau
Kleefisch, Heinrich, Kreuzau
Pelzer, Christian, Jülich
Selz, Leopold, Düren
Häfele, Prof. Dr. Wolf, Jülich
Macherey, Peter, Kreuzau
Jäger, Rüdiger, Düren
Schroeder, Viktor Wilhelm, Düren
Möhring, Dr. Gustav, Titz
Brade, Gertraude, Linnich
Knipprath, Gottfried, Jülich
Braun, Joachim, Aldenhoven

1983

Esser, Jakob, Nideggen
Honold, Margarethe, Linnich
Laumen, Heinrich, Merzenich
Falter, Franz, Nideggen
Jansen, Anton, Düren
Frenken, Hans, Düren
Kühne, Johann, Heimbach
Croé, Josef, Düren
Goertz, Hermann, Aldenhoven
Pazzini, Josef, Düren

Gerards, Josef, Düren-Birgel
Paulus, Helmut, Hürtgenwald
Ramacher, Johann Baptist, Merzenich
Schröteler, Christian, Kreuzau
Hochstein, Heinz, Jülich
Pommenich, Katharina, Düren
Schnitzler, Martin, Düren-Mariaweiler
Farrenkopf, Bruno, Düren
Gröbel, Gerd, Linnich-Boslar
Krapp, Karl, Merzenich
Lüttgen, Matthias, Kreuzau
Spee, Graf von, Franz, Kreuzau
Springer, Prof. Dr. Tasso, Jülich
Fehlau, Hugo, Düren
Stehl, Erika, Linnich
Schoeller, Heinrich August, Düren
Bischof, Herbert, Düren

1984

Weingartz, Wilhelm, Düren
Rötscher, Bertha Pauline, Niederzier
Schleker, Karl, Düren-Merken
Schröck-Vietor, Dr. Walter Helmut, Jülich
Schumacher, Nikolaus, Jülich
Schiffer, Josef (2)*, Linnich
Schnitzler, Peter Joseph, Inden-Pier
Spies, Hans-Jörg, Nideggen
Lentz, Dr. Hubert, Düren
Schmidt, Heinrich, Jülich
Pack, Matthias, Düren
Granderath, Josef, Düren
Schlierf, Albert, Rednitzheimb ach
Pistel, Heinrich, Jülich
Janssen, Theresia, Jülich
Dohmen, Josef, Titz
Ewinger, Ludwig, Niederzier
Kaptain, Johannes Paul, Kreuzau
Rövenich, Laurenz, Düren
Dennhoven, Heinrich, Inden-Pier
Hammans, Ernst-Günther, Düren
Köller, Josef, Hürtgenwald
Laven, Joseph-Hubert, Düren
Oellers, Johann Matthias, Jülich
Kohl, Anna, Kreuzau
Schumacher, Anna, Nörvenich
Fischermann, Franz, Titz
Gallmann, Wilhelm, Düren
Rhodius, Dr. Richard, Düren
Nieveler, Gerhard, Jülich

1985

Bock, Karl-Heinz, Linnich-Boslar
Dammers, Johann (1)*, Düren
Lemm, Daniel, Düren
Jäger, Heinrich, Düren
Krobb, Anton, Düren
Schönau, Friedrich, Nörvenich
Braks, Heinz, Kreuzau
Fourné, Wilhelm, Langerwehe
Weber, Josef, Nörvenich-Binsfeld
Hübbers, Josef, Jülich

Schock, Rudolf, Düren
Bonn-Meuser, Gerhard, Jülich
Eßer, Heinrich, Düren
Pawlak, Erich, Jülich
Wirth, von, Wilhelm, Titz
Vogt, Wolfgang, Düren
Frey, Karl, Niederzier-Hambach
Belden, Albert, Nideggen
Seybold, Heinz, Düren
Schumacher, Leo Joseph, Düren
Hillebrand, Herbert, Vettweiß
Trzeciak, Hans-Joachim, Linnich
Guthke, Wilhelm, Düren
Gast, Wilhelm, Langerwehe
Engelmann, Dr. Peter, Jülich
Gottschalk, Tillmann, Kreuzau
Joerger, Karl-Heinz, Düren
Kratz, Sigrid, Düren
Pelzer, Hans, Jülich
Kallscheuer, Walter, Düren
Reuter, Richard, Inden
Nellessen, Wilhelm, Düren
Lorenz, Carlheinz, Düren

1986

Zens, Johann, Kreuzau
Plum, Mathias, Aldenhoven
Carduck, Peter, Aldenhoven
Hilgers, Hermann, Düren
Kannegießer, Heinrich, Langerwehe
Hirsch, Gerhard, Düren
Kohnen, Konrad, Düren
Laufer, Horst, Langerwehe
Mertens, Johann, Hürtgenwald
Wiesen, Peter, Kreuzau
Emunds, Heribert, Linnich
Kurth, Gertrud, Langerwehe
Müller, Albert, Düren
Ermes, Johannes, Düren
Heidbüchel, Johann, Düren
Horst, Wilhelm, Düren
Schaffrath, Jakob, Nideggen
Burger, Norbert, Düren-Kufferath
Ackermann, Helmut, Düren
Erkens, Dr. Franz, Düren
Fehlau, Gertrud, Düren
Mertens, Theodor, Linnich
Jörres, Karl-Heinz, Hürtgenwald
Krämer, Wilhelm, Düren
Kuck, Wilhelm, Düren
Lütkemeier, Christoph, Hürtgenwald
Klein, Anton, Kreuzau
Hennewald, Hermann, Kreuzau
Herrmann, Detlef, Düren
Mattonet, Heinrich, Jülich
Schmitz, Leonhard, Linnich
Brendel, Josef, Jülich
Peiffer, Karl Otto, Düren
Vollmer, Dieter, Merzenich
Genreith, Hans, Düren
Harzheim, Matthias, Merzenich
Kaiser, Kornelius, Kreuzau

Rubel, Joseph, Merzenich
Schagen, Herbert, Kreuzau
Klein, Wilhelm, Nörvenich
Simons, Elisabeth, Düren
Klösgen, Ferdinand, Niederzier
Menzerath, Gertrud, Düren
Fiedler, Roland, Jülich
Hecker, Anton, Jülich
Weingartz, Johann, Düren
Rose, Dr. Eckart, Jülich
Zohren, Wilhelm, Niederzier
Clasen, Johannes, Jülich
Koschorreck, Georg, Düren
Reuter, Peter, Titz
Weber, Heinrich, Niederzier
Ernst, Prof. Joseph Kaspar, Langerwehe

Großes Verdienstkreuz

Flink, Hubert, Kreuzau
Heinrichs, Wilhelm, Düren
Knipprath, Gottfried, Jülich
Lüttgen, Johann, Inden-Pier
Wendel, Karl, Nörvenich
Schumacher, Josef, Jülich-Koslar

1987

Schmidt, Hans, Düren
Grisko, Dr. Werner, Düren
Schumacher, Wilhelm, Langerwehe
Hahn, Heinrich, Inden-Pier
Schoeller, Leopold, Niederzier
Abercron, von, Lupold, Heimbach
Schechtel, Werner, Jülich
Jordan, Hermann, Jülich
Kurz, Manfred, Düren
Kurz, Ursel, Düren
Pauly, Wilhelm, Langerwehe
Schröder, Manfred, Düren
Schmitz, Johann, Düren
Lüssem, Hans Josef, Merzenich
Faßbender, Herbert, Düren
Westerhausen, Josef, Aldenhoven
Zimmermann, Dr. Telse, Düren
Berg, Hubert Heinrich, Düren
Huppertz, Oswald, Hürtgenwald
Bens, Peter, Nideggen
Geisler, Hans, Jülich
Lange, Heinrich, Langerwehe
Mattscheck, Johann, Nörvenich
Pohl, Adele, Langerwehe
Moll, Wilfried, Jülich
Sauer, Heinrich, Jülich

Effertz, Ernst, Düren
Coenen, Karl, Düren
Stass, Heinrich, Jülich
Muhr, Josef, Merzenich
Pelzer, Albert, Nörvenich
Schaaf, Friedrich, Niederzier
Graf, Johann, Düren
Schmitz, Franz, Niederzier-Selhausen

1988

Esser, Josef, Kreuzau
Förster, Charlotte, Düren
Hamacher, Johann, Düren
Leufgens, August, Düren
Schröder, Anneliese, Jülich
Kreft, Marianne, Jülich
Ludwig, Fredy, Aldenhoven
Reuter, Ludwig, Titz
Schmitz, Berthold, Jülich
Müller, Hubert, Niederzier
Scholl, August, Hürtgenwald
Daheim, Franz, Heimbach
Weber, Alfred, Jülich
Lustig, Walter, Nörvenich
Fischer, Franz, Nörvenich
Hellwig, Johannes, Langerwehe
Mäntele, Karl Johannes , Nörvenich
Papke, Uwe, Titz-Hompesch
Quadflieg, Kornelius, Jülich
Richter, Martin, Düren
Röhlich, Felix, Düren
Neumann, Dr. Richard, Jülich
Schumacher, Kaspar, Düren
Esser, Anna Maria, Kreuzau
Esser, Martin, Linnich
Seeger, Monika, Kreuzau
Waldenburg, Sibilla, Kreuzau
Schneider, Peter, Nörvenich
Wirtz, Johann, Niederzier
Mannheims, Elisabeth, Nörvenich
Valder, Hubert, Vettweiß
Servos, Johann, Düren
Kolschewski, Günther, Düren
Bongard, Matthias, Merzenich-Golzheim
Keller, Josef, Nörvenich
Kleinschmidt, Karl Hubert, Heimbach
Siepen, Ludwig, Nörvenich
Könen, Friedrich, Nörvenich
May, Johann, Langerwehe
Schenk, Johannes Gerhard, Jülich
Bartmann, Dr.-Ing. Otto, Düren
Triebels, Ludwig, Nörvenich
Schoeller, Heinrich August, Düren

1989

Dreyer, Karl-Josef, Kreuzau
Dettmeier, Dr. Paul, Düren
Wolters, Wilfried, Düren
Stöcker, Dr. Hans-Jochen, Jülich
Schulten, Prof. Dr. Rudolf, Jülich
Lüninck, Freiherr von, Josef, Jülich

Dodt, Josef, Düren-Birkesdorf
Esser, Therese, Langerwehe
Jopek, Paul, Düren
Schauff, Ferdinand, Jülich
Pohl, Heinrich , Düren
Bergrath, Quirin, Düren-Arnoldsweiler
Dammers, Wilhelm, Düren-Birkesdorf
Braun, Joachim, Aldenhoven
Kaiser, Dr. Wilhelm, Düren
Latz, Ewald, Düren-Echtz
Stüttgen, Peter, Langerwehe
Schneider, Horst, Merzenich
Lehner, Werner, Niederzier
Steffen, Manfred, Titz
Winands, Franz Nikolaus, Düren
Weiler, Hermann, Jülich
Kronenberg, Dr. Dr. h. c. Friedrich, Nideggen
Bauer, Carl-Heinrich, Düren-Lendersdorf
Kürschgen, Josef, Inden
Schlegel, Manfred, Düren
Lieske, Volker Waldemar, Langerwehe
Dallmeyer, Joachim, Nörvenich
Görgen, Christian, Düren
Granrath, Josef Günter, Kreuzau
Faßbender, Wilfried, Düren

1990

Schneider, Josef, Nörvenich
Tombeux, Karl Joseph, Düren
Hilgers, Wilhelm, Linnich
Labroier, Josef, Düren
Franken, Martha, Düren
Laufs, Jakob, Düren-Arnoldsweiler
Markus, Fridolin, Jülich
Nagelschmidt, Karl, Heimbach-Hergarten
Strosing, Ludwig, Kreuzau
Häfele, Prof. Dr. Wolf, Jülich
Dohmen, Peter, Linnich-Tetz
Lieven, Wilhelm, Titz
Breuer, Hubert, Heimbach-Hergarten
Faßbender, Dr. Hermann-Josef, Linnich
Kempen, Josef, Hürtgenwald
Frangenheim, Wilhelm, Hürtgenwald
Goertz, Edmund, Düren-Gürzenich
Baumgärtner, Irmgard, Heimbach
Falter, Horst, Nideggen
Plum, Josef, Titz
Könen, Josef, Titz
Weiser, Wilhelm, Merzenich
Knauerhase, Günther Stephan, Niederzier
Petersen, Günter, Jülich
Schumacher, Berni, Düren
Eckert, Bernhard, Jülich

1991

Ketteniß, Christian, Hürtgenwald
Bücken, Fritz, Düren
Litzki, Berta, Aldenhoven
Schneider, Peter, Niederzier
Lennartz, Wilhelm, Nörvenich
Mevis, Jakob, Nörvenich-Eschweiler

Malottki, von, Horst, Aldenhoven
Cordel, Peter Leo, Düren
Willems, Peter, Niederzier
Schmidt, Dr. Lothar, Jülich
Kieven, Hubert, Jülich
Giebfried-Nietzard, Johann, Düren
Küpper, Gerhard, Heimbach
Drügh (Schwester Maria Bernadette), Annemaria, Düren
Schmid, Gerhard, Kreuzau
Bodden, Peter, Nörvenich-Eschweiler
Guse, Karl, Düren
Kern, Anna, Düren
Forycki, Edmund, Düren
Görgemanns, Heinrich, Jüchen-Aldenhoven

1992

Brinkmann, Ottomar, Nideggen
Schaaf, Anna, Niederzier
Springer, Prof. Dr. Tasso, Jülich
Altmann, Heinz, Linnich
Frinken, Theodor, Niederzier
Heidelberg, Robert, Linnich
Smolka, Paul, Jülich
Ressel, Karl, Düren
Bauer, Hellmut, Düren
Molitor, Franz, Heimbach
Förster, Helga, Langerwehe
Großer, Wolf-Dietrich, Langerwehe
Lange, Manfred, Kreuzau-Winden
Pool, Josef, Hürtgenwald
Vietoris, Anne, Heimbach
Eßer, Joseph, Vettweiß
Wirtz, Heinrich, Hürtgenwald
Niederberger, Richard, Düren
Schnitzler, Gertrud, Düren
Wirtz, Hiltrud, Kreuzau
Toussaint, Peter, Linnich

1993

Willms, Johann-Peter, Titz
Böhr, Bernhard, Düren
Bönsch, Peter, Düren
Lehmacher, Leopold, Düren
Pietzka, Norbert, Düren
Lenzen, Hans-Peter, Aldenhoven
Dederichs, Herbert, Kreuzau
Burmeister, Rudolf, Nörvenich
Feldhaus, Maria-Theresia, Jülich
Mattonet, Friedrich, Jülich
Bachmann, Harry, Düren
Müllejans, Eduard, Nideggen-Schmidt
Jansen, Hubert, Niederzier
Koch, Wilhelm, Jülich
Laven, Joseph-Hubert, Düren
Rhein, Heinz, Jülich
Bergsch, Paul, Nideggen
Hemgenberg, Peter, Düren
Rock, Josef, Jülich
Lautermann, Peter, Jülich

1994

Beuel, Josef, Hürtgenwald
Dohmen, Hans, Linnich
Braun, Leonhard, Inden
Bongard, Wilhelm, Düren
Lennartz, Johann, Jülich
Meurer, Jakob, Merzenich
Porschen, Philipp, Düren
Feinendegen, Prof. Dr. Ludwig, Jülich-Stetternich
Schulze, Johann, Düren
Stehl, Erika, Linnich
Hautzenröder, Engelbert Josef, Düren
Vroomen, Josef, Aldenhoven
Krifft, Peter, Düren
Schwede, Hans-Hermann, Nörvenich-Rath
Schoeller, Karin, Niederzier
Luckhardt, Hermann, Düren
Sauerbier, Karl, Düren
Zipfel, Helmut, Düren

1995

Steffens, Johann Paul, Düren
Weber, Valentin, Nideggen
Wackerzapp, Winfried, Linnich
Refisch, Paul Georg, Langerwehe
Bens, Peter, Nideggen
Wolf, Wolfgang, Kreuzau
Vois, Franz Josef, Düren

1996

Daheim, Franz, Heimbach
Bosshammer, Bernhard, Düren
Pohl, Heinrich , Merzenich
Hallstein, Peter Paul, Nörvenich
Engels, Josef Paul, Vettweiß
Breuer, Wilfried, Langerwehe
Ludwig, Johann Hubert, Linnich
Wenzler, Maria, Düren
Treusch, Prof. Dr. Joachim, Jülich
Hettfleisch, Günter, Düren

1997

Berg, von, Dr. Herta, Jülich
Schmidt, Heinrich, Jülich
Schröder, Gisela, Düren
Röhlich, Felix, Düren
Schumacher, Günter, Düren
Bergs, Josef, Düren
Hecker, Anton, Jülich
Hammerl, Franz, Linnich
Danneck, Gottfried, Aldenhoven
Faßbender, Axel, Merzenich
Mickisch, Helmut Werner, Kreuzau
Bücker, Friedhelm, Kreuzau
Emonts-Gast, Wilhelm, Düren
Nelles, Friedrich, Aldenhoven
Offermanns, Peter, Aldenhoven
Vogel, Günther Josef, Düren
Joder, Josef, Aldenhoven
Pölderl, Friedrich-Paul, Düren

Neffgen, Wilhelm, Düren
Diening, Katharina, Merzenich
Axer, Bernhard, Inden
Schavier, Karl, Inden

1998

Spies, Peter, Düren
Gahner, Erhard, Titz
Rüttgers, Theodor, Vettweiß
Heyendael, Richard, Düren
Fiedler, Erich, Langerwehe
Schmitz, Matthias, Langerwehe
Bongartz, Gerhard, Merzenich
Ebertz, Josef, Düren-Echtz
Käufler, Wolfgang, Düren
Baumgarten, Heribert, Düren
Boje, Ernst, Heimbach
Schaffer, Hildegard, Jülich
Otte, Ursula, Düren
Dammers, Johann (2)*, Kreuzau
Bergs, Matthias, Nideggen
Boost, Heinz, Aldenhoven
Korte, Prof. Günter Wilhelm, Jülich
Franken, Heinrich, Jülich
Dick, Adolf, Jülich
Mühlbauer, Klaus, Nörvenich
Schiffer, Hubert Jakob, Düren
Vitzer, Walter, Düren
Kamphausen, Arnold, Niederzier
Spies, Johann, Merzenich
Hermanns, Wilhelm, Inden

1999

Schmidt, Günter, Düren
Smidt, Franz Josef, Vettweiß
Berger, Jakob, Merzenich
Rüffer-Schleif, Brigitte Alma , Aldenhoven
Gratz, Stephan, Vettweiß
Havers, Leo, Vettweiß
Frings, Dr. Kurt, Düren
Sistenich, Barthel, Düren
Börder, Johann Josef , Heimbach
Schunkert, Herbert, Düren
Voihs, Jakob, Düren
Wasserhoven, Franz, Aldenhoven
Meier, Maria Helga, Kreuzau

2000

Katzenbauer, Johann Georg, Düren
Spies, Werner, Düren
Schroeder, Viktor Wilhelm, Düren
Strack, Christian, Nörvenich
Venrath, Andreas Johann, Linnich
Burlet, Hermann, Inden
Kronenberg, Dr. Dr. h. c. Friedrich, Nideggen
Kalmbach, Waltraud, Nideggen
Vogt, Wolfgang, Düren
Lettmayer, Udo, Düren
Delhougne, Rolf, Düren
Stollenwerk, Robert, Merzenich

2001

Henssen, Klaus, Jülich
Dülmer, Werner, Düren
Fischer, Ludwig, Nideggen
Borsdorff, Klaus Peter, Düren
Braun, Eduard, Inden
Conrads, Prof. Dr. Johannes Peter , Jülich
Mohrhauer, Dr. Hans, Jülich

2002

Franken, Theodor, Nörvenich
Hages, Franz-Josef, Düren
Müller, Peter Josef , Jülich
Lucas, Manfred Herbert, Kreuzau
Engels, Susanne, Düren
Heyder, Max Johannes, Düren
Spithaler, Dr. Wolfgang Friedrich, Düren

2003

Mock, Willi Arnold, Langerwehe
Strohband, Karl-Heinz, Düren
Sever, Johann, Kreuzau
Brandenburg, Franz-Josef, Nideggen
Albrecht, August, Aldenhoven
Heybutzki, Helmut, Jülich
Schoeller, Leopold Gerold, Niederzier
Thomas, Arnold Heinrich, Hürtgenwald
Katterbach, Josef, Merzenich

2004

Wiedenlübbert, Friedrich Lorenz , Kreuzau
Hinzen, Peter-Josef, Düren
Jerathe, Gerhard Erich, Linnich
Kurth, Robert Josef, Langerwehe
Lambertin, Servatius, Jülich
Wegner, Reinhold Heinrich, Niederzier
Kelzenberg, Kurt, Jülich
Faßmann, Jakob, Jülich
Bongartz, Karl Gustav, Düren
Joachim, Manfred, Nörvenich
Pier, Heinrich, Jülich
Dauvermann, Johann Josef, Düren
Jansen, Matthias Wilhelm, Aldenhoven
Kliffken, Fritz, Jülich
Kufferath, Karl Theodor, Düren
Petrasek, Karl, Jülich
Sorge, Peter Karl, Aldenhoven
Witt, Karl-Heinz, Düren
Petry, Wolfgang, Düren
Prinz, Wilhelm, Niederzier
Nathaus, Günter, Inden
Kurth, Anton Andreas, Langerwehe
Petry, Sören, Düren
Quednau, Helga, Jülich
Schüssler, Heinz August, Jülich

2005

Oltrogge, Günther Helmuth, Düren
Harzheim, Matthias, Merzenich
Wolf, Prof. Dr. Gerhard Hans , Jülich
Ludwig, Waltraut Anna, Kreuzau
Gottaut, Horst, Jülich
Hövelmann, Renate Elsa, Jülich
Kesseler, Heribert, Nörvenich
Messenig, Joseph Leo, Hürtgenwald
Leopold, Sibilla Agathe, Titz
Sauer, Maria Anna, Titz
Schlader, Arnold, Jülich

2006

Schoeller, Ina Ingeborg, Düren
Eschenbrücher, Wilhelm Jakob, Titz
Floßdorf, Prof. Wilhelm, Düren
Krieger, Matthias Hermann, Linnich
Merk, Julius, Merzenich
Weber, Norbert, Düren
Wirtz, Engelbert, Niederzier
Merk, Maria Helena, Merzenich
Schwahn, Christine, Düren
Füngeling, Heribert, Vettweiß
Bange, Marlis, Linnich
Esser, Jakob Helmut, Merzenich
Jannes, Karl-Heinz, Düren

2007

Reuter, Gertrud, Titz
Schräer, Johann Ludwig, Düren
Schütz, Pauline Genoveva , Düren
Hüttemann, Theodor Josef, Düren
Koch, Lothar, Düren
Maxrath, Jan Gregor, Niederzier
Marx, Josef Reinhard, Inden
Mainz, Wilhelm Josef, Jülich
Oslender, Liselotte, Düren
Walldorf, Peter Matthias, Düren
Criado Camarero, Maria Luisa, Düren
Mächler, Georg Josef, Nideggen
Hohn, Rolf Peter, Düren
Schumacher, Veronika Gertrud, Kreuzau

2008

Grünberg, Prof. Dr. Peter Andreas, Jülich
Schnitzler, Josef Matthias, Kreuzau
Kuß, Wilhelm Matthias, Nörvenich
Rose, Siegfried Josef, Niederzier
Heselhaus, Carl-Heinrich, Düren
Hall, Cilly, Niederzier
Kloock, Irmtraud Emma , Düren

2009

Müller, Heinrich Andreas , Jülich
Schroeder, Prof. Dr. Kurt Wilhelm, Düren

Breuer, Franz-Josef, Niederzier
Weiß, Rosemarie Dorothea, Düren
Bank, Josef, Merzenich
Eynern, von, Eckhart, Düren
Pütz, Josefine Katharina, Merzenich
Etzel, Gertrud, Linnich
Theodoridis, Nikolaos, Düren
Schubert, Lothar, Düren
Groß, Elfriede Maria, Düren

2010

Berns, Rolf, Jülich
Mertens, Anton Franz, Jülich
Eimert-Brings, Dr. Dorothea Agathe, Düren

2011

Pinkert, Karoline, Inden
Theilen, Friedrich Wilhelm, Nörvenich
Bartz, Franz Rainer, Langerwehe
Cremer, Katharina Heidemarie, Nörvenich
Momen, Yousef, Düren
Schauerte, Raphael Otto, Düren
Budinger, Petra Antoinette, Düren
Dickmeis, Willi, Aldenhoven

2013

Koch, Hannelore Maria, Düren
Maschke, Helga Karin, Jülich
Sendler, Günter Herbert, Düren
Frey, Heinrich, Jülich

2014

Herzogenrath, Margareta Katharina, Düren
Mund, Berthold, Langerwehe-Schlich
Borsdorff, Klaus Peter, Düren
Hecker, Gerda Friederike, Merzenich

2015

Rosenkranz, Veronika Maria, Düren

2016

Röttger, Prof. Dr. Peter Heinrich, Düren

2017

Gerwien, Dittmar, Kreuzau

2018

Rosenkranz, Heinrich Josef, Niederzier
Kufferath-Kaßner, Dr. Stephan Alexander, Düren
Pelzer, Siegfried Johannes , Düren

2019

Steinbrecher, August Helmut, Hürtgenwald
Werker, Heinz Hubert, Niederzier
Erasmi, Franz-Wilhelm, Vettweiß
Hellwig, Maria Eva, Hürtgenwald
Bergs, Arnold, Düren
Spies, Dr. Heinrich, Kreuzau

2020

Almeida Reis Göbel, Maria de Lurdes, Nideggen
Göbel, Günter Leo, Nideggen
Odoj, Prof. Dr. Reinhard Arnulf, Hürtgenwald

2021

Joachim Ecker, Düren
Friedhelm Augustin, Jülich
Manfred Schultze

* (1) = erste Auszeichnung *(2) = Höherstufung

SPORT

Der Sport ist an der Rur, wie weltweit, die wichtigste Nebensache. Weit über 50 Sportarten werden im Kreis Düren ausgeübt. So bekannte Sportarten wie Fußball aber auch viele kleine Randsportarten, die die Menschen erfreuen.

Der Kreis Düren ehrt jährlich die erfolgreichsten Sportler der verschiedensten Disziplinen. Die Besten werden dabei mit dem „Goldenen Löwen" des Kreises Düren ausgezeichnet. Der Empfänger des „Goldenen Löwen" wird

Sport is the most important secondary activity on the Rur, as it is worldwide. Far more than 50 sports are practised in the district of Düren. There are such banal sports as football, but also many small marginal sports that people enjoy.

Every year, the district of Düren honours the most successful athletes in various disciplines. The best are awarded the „Golden Lion" of the Düren district.

The recipient of the „Golden Lion" is determined in ad-

jeweils zuvor durch eine Wahl, an der sich jedermann beteiligen kann, bestimmt. Bewertet werden Teams sowie die beste Sportlerin und der beste Sportler.

Ob jung, ob alt, der Kreissportbund Düren ermöglicht Bewegung nach Bedarf und Zielgruppe.

Fechten hat lange Tradition an der Rur. Jeder Schritt und jeder Stoß muss sitzen.

American Football auf der Westkampfbahn, dem heimischen Geläuf der Düren Demons.

vance by a vote in which anyone can participate.

Teams as well as the best sportswoman and the best sportsman are judged.

Whether young or old, the Düren District Sports Association makes exercise possible according to need and target group.

Fencing has a long tradition on the Rur. Every step and every kick has to be right.

American football on the Westkampfbahn, the home turf of the Düren Demons.

Eines der sportlichen Aushängeschilder im Kreis Düren sind die Bundesliga-Volleyballer der SWD Powervolleys Düren. Das Team spielt – nach einigen Jahren als „Fahrstuhlmannschaft" – seit 1996 in der höchsten Deutschen Spielklasse. Zweimal Vizemeister, fünfmal im Pokal-Finale und mehrere Auftritte im Europapokal – nur ein Titel fehlt noch. „Keimzelle" der Dürener Volleyballer ist eine Schul-AG im Jahr 1965 am heutigen Wirteltor-Gymnasium. Etwas später waren dann die Volleyball-Damen des Dürener TV deutlich erfolgreicher als die Herren, sie schafften Anfang der 70er Jahre den Aufstieg in die Bundesliga, traten ihren Platz aus wirtschaftlichen Gründen allerdings nicht an. Die Herren holten auf. Sie stiegen 1972 zum ersten Mal in die zweite Liga auf, im Jahr 1980 dann erstmals in die erste Liga. Heute haben sich die SWD Powervolleys Düren im oberen Teil der Bundesliga etabliert.

One of the sporting flagships in the Düren district is the Bundesliga (first division) volleyball players of the SWD Powervolleys Düren. After a few years as a „lift team", the team has been playing in the highest German league since 1996. Twice runnerup, five times in the cup final and several appearances in the European Cup - only one title is still missing. The „nucleus" of the Düren volleyball team was a school club in 1965 at today's Wirteltor grammar school.

A little later, the women's volleyball team of Dürener TV was much more successful than the men's team. In the early 1970s, they were promoted to the Bundesliga, but did not take their place for economic reasons. The men caught up and were promoted to the second division for the first time in 1972, then to the first division for the first time in 1980. Today, the SWD Powervolleys Düren have established themselves in the upper part of the Bundesliga.

Seit 1950 ist „Rund um Düren" einer der beliebtesten Radklassiker in Deutschland. Hunderte Radrenner treten an diesem Tag in die Pedale. Die Anstiege in der Eifel fordern dabei stets größte Anstrengungen.

Seit vielen Jahrzehnten ist Boxen an der Rur angesagt.

Ende Juli trifft sich der internationale Tennisnachwuchs U14 in Düren um die aktuellen Meister zu ermitteln.

Der Dürener Badesee ist immer wieder Schauplatz für Drachenbootrennen. Reitsport hat im Kreis Düren eine breite Basis.

Der Dürener Golfplatz, teilweise im Landschaftspark Schillingspark gelegen, gilt als anspruchsvoll.

Triathlon ist eine Sportart die immer mehr Anhänger findet.

Since 1950, „Rund um Düren" has been one of the most popular cycling classics in Germany. Hundreds of cyclists pedal on this day. The climbs in the Eifel always demand the greatest efforts.

For many decades, boxing has been the order of the day on the Rur.

At the end of July, the international junior tennis players U14 meet in Düren to determine the current champions.

The Düren bathing lake is always the venue for dragon boat races. Equestrian sports have a broad basis in the Düren district.

The Düren golf course, partly located in the Schillingspark landscape park, is considered challenging.

Triathlon is a sport that is gaining more and more followers.

Radfahren geht immer. Auf dem Rursee sind die Segler heimisch, die Taubensportler lassen ihre Vögel fliegen. Beachvolleyball und Triathlon übt man im Sommer aus, im Winter gibt es die Weltmeisterschaft im Tannenbaumweitwurf oder Eisstockschießen. Kleine Rennfahrer in der Seifenkiste und Könner auf dem Skateboard. Die Bogenschützen der Rollstuhlsportgemeinschaft in Aktion. Fingerhakeln ist ein besonderer Spaß. Radler beim Extrem Man, Rock `n´Roll auf der Straße, Ringen in der Bundesliga und Startvorbereitungen für einen Segelflug. Die Weltmeisterschaft im Kirschkernweitspucken lockt zur Annakirmes, die Jülicher Tischtennisspieler sind Meister an der Platte. Das Werfen des Bumerangs will gekonnt sein und beim Peter und Paul-Lauf in Düren sind Massen für den guten Zweck unterwegs.

Cycling is always possible. Sailors are at home on the Rursee, pigeon sportsmen let their birds fly. Beach volleyball and triathlon are practised in summer, in winter there is the world championship in fir tree throwing or curling. Little racers in the soapbox and experts on the skateboard. The archers of the wheelchair sports community in action. Fingerwrestling is a special kind of fun.

Cyclists at the Extreme Man, rock ´n´ roll on the street, wrestling in the Bundesliga (national league) and preparations for the launch of a glider. The world championship in cherry pit spitting attracts visitors to the Annakirmes, the Jülich table tennis players are champions at the table. Throwing the boomerang requires skill, and at the Peter and Paul Run in Düren, crowds are on the move for a good cause.

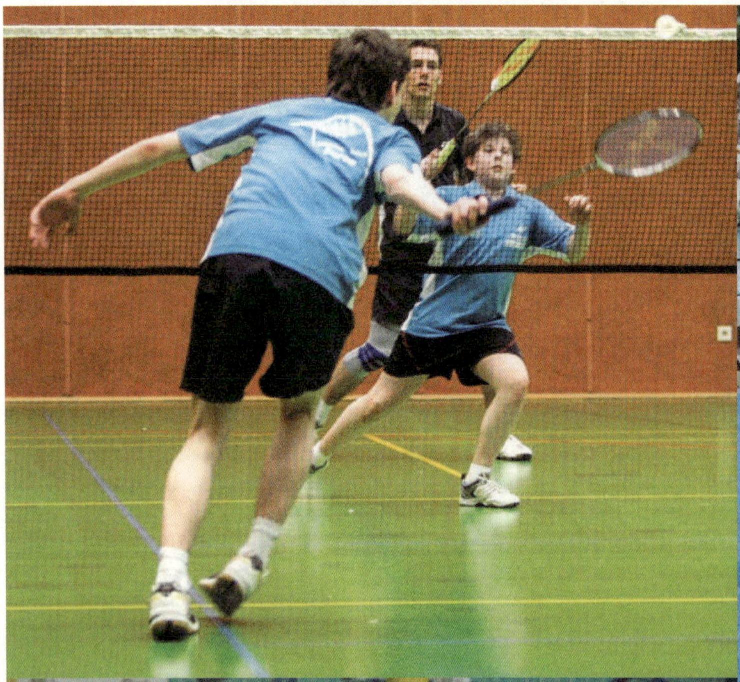

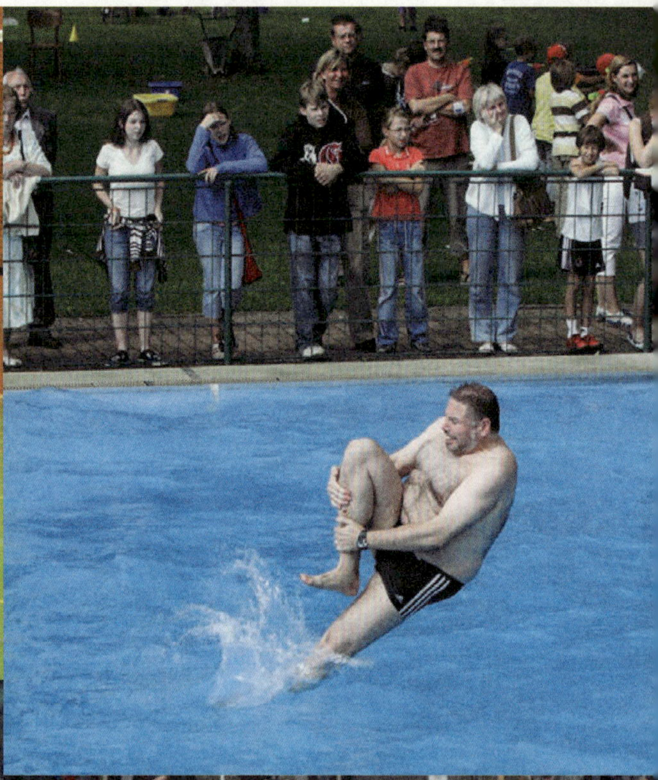

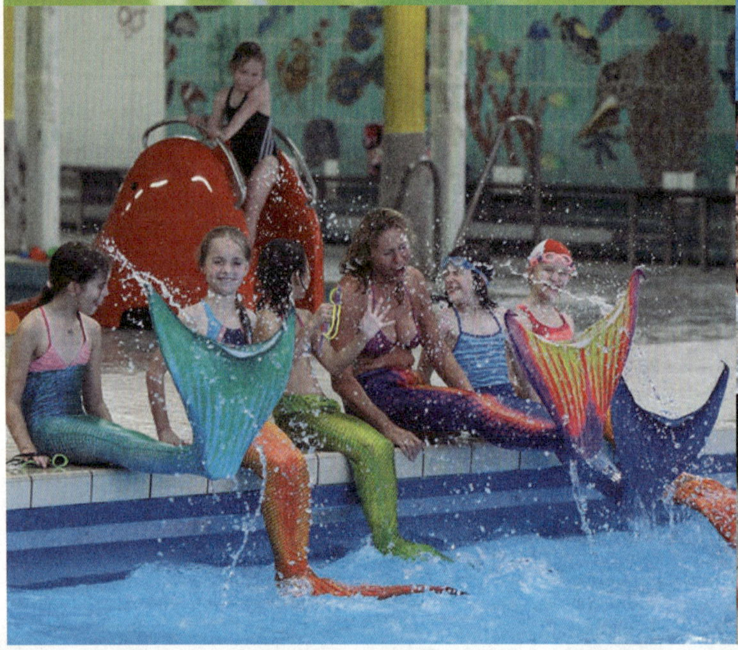

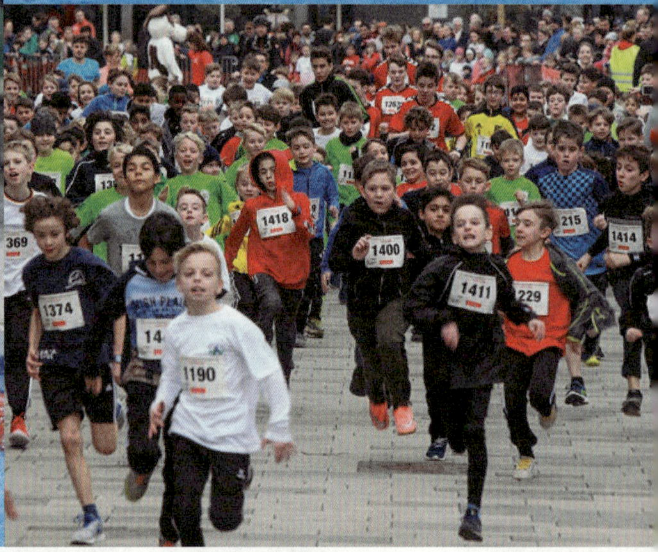
1418
1400
215
1414
369
1374
1411
229
1190

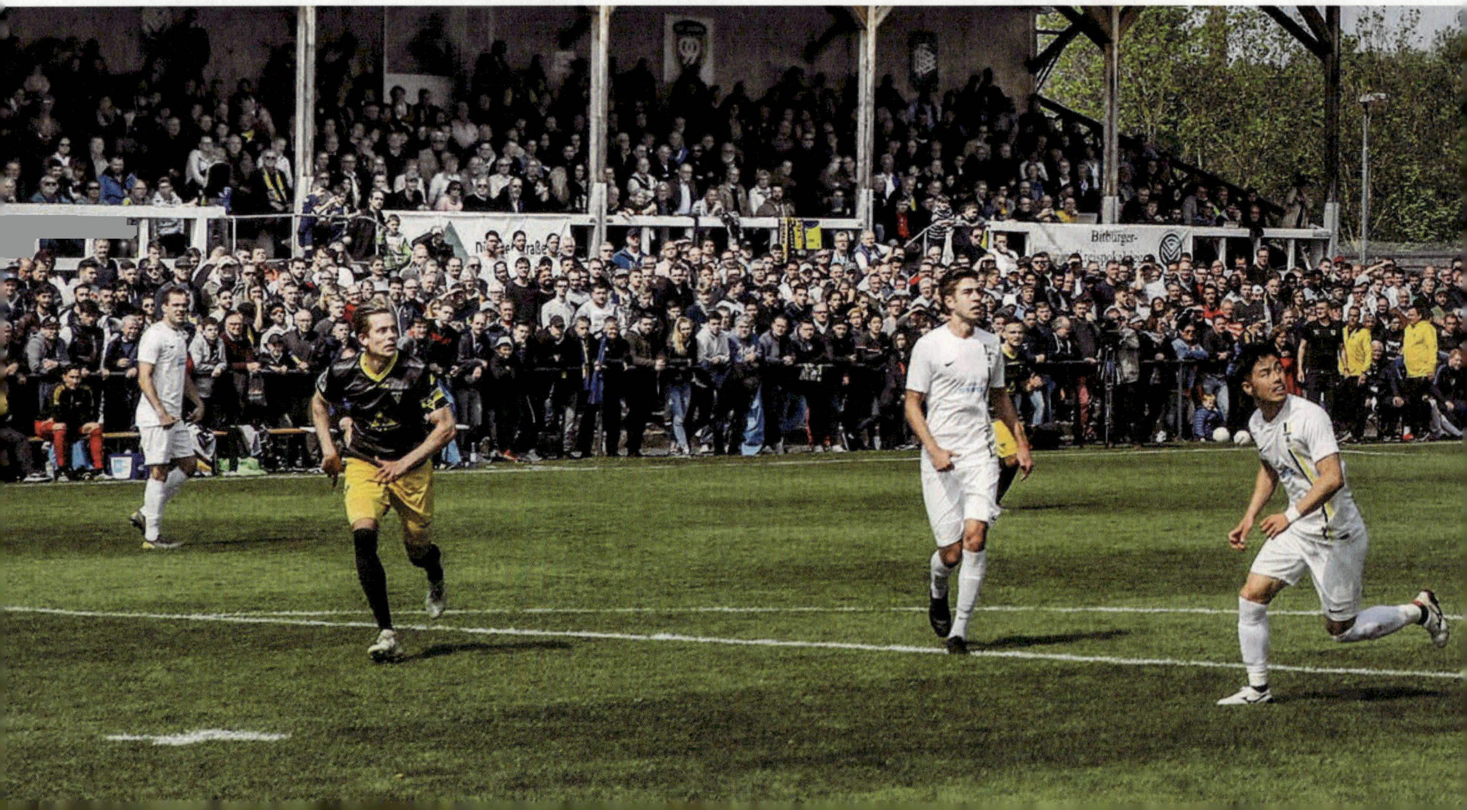
Bitburger

Links: Der 1. Badminton Club Düren verzeichnete in den letzten Jahren beachtliche Erfolge und spielte zeitweise in der Bundesliga. Ein reiner Spaß-Sport ist die Arschbomben-Weltmeisterschaft beim DTV-Düren. Mit Begeisterung sind die Kinder dabei, wenn der Stadtlauf Düren stattfindet. Während die Kleinen nur wenige hundert Meter rennen, geht es für die Erwachsenen bis zu zehn Kilometer weit. Schwimmen im Kostüm einer Meerjungfrau bereitet den Mädchen besonderen Spaß. Hier im Hallenbad in Siersdorf.

Rechts und unten: Fußball ist an der Rur die Sportart Nr. 1. Jährlich gibt es ein Hallenturnier. Der 1. FC Düren bot sogar im DFB-Pokal dem FC Bayern München die Stirn. Sponsoren ermöglichten den stilechten Mannschaftsbus. Die Westkampfbahn, das heimische Revier des 1.FC Düren, bietet mit ihrer historischen Tribüne vielen Fans Platz zum Zuschauen.

Left: The 1st Badminton Club Düren has had considerable success in recent years and at times played in the national league. A pure fun sport is the assbombing world championship at DTV-Düren.

Children are enthusiastically involved when the Düren city run takes place. While the little ones only race a few hundred metres, the adults go up to ten kilometres. Swimming in a mermaid costume is especially fun for the girls. Here in the indoor swimming pool in Siersdorf.

Right and below: Football is also the No. 1 sport on the Rur. There is an annual indoor tournament. The 1st FC Düren even stood up to FC Bayern Munich in the DFB Cup. Sponsors make the stylish team bus possible. The Westkampfbahn, the home turf of 1.FC Düren, offers many fans a place to watch with its historic grandstand.

Nicola Kondziella springt an die Spitze, während Bernd Küpper beim 24-Stunden-Rennen in Dubai die Pace vorgibt. Die Tänzer von Soul of Dance sind international erfolgreich, das Peloton der Tour de France bestimmte einen Tag das Geschehen im Nordkreis. Rechts: Billard bedarf höchster Konzentration. In der Arena Kreis Düren tanzt die Bundesliga und am Berg in Vossenack kämpfen die Oldtimer um Sekunden. Der Badesee Düren ist Schauplatz für Wakeboarder und Motorbootrennen.

Nicola Kondziella jumps to the top, while Bernd Küpper sets the pace at the 24-hour race in Dubai. The dancers of Soul of Dance are internationally successful; the peloton of the Tour de France determined the events in the north district for one day.
Right: Billiards requires the highest concentration. In the Arena Kreis Düren the Bundesliga (national league) dances and on the mountain in Vossenack the classic-cars fight for seconds. The Duren bathing lake is the venue for wake boarders and motorboat races.

Durch den Kreis Düren führt die Eisenbahnstrecke Aachen-Köln der Deutschen Bahn AG. Hierbei handelt es sich um eine zweigleisige Hauptstrecke mit einem regelmäßigen Interregio-, Regionalexpress-, Nah- sowie internationalen und nationalen Gütertransportverkehr. Der schnelle ICE und der Thalys kreuzen mehrmals täglich das Kreisgebiet von Ost nach West und umgekehrt.

In Nord-Süd-Richtung betreibt die Rurtalbahn von Heimbach bis Jülich mit Anbindung nach Linnich den Schienenverkehr als eingleisige Strecke im Rahmen des Personennahverkehrs. Weiterhin wird eine eingleisige Bahnstrecke, die RB 28 „Eifel-Bördebahn", bis nach Euskirchen angeboten. Die Rurtalbahn unterhält ein Streckennetz von 98 Kilometern, hält an 43 Bahnhöfen und Haltepunkten und befördert rund 1,4 Millionen Fahrgäste jährlich.

Zwei Autobahnen kreuzen den Kreis. Im nördlichen Bereich die Autobahn A44 von der AS Alsdorf-Hoengen bis zum Autobahnkreuz Titz-Jackerath. In der Mitte des Kreisgebietes verläuft die A4 von Inden-Frenz bis Kerpen-Buir. Diese Autobahnen werden sowohl im Schwerlastverkehr als auch vom Berufs- und Pendlerverkehr stark frequentiert, da diese auch als Zubringer an das niederländische und belgische Verkehrswegenetz dienen.

Durch den Kreis Düren führen sechs Bundesstraßen: Die B57, von der Kreisgrenze bei Körrenzig bis nach Gereonsweiler. Die B55n/B55, von der Anschlussstelle zur A44 bei Mersch bis zur Kreisgrenze bei Titz-Höllen in Richtung Erftkreis. Die B56n/B56, im Norden von Aldenhoven-Freialdenhoven kommend, über die A4 bei Düren hinweg, östlich an Düren vorbei. Sie kreuzt dort die B264 und führt weiter bis zur Kreisgrenze bei Vettweiß-Froitzheim in Richtung Kreis Euskirchen. Die B265, von Hergarten-Düttling über Nideggen-Wollersheim, ebenfalls in Richtung Euskirchen. Ferner die B264, von Aachen kommend, über Langerwehe, Düren und bei Merzenich-Golzheim in den Erftkreis führend. Die B399 beginnt in Düren und führt über Hürtgenwald bei Raffelsbrand in die Städteregion Aachen.

Von den Kreisstraßen bis zu den Autobahnen ist das Straßennetz im Kreis Düren 733,9 Kilometer lang. Dabei schlagen die Autobahnen mit 45,2 Kilometern zu Buche. 128,4 Kilometer weit kann man im Kreis Bundesstraßen nutzen und das Netz der Landstraßen beträgt 357,3 Kilometer. Der Kreis Düren selbst betreut 202,9 Kilometer Kreisstraßen, von der K1, die von Tetz, Boslar, Hompesch nach Müntz führt, bis zur K 82, die sich von Embken in den Kreis Euskirchen erstreckt.

The Aachen-Cologne railway line of Deutsche Bahn AG runs through the district of Düren. This is a double-track main line with regular interregional, regional express, local and international and national freight transport services. The fast ICE and Thalys trains cross the district from east to west and vice versa several times a day.

In the north-south direction, the Rurtalbahn operates rail transport from Heimbach to Jülich with a connection to Linnich as a single-track line within the framework of local passenger transport. Furthermore, a single-track railway line, the RB 28, „Eifel-Bördebahn", is offered as far as Euskirchen. The Rurtalbahn maintains a route network of 98 kilometres, stops at 43 stations and stops and transports around 1.4 million passengers annually.

Two motorways cross the district. In the northern area, the A44 motorway from the Alsdorf-Hoengen junction to the Titz-Jackerath junction. In the centre of the district, the A4 runs from Inden-Frenz to Buir. These motorways are heavily frequented by heavy goods vehicles as well as commuter traffic, as they also serve as feeder roads to the Dutch and Belgian transport networks.ix federal roads run through the district of Düren: B57,

from the district border at Körrenzig to Gereonsweiler. B55n/ B55, from the junction to the A44 at Mersch to the district border at Titz Höllen in the direction of the Erftkreis. B56n/B56, in the north from Aldenhoven Freialdenhoven across the A4 at Düren, east past Düren, crosses the B264 there and continues to the district border at Vettweiß-Froitzheim in the direction of the district of Euskirchen, the B265, from Hergarten-Düttling via Nideggen-Wollersheim, also in the direction of Euskirchen.

Furthermore, the B264, coming from Aachen via Langerwehe, Düren and leading into the Erft district at Merzenich-Golzheim, and the B399, starting in Düren and leading via Hürtgenwald at Raffelsbrand into the Aachen district.

From the district roads to the motorways, the road network in the district of Düren is 733.9 kilometres long. The motorways account for 45.2 kilometres. 128.4 kilometres of federal roads can be used in the district and the network of rural roads is 357.3 kilometres long. The district of Düren itself looks after 202.9 kilometres of district roads, from the K1, which leads from Tetz, Boslar, Hompesch to Müntz, to the K 82, which leads from Embken to the district of Euskirchen.

STRASSEN & WEGE · 333

Vermessungs- uns Katasteramt des Kreis Düren
März 2021
Bearbeiter Willi Weitz (62/21) AZ:21-70-0006

PERSÖNLICHKEITEN: DIE LANDRÄTE, OBERKREISDIREKTOREN...

KREIS DÜREN

Johannes Kaptain, Landrat, 1972 bis 1989

Adolf G. Retz, Landrat, 1989 bis 1994

Manfred Lucas, Landrat, 1994 bis 1999

Wolfgang Spelthahn, Landrat, seit 1999

Dr. Gustav Innecken, Oberkreisdirektor, 1972 bis 1981

Josef Hüttemann, Oberkreisdirektor, 1981 bis 1997

Annemarie Frage-Münch, Oberkreisdirektorin 1997 bis 1999

GEMEINDE ALDENHOVEN

Franz Vit, Bürgermeister, 1972 bis 1984

Hans Schöder, Bürgermeister, 1984 bis 1989 und 1993 bis 1999

Ulf Vit, Bürgermeister, 1989 bis 1993

Emil Frank, Bürgermeister, 1999 bis 2007

Lothar Tertel, Bürgermeister, 2007 bis 2014

Ralf Claßen, Bürgermeister, seit 2014

Hermann Goertz, Gemeindedirektor, 1972 bis 1983

Franz Müller, Gemeindedirektor, 1983 bis 1991

STADT DÜREN

Wolfgang Vogt, Bürgermeister, 1972 bis 1983

Hans Becker, Bürgermeister, 1983 bis 1984

Josef Vosen, Bürgermeister, 1984 bis 1999

Paul Larue, Bürgermeister, 1999 bis 2021

Frank Peter Ullrich, Bürgermeister, seit 2020

Dr. Hubert Lentz, Stadtdirektor, 1962 bis 1985

Dr. Hans Lehmacher, Stadtdirektor, 1986 bis 1990

Eckhard Creutz, Stadtdirektor, 1990 bis 1998

STADT HEIMBACH

Hans Günther Pütz, Bürgermeister, 1968 bis 2004

Bert Züll, Bürgermeister, 2004 bis 2014

Peter Cremer, Bürgermeister, 2014 bis 2020

Jochen Weiler, Bürgermeister, seit 2020

Hans Vellen, Stadtdirektor, 1970 bis 1988

Hans Georg Schumacher, Stadtdirektor, 1988 bis 1996

...BÜRGERMEISTER, STADT- UND GEMEINDEDIREKTOREN SEIT 1972

GEMEINDE HÜRTGENWALD

Heinrich Pekart, Bürgermeister, 1969 bis 1975

Arnold Thomas, Bürgermeister, 1975 bis 1989 und 1994 bis 1999

Johannes Becker, Bürgermeister, 1989 bis 1994

Axel Buch, Bürgermeister, 1999 bis 2020

Andreas Claßen, Bürgermeister, seit 2020

Willi Böhmer, Amts- und Gemeindedirektor, 1956 bis 1973

Willy Engels, Gemeindedirektor, 1973 bis 1976

August Scholl, Gemeindedirektor, 1976 bis 1988

Günther Schumacher, Gemendedirektor 1988 bis 1994

Bruno Rossbroich, Gemeindedirektor, 1995 u. 1998 bis 1999

GEMEINDE KREUZAU

Hans Zens, Bürgermeister, 1969 bis 1999

Walter Ramm, GD, 1995 bis 1999, BM, 1999 bis 2014

Ingo Eßer, Bürgermeister, seit 2014

Willi Schabrucker, Gemeindedirektor, 1995 bis 1998

Johannes Engels, Amts- und Gemeindedirektor, 1958 bis 1982

Heinrich Niehaves, Gemeindedirektor, 1982 bis 1995

STADT JÜLICH

Karl Knipprath, Bürgermeister, 1956 bis1984

Heinz Schmidt, Bürgermeister, 1984 bis 1994

Dr. Peter Nieveler, Bürgermeister, 1994 bis 1999

Heinrich Stommel, SD, 1992 bis 1999, BM 1999 bis 2015

Axel Fuchs, Bürgermeister, seit 2015

Albert-Eduard Schröder, Stadtdirektor, 1962 bis 1991

Rainer Gohlke, Kommissarisch. Stadtdirektor, 1991 bis 1992

GEMEINDE INDEN

Josef Gerards, Gemeindedirektor, 1972 bis 1983

Willi Wolff, Bürgermeister, 1972 bis 1999

Manfred Halfenberg, GD 1991 bis 1999, BM 1999 bis 2004

Ulrich Schuster, Bürgermeister, 1999 bis 2015

Jörn Langefeld, Bürgermeister, 2015 bis 2020

Stefan Pfennings, Bürgermeister, seit 2020

Bernd Röntgen, Gemeindedirektor, 1983 bis 1991

SD = Stadtdirektor / GD = Gemeindedirektor / BM = Bürgermeister

PERSÖNLICHKEITEN: DIE LANDRÄTE, KREISDIREKTOREN...

GEMEINDE LANGERWEHE

Dr. Eberhard Grafenschäfer, Bürgermeister, 1972 bis 1978

Hans-Josef Johnen, Bürgermeister, 1978 bis 1984

Paul Kuckertz, Bürgermeister, 1984 bis 1986

Erich Fiedler, Bürgermeister, 1986 bis 1994

Heinz Tillmanns, GD 1980 bis1994, BM 1994 bis 1999

Franz-Josef Löfgen, Bürgermeister, 1999 bis 2009

Helmut Brockmeier, Amts- & Gemeindedir., 1966 bis 1974

Heinrich Becker, Gemeindedirektor, 1974 bis 1980

Heinrich Göbbels, Bürgermeister, 2009 bis 2020

Peter Münstermann, Bürgermeister, seit 2020

STADT LINNICH

Josef Weiler, Bürgermeister, 1969 bis 1974

Heribert Emunds, Bürgermeister, 1974 bis 1989

Peter Mertens, Bürgermeister, 1989 bis 1994

Wolfgang Wittkop, Bürgermeister, 1994 bis 2015

Marion Schunck-Zenker, Bürgermeisterin, seit 2015

Josef Schürmann, Stadtdirektor, 1959 bis 1979

Horst-Dieter Uebber, Stadtdirektor, 1980 bis 1996

GEMEINDE MERZENICH

Adolf Goergen, Bürgermeister, 1972 bis 1975

Matthias Harzheim, Bürgermeister, 1975 bis 1979

Jakob Meurer, Bürgermeister, 1979 bis 1997

Moritz Bayer, Amts- und Gemeindedirektor, 1969 bis 1978

Hermann-Josef Werres, GD 1979 bis 1997, BM 1997 bis 1999

Peter Harzheim, Bürgermeister, 1999 bis 2015

Georg Gelhausen, Bürgermeister, seit 2015

STADT NIDEGGEN

Felix Jung, Bürgermeister, 1969 bis 1972

Karl Küpper, Bürgermeister, 1972 bis 1980

Paul Bergsch, Bürgermeister, 1980 bis 1994

Ludwig Fischer, Bürgermeister, 1994 bis 1999

Werner Keldenich, Stadtdirektor, 1972 bis 1993

Willi Hönscheid, SD 1993 bis 1999, BM 1999 bis 2009

Margit Göckemeyer, Bürgermeisterin, 2009 bis 2015

Marco Schmunkamp, Bürgermeister, seit 2015

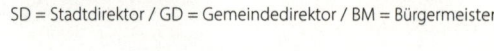
SD = Stadtdirektor / GD = Gemeindedirektor / BM = Bürgermeister

GEMEINDE NIEDERZIER

Karl Frey, Bürgermeister, 1972 bis 1973

Peter Müller, Bürgermeister, 1973 bis 1979

Gerhard Jentgens, Bürgermeister, 1979 bis 1984

Peter Willems, Bürgermeister, 1984 bis 1989

Anton Kallen, Bürgermeister, 1989 bis 1994

Günter Pick, Gemeindedirektor, 1974 bis 1994

Hartmut Nimmerrichter, GD 1995 bis 1999, BM 1999 bis 2007

Reinhold Wegner, Bürgermeister, 1994 bis 1999

Hermann Heuser, Bürgermeister, 2007 bis 2020

Frank Rombey, Bürgermeister, seit 2020

GEMEINDE NÖRVENICH

Heinrich Kuss, Bürgermeister, 1969 bis 1983

Wilhelm Lennartz, Bürgermeister, 1983 bis 1989

Jakob Mevis, Bürgermeister, 1989 bis 1994

Josef Steffens, Bürgermeister, 1994 bis 1999

Josef Pütz, Amts- und Gemeindedirektor, 1952 bis 1972

Gerd Bandilla, Gemeindedirektor, 1972 bis 1992

Hans-Jürgen Schüller, GD 1992 bis 1999, BM 1999 bis 2015

Dr. Timo Czech, Bürgermeister, seit 2015

GEMEINDE TITZ

Wilhelm Lieven, Bürgermeister, 1969 bis 1994

Hans-Jürgen Herrmann, Bürgermeister, 1994 bis 1999

Josef Nüßer, Bürgermeister, 1999 bis 2009

Jürgen Frantzen, Bürgermeister, seit 1999

Arnold Breuer, Amts- und Gemeindedirektor, 1959 bis 1973

Franz Matthias Nelles, Gemeindedirektor, 1973 bis 1988

Heinz Kleinen, Gemeindedirektor, 1989 bis 1999

GEMEINDE VETTWEISS

Dr. Heinz Steinmann, Bürgermeister, 1972 bis 1979

Engelbert Claßen, Bürgermeister, 1979 bis 1985

Rudolf Jöntgen, Bürgermeister, 1985 bis 1989

Hans Maus, Bürgermeister, 1989 bis 1994

Theo Happe, Bürgermeister, 1994 bis 1999

Matthias Schick, Gemeindedirektor, 1972 bis 1984

Karl Lindner, Gemeindedirektor, 1984 bis 1992

Josef Kranz, GD 1992 bis 1999, BM 1999 bis 2015

Joachim Kunth, Bürgermeister, seit 2015

300 000+

Viele Wege führen in den Kreis Düren. Das will man sich zu Nutze machen. Bis 2025, so das Ziel, soll der Kreis Düren wachsen. Von 270 000 Einwohnern auf 300 000 Einwohner. Ein hehres Ziel - doch machbar.

Im Kreis tut sich was! Es gibt wohl kaum einen spannenderen Ort zum Leben als diesen. Wenn man das Rheinland liebt, dann ist man im Kreis Düren perfekt aufgehoben. Denn am Ende des Kohlezeitalters entsteht hier die größte Seenplatte weit und breit: Auf der Fläche der heutigen Braunkohletagebaue wird eine der attraktivsten Landschaften Mitteleuropas – mit Wassersportmöglichkeiten, vielen Freizeitangeboten und vielleicht einem Bauplatz für das Traumhaus Haus am See gestaltet. Pioniere profitieren. Schnell sein lohnt sich, um die besten Wohnplätze zu belegen.

Heute schon sind die 15 Städte und Gemeinden im Kreis Düren eine perfekte Alternative zu Großstädten. Und sie liegen nur einen Steinwurf weit entfernt. Zwischen Bonn, Köln, Düsseldorf und Aachen, zwischen Nordeifel und Jülicher Börde, an den Ufern der Rur - und später mit drei großen Seen - findet man eine Lebensqualität, die in Großstädten nicht erreicht wird.

Rege Bautätigkeit zeigt, dass der zwischen den großen Städten gelegene Kreis Düren ein beliebter Ort zum Wohnen ist. Die Verkehrsanbindungen sind sehr gut, der Freizeitwert ist enorm.

Lively construction activity shows that the district of Düren is a popular place to live between the big cities. The transport connections are very good, the recreational value enormous.

Many roads lead to the district of Düren. We want to take advantage of this. The aim is for the Düren district to grow by 2025.

From 270,000 to 300,000 inhabitants. A lofty goal - but feasible. Things are happening in the district!

There is hardly a more exciting place to live than this. If you love the Rhineland, then you are in perfect hands in the Düren district.

Because at the end of the coal age, the largest lake district far and wide is being created here: On the site of today's opencast lignite mines, one of the most attractive landscapes in Central Europe - with water sports facilities, many leisure activities on offer and perhaps a place for your house by the lake - is being created. Pioneers profit. It pays to be quick in order to occupy the best housing sites.

Today, the 15 towns and communities in the Düren district already offer a perfect alternative to big cities. And they are only a stone's throw away. Between Bonn, Cologne, Düsseldorf and Aachen, between the northern Eifel and the Jülich Börde, on the banks of the Rur - and later with three large lakes - you will find a quality of life that is unmatched in big cities.

Der Kreis Düren hat einiges zu bieten: Anziehende Urbanität mit attraktiven Arbeitsplätzen und viel Natur, jede Menge Freizeitangebote. Familienfreundlich ist er allemal. Und mit einer guten Infrastruktur ausgestattet. Während in den nahe gelegenen Metropolen Köln und Düsseldorf sowie in Aachen und Bonn Mieten und Baulandpreise in die Höhe schießen, lässt es sich im Kreis Düren weitaus günstiger wohnen. Bald sogar am See. Mit dem Ende der Braunkohleförderung entsteht im Kreis Düren eine einzigartige Seenplatte, deren Anziehungskraft in die Region ausstrahlen wird. Sie wird Touristen anlocken, Neubürger und Einheimische. Aber auch sonst lässt es sich im Kreis gut leben. Die 15 Kommunen bieten Raum und Möglichkeiten, um mindestens 30 000 neuen Einwohnern eine neue Heimat zu bieten.

Gute Bildungsangebote, ein modernes Gesundheitssystem, abwechslungsreicher und niveauvoller Handel, eine bunte Gastronomielandschaft und eine Vielzahl von Freizeitmöglichkeiten. Kurzum: Lebensqualität im Kreis Düren. Und damit die Bürger schnell und bequem von A nach B kommen, wird die Infrastruktur aus- und umgebaut. Allein drei große Schienenprojekte werden dafür sorgen, dass das Umland und die umliegenden Großstädte in kurzer Zeit erreicht werden können. Zudem sorgt ein komfortabel ausgestattetes Bussystem dafür, dass die Menschen mobil sind und bleiben.

Der Kreis Düren ist Forschungs- und Wissenschaftsstandort. Auch das zählt für die Wachstumsoffensive. Die Fachhochschule Jülich, das Forschungszentrum Jülich oder der Campus Aldenhoven sind Beispiele für die Innovationskraft des Kreises und bieten attraktive Arbeitsplätze. Gute Jobs bietet ebenfalls der Mittelstand, und wer als Familie in den Kreis zieht, trifft auf weitgehend gebührenfreie Kita-Plätze, mehr als 100 Schulen und einen bunten Strauß von kulturellen und sportlichen Angeboten.

Der Kreis Düren begreift den durch das absehbare Ende der Braukohleförderung eingeläuteten Strukturwandel als Herausforderung und vor allem: als Chance. Neue Gewerbeflächen und Arbeitsplätze entstehen, Freizeit- und Tourismusangebote werden erweitert. Außerdem wird der Kreis sich weiter von seiner innovativen Seite zeigen und seinen schon guten Ruf als Wasserstoffregion mit alternativen Antriebsformen ausbauen. Dazu passt: Bis 2035 soll der Kreis Düren klimaneutral werden. Das alles gehört zur Wachstumsoffensive des Kreises Düren. Statt 270 000 sollen 300 000 Einwohner gezählt werden. Das entspricht einer Steigerung der Bevölkerung um mehr als zehn Prozent bis 2025.

Die natürlich gewachsenen Strukturen der Orte bieten besonders jungen Familien große Vorteile und Platz für den Nachwuchs. Dessen Versorgung von der Kita bis zum Abitur ist gesichert. Im Kreis baut man günstiger als in der Großstadt, die Wochenmärkte bieten eine große Vielfalt.

The naturally grown structures of the villages offer great advantages, especially for young families. There is room for their offspring and they are provided for from nursery school to high school graduation. Building in the district is cheaper than in the big city, and the weekly markets offer a great variety.

The district of Düren has a lot to offer. Attractive urbanity with attractive jobs and lots of nature, lots of leisure activities. It is also family-friendly. And it has a good infrastructure. While rents and building land prices skyrocket in the nearby metropolises of Cologne and Düsseldorf as well as in Aachen and Bonn, it is much cheaper to live in the district of Düren. Soon even at the lake. With the end of lignite mining, a unique lake district is being created in the Düren district that will radiate far into the region. It will attract tourists, new citizens and locals. But the district is also a good place to live.

Its 15 municipalities offer space and opportunities to provide a new home for at least 30,000 new inhabitants.

Good educational opportunities, a modern health system, varied and sophisticated trade, a colourful gastronomic landscape and a multitude of leisure opportunities. In short: quality of life in the district of Düren.

And so that the citizens can get from A to B quickly and comfortably, the infrastructure is being expanded and rebuilt.

Three major rail projects alone will ensure that the surrounding area and the surrounding cities can be reached in a short time.

In addition, a comfortably equipped bus system ensures that people are and remain mobile.

The district of Düren is a research and science location. This also pays off in the 300,000+ growth offensive.

The Jülich University of Applied Sciences, the Jülich Research Centre and the Aldenhoven Campus are examples of the district's innovative strength and offer attractive jobs.

Good jobs are also offered by small and mediumsized businesses, and those who move to the district as a family will find largely free daycare places, more than 100 schools and a colourful bouquet of cultural and sporting activities.

The district of Düren sees the structural change heralded by the foreseeable end of lignite mining as a challenge and above all: as an opportunity. New commercial areas and jobs are being created and leisure and tourism facilities are being expanded.

In addition, the district will continue to show its innovative side and expand its already good reputation as a hydrogen region with alternative forms of propulsion.

This fits in with this: The district of Düren is to become climateneutral by 2035. All this is part of the growth offensive of the Düren district. 270,000 will become 300,000, ten percent more inhabitants by 2025. The future is lived in the present.

REGISTER

Es gibt verschiedene Perspektiven, aus denen man einen runden Geburtstag betrachten kann. Bei der Konzeption und der Erstellung dieses Buches haben wir primär das Heute im Blick gehabt, ohne dabei die Wurzeln, das Gestern, zu übersehen.

Der Kreis Düren mit seinen fast 1000 Quadratkilometern Fläche, seinen über 270 000 Einwohnern, seit Generationen hier verwurzelt oder aber aus verschiedensten Teilen dieser Welt stammend, birgt unzählige spannende Geschichten, zumal entlang der Rur die Zeit nicht stillsteht, sondern gerade aktuell Weichen gestellt werden, die die Menschheit in den nächsten Generationen prägen wird.

Doch bleiben wir im Zeitalter von Öl und Kohle: Man darf nicht übersehen, dass die „Tüten" für Apfelsaft im Supermarkt aus Linnich kommen oder ein Jülicher dafür verantwortlich ist, dass wir heute alle ein Smartphone mit uns herumtragen. Beim Blick zurück hat die journalistische Arbeit lange nicht mehr so viel Spaß gemacht. Nicht nur, dass wir an persönliche Highlights erinnert wurden, immerhin blicken wir auf über 50 Jahre beziehungsweise knapp 40 Jahre journalistischer Tätigkeit im Kreis Düren zurück. Jahrzehnte, in denen sich etliche Episoden, traurige, doch gottlob auch viele fröhliche Geschehnisse ereigneten. Alleine das Stöbern in der Bilderkiste – die Anfänge der labbrigen schwarz-weiß Negativstreifen reicht bis in die 60er Jahre zurück – war ein Erlebnis.

Deshalb sind wir dankbar dafür, dass wir dieses Buch, das keinen Anspruch auf Vollständigkeit erhebt, verfassen durften. Wir hoffen, allen Menschen, die am Kreis Düren – den Begriff gibt es übrigens schon seit 206 Jahren – interessiert sind, neue Einblicke in den Kreis zu bieten und denen, die weit entfernt das Buch in der Hand haben, Lust auf einen Besuch im Kreis Düren zu machen. Wo sonst gibt es eine solche Vielfalt von Natur und Erlebnis, Forschung und Zukunft sowie Geschichte, wie gerade im Kreis Düren.

Guido Barth   Rudi Böhmer

There are different angles from which one can look at a round birthday. In the concep-tion and production of this book, we primari-ly focused on today, without overlooking the roots, our yesterday.

The district of Düren with its almost 1000 square kilometres, its more than 270,000 inhabitants, who have been rooted here for generations or come from dozens of parts of the world, hides countless exciting stories. Especially since time does not stand still along the river Rur, but is currently setting the course that will shape humanity for gen-erations to come.

But let's stay in the age of oil and coal. We must not overlook the fact that the „bags" for apple juice in the supermarket come from Linnich or that a Jülich resident is to blame for the fact that we all carry a smartphone around in our pockets today. Looking back, journalistic work hasn't been this much fun for a long time. Not only were we reminded of personal highlights, but we can look back on more than 50 years, or al-most 40 years, of journalistic activity in the district of Düren. Decades in which there have been a number of sad but also, thank-fully, many happy episodes.

Just rummaging through the box of pictures, the beginnings of the unstable black and white negative strips going back to the 60s, was an experience in itself.

That is why we are grateful that we were allowed to write this book, which does not claim to be complete. We hope to give all people who are interested in the district of Düren - the term, by the way has been around for 206 years (The next book?) - and present new insights into the district and make those who have the book in their hands far away from here want to visit the district of Düren. Where else can you find such a variety of nature and experience, re-search and future as well as the past and history as in the district of Düren

Unser besonderer Dank gilt Landrat Wolfgang Spelthahn und dem Team der Pressestelle des Kreises Düren mit unserem ehemaligen Kollegen Ingo Latotzki an der Spitze, sowie Annegret Greven, die uns diverse Türen unbürokratisch geöffnet haben.

Beeindruckend sind die Luftbilder der beiden Drohnen-Fotografen Andy Holz aus Hürtgenwald und Andreas Adler aus Jülich, die bei extrem niedrigen Temperaturen und zu „unchristlichen" Zeiten, genauso wie Kevin Pecks und Marc Rosenkranz, mit ihrem Fotoequipment auf Tour waren, um Bilder für dieses Buch beizusteuern.

Ein Dank gilt Guido Duell, der akribisch alle Seiten durchgearbeitet hat und Dr. Achim Jaeger, der final den Text bearbeitete.

Zu danken ist Dr. Stephan Kufferath und Christian Runkel. Beide haben uns lange Dienstreisen nach Dorchester County in den USA und Mytischtschi in Russland erspart, um ebenfalls die Partnerstadtädte des Kreises Düren in diesem Buch vorzustellen.

Vielen Ideengebern, Kritikern in der Entstehungsphase des vorliegenden Buches und Unterstützern bei den fotografischen Arbeiten sei Dank gesagt.

Dank gilt ebenfalls dem Team der Pressestelle des Bundespräsidenten, das die Liste der „ausgezeichneten Bürger" im Kreis Düren seit 1972 mit 934 Namen zusammengestellt hat. Diese Liste erhebt keinen Anspruch auf Vollständigkeit.

Our special thanks go to District Admin-istrator Wolfgang Spelthahn and the team of the press office of the district of Düren with our former colleague Ingo Latotzki at the helm, as well as Annegret Greven, who opened various archive cupboards for us without red tape.

The aerial photos taken by the two drone photographers Andy Holz from Hürtgenwald and Andreas Adler from Jülich, who were on tour with their pho-to equipment at „ungodly" times and at extremely low temperatures, just like Kevin Pecks and Marc Rosenkranz, to contribute pictures for this book, were impressive.

Thanks go to Guido Duell, who meticu-lously worked through all the pages, and Dr Achim Jaeger, who did the final editing of the text.

Thanks to Dr. Stephan Kufferath and Christian Runkel. Both of them saved us long business trips to Dorchester County in the USA and Mytishchi in Russia to also present the twin towns of the Düren district in this book.

Thanks to the many contributors of ideas, supporters in the photographic work and critics in the development phase of this book.

Thanks also to the team of the press office of the Federal President who compiled the list of „distinguished citi-zens" in the district of Düren since 1972 with 934 names. This list does not claim to be complete.

DANK

Wir danken für die freundliche Unterstützung.

Trotz sorgfältiger Recherche ist es nicht gelungen,die Urheber aller Fotografien zu ermitteln. Dabei handelt es sich um Bilder, die als Anhang einer Pressemitteilung in die Archive gelangt sind. Daher gehen wir davon aus, dass einer Veröffentlichung nichts im Weg gestanden hat.

Impressum:

„Kreis Düren 50 Jahre jung"
ISBN 978-3-000679-63-6
Herausgeber: Rudi Böhmer - Guido Barth
© 2021

Erschienen im Eigenverlag der Dürener Illustrierten
Saint-Hubert-Straße 12 / 52355 Düren

t.: 02451 2095295

redaktion@duerener.info

https://duerener.info
www.das-bu.ch

Lektorat: Dr. Achim Jaeger
Englische Übersetzung: Heinz Wagenbach

Die Deutsche Bibliothek verzeichnet diese Publikation in der Deutschen Nationalbibliographie. Detaillierte Daten sind über https://portal.dbb.de abrufbar.

Quellen: persönliche Archive, Gespräche mit Zeitzeugen, Webseiten und Archive der Gemeinden und des Kreises Düren, Wikipedia, Statistisches Landesamt NRW, Kreis- und Stadtarchiv Düren, Datencheck 2020 - Kreis Düren.